U0582173

四川大学本科教育创新改革系列

卓越

上册

学术引领

思维

变革
——2018年四川大学非标准
答案考试论文及试题集

主　编／张红伟

副主编／严斌宇

编　委／兰利琼　　李　　华

　　　　冉桂琼　　何　　玮

　　　　龚小刚　　李　　麟

　　　　陆　斌

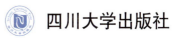

四川大学出版社

项目策划：李天燕
责任编辑：蒋姗姗
责任校对：周　艳
封面设计：墨创文化
责任印制：王　炜

图书在版编目（CIP）数据

卓越学术引领思维变革：2018 年四川大学非标准答
案考试论文及试题集：上、下册 / 张红伟主编． 一 成
都：四川大学出版社，2019.9
　　ISBN 978-7-5690-3091-4

　　Ⅰ．①卓… Ⅱ．①张… Ⅲ．①四川大学－考试制度－
教育改革－经验 Ⅳ．① G642.474

中国版本图书馆 CIP 数据核字（2019）第 214346 号

书名　卓越学术引领思维变革
　　　　——2018 年四川大学非标准答案考试论文及试题集（上、下册）
　　　　ZHUOYUE XUESHU YINLING SIWEI BIANGE
　　　　——2018 NIAN SICHUANDAXUE FEIBIAOZHUN DA'AN KAOSHI LUNWEN JI SHITIJI

主　　编　张红伟
出　　版　四川大学出版社
地　　址　成都市一环路南一段 24 号（610065）
发　　行　四川大学出版社
书　　号　ISBN 978-7-5690-3091-4
印前制作　墨创文化
印　　刷　四川盛图彩色印刷有限公司
成品尺寸　170mm×240mm
印　　张　28.25
字　　数　529 千字
版　　次　2019 年 11 月第 1 版
印　　次　2019 年 11 月第 1 次印刷
定　　价　168.00 元

扫码加入读者圈

版权所有 ◆ 侵权必究

◆ 读者邮购本书，请与本社发行科联系。
　电话：(028)85408408/(028)85401670/
　(028)86408023　邮政编码：610065
◆ 本社图书如有印装质量问题，请寄回出版社调换。
◆ 网址：http://press.scu.edu.cn

四川大学出版社
微信公众号

2010 年以来，四川大学不断推进"以学为中心"的教育教学改革，以培养具有创新创业能力、协作精神和社会担当能力的人才为己任。如今，改革理念正以燎原之势在教师和学生之间传播，"全过程考核—非标准答案"考试改革已常态化，任课教师全力支持、主动思考改革的方式方法，精心设计每一场考试、每一道题目，并相互分享经验；全体学生全程参与、脑洞大开、尽情释放，各种奇思妙想激烈碰撞。

不同的考试折射出不同的教学理念，会引导学生以不同的方式学习。如何发挥好考试的"指挥棒"作用？我们需要在"教"与"学"的实践中不断反思、不断探索、不断深化。

四川大学在学业评价考试改革中有哪些经验？任课教师应该如何针对不同课程有效实施全过程考核？非标准答案考试中任课教师如何命题才能激发学生的想象力、分析力和创新思维？如何让学生从"被动学习"转变为"主动学习"？本书收录了四川大学非标准答案考试改革的典型案例，分享了各学院优秀教师"全过程考核—非标准答案"考试改革探索和实践的优秀成果，展示了不同课程非标准答案考试题目，节选了学生的优秀回答，以期广大教育者能从本书中获得启发，从而推动大学教育教学改革，为建设高等教育强国，培养具有全球竞争力的一流人才做出川大贡献。

文科

闫雪凌

四川大学
经济学院

教师简介
JAOSHI JIANJIE

闫雪凌，四川宜宾人，1988 年 7 月生，经济学博士，2010 年本科毕业于四川大学经济学院国际经济与贸易（双语）专业，2016 年在中山大学岭南（大学）学院取得世界经济专业博士学位，现为四川大学经济学院国际经济与贸易专业课程讲师、经济学院本科教学秘书。一直从事国际经济与贸易相关研究，目前主讲国际市场营销（双语）、国际市场营销（全英文）、国际贸易学、新生研讨课等本科生课程。

课程简介
ECHENG JIANJIE

国际市场营销（双语）

课程号：102360030

"国际市场营销（双语）"是国际经济与贸易（双语）专业的专业必修课，本课程主要结合当前全球化背景，探讨各国企业和个人如何更好地将产品和服务提供给其他国家和地区。在本课程学习过程中，学生需要掌握市场营销的基本理论，并结合国际经济的相关知识，对企业在全球范围内的营销方案进行判断和评价，尝试找出其与本国营销的不同点，并能够以此为基础制定相应的国际市场营销方案，为将来从事国际贸易、国际商务等工作奠定基础。

由于本课程涉及全球化背景知识较多，所以这门课与很多学科都存在一定联系。各国不同的文化习俗、政治制度、法律法规等都会对企业的国际市场营销方案产生影响。因此，综合理解并实际运用国际市场营销的知识需要学生不局限于营销理论的掌握，应该从更广阔、更综合的角度去学习。

"国际市场营销（双语）"由理论课和实践课两部分组成。理论课共 16 学时，实践课共 32 学时。实践课要求学生在系统学习了国际市场营销理论知识后，能够将其运用到具体的国际市场营销案例中，去评价、选择并制定国际市场营销方案。在这一过程中，学生必须将理论与实际结合起来，在面对不同国际背景、不同类型的跨国企业时能够制定出可行的国际市场营销方案。

做川大的代言人

——"非标准答案"让学生爱上考试

四川大学经济学院　闫雪凌

　　国际市场营销（双语）课程是国际经济与贸易（双语）专业学生的重要必修课之一，它不仅涉及营销理论，而且需要学生在熟悉营销理论的基础上，将其融入国际背景。在以往的课程学习中，学生普遍反映知识点过多且过于理论，需要记忆的条款太多，而真正运用起来却无从下手，出现知识"无法落地"的情况。同时，作为一门双语课程，学生对英语的掌握程度也影响到了课程的参与度。因此，在这门课程上如何从多方面对学生进行考核是我需要解决的核心问题。

　　作为一门实践性较强的课程，国际市场营销（双语）的实践课课时占到总课时的2/3。学生在学习市场营销和国际市场营销的基本理论后，光靠死记硬背是无法真正理解和运用这些知识的，必须将这些知识成功运用到实际的案例分析中才能有所收获。考核方式也应该有所转变，教师不能要求学生将知识点一一写出，而是应该综合考察他们运用知识的能力。如果学生将来处理企业的海外业务时，只能将理论的条款一字不漏地背出，却无法为企业的实际发展提出可行的国际市场营销方案，这无疑表明我们的课程教学是失败的。因此，传统的考试方式达不到考核这门课学习效果的目的，意味着我们必须要在考试中有所创新。

对于学生而言，双语学习是有一定难度的。在掌握了相关知识的基础上，学生通过小组学习和案例分析的方式，边学边做，边理解边运用，可以达到课程学习要求的效果。对于教师而言，如何在有限的时间里，既考虑到知识点的运用，又兼顾学生能力，同时还要体现试题对于不同学生的区分度，这就需要"非标准答案"来完成。简而言之，要让学生可以在给定的背景下，结合自身情况进行发挥，使研究对象既不陌生，在结合相关知识点进行分析的时候又存在创新的空间，这样才能真正体现课程的要求。

在国际市场营销（双语）课程的期末考试中，我们引入了一道"非标准答案"试题，让学生根据本学期所学知识以及各组案例分析的经验，为四川大学制定相应的国际市场营销方案。第一，学生在课堂上学习的国际市场营销多为实物营销，少有涉及类似于提供教务服务的服务营销，这道题可以考察学生是否深层次地理解了"国际营销"的概念；第二，学生已经在四川大学生活了两年半，对这一分析主体非常熟悉，完全可以在有限的考试时间内作答，并不需要像做平时小组作业那样花费大量时间查阅背景资料；第三，在全力建设"双一流"大学的背景下，向全球学子介绍、推销母校，让自己成为川大的代言人，这种身份的代入感、转变感、使命感使得学生在面对"非标准答案"试题时非常兴奋，觉得具有挑战性，在学习和运用知识的同时，也为学校的发展献计献策。

从以上各方面可以看出，"非标准答案"试题的设计并非一件简单的事情，

学生答案

杨锦曦　经济学院　2015141011119

1. 产品

四川大学将以国内知名大学的定位转入国际市场，产品上的改进必不可少。

（1）设置基础的汉语课程。这门课程专门对外国学生开放，聘请专业的中文老师授课。另外，不定期邀请中国学生前去听课、分享和交流。这门课程将帮助外国学生快速融入中国环境，解决语言问题。

（2）针对专业课设置多种语言，以此满足不同国家学生的语言需求；另外，课程模式需改进，以小班化教学、探讨式教学为主，与国际接轨。

（3）改进四川大学的就餐、住宿环境，提供多样餐食，做好后勤保障，解决好外国学生的后顾之忧。

（4）设置一些国学课程体验活动等。除了较高的专业水准，中国特色元素将是四川大学相对于其他国家高校具有的较强的竞争力。这样的国学课程，将使外国学生爱上中国，爱上四川大学。

2. 价格

（1）更高的均价。考虑到外国学生的消费水平，以及招收一名外国学生所需成本，外国学生的学费应高出国内的学生。

（2）阶梯定价。对于不同的专业，四川大学应设置不同的学费标准。比如，华西医学专业等水准高、需求量大的几个专业，其学费应较高，相对冷门的专业学费可较低。

3. 渠道

四川大学不同于其他实体产品，难以线下以实体门店方式营销，因此应采用以线上宣传为主的营销方式。

（1）拍摄校园宣传片，将其投放到国外主流媒体和社交媒体上。社交媒体是年轻人的聚集地，在此投放广告更能触及潜在的消费者。

（2）设计制作一款"四川大学体验入学"的游戏，该游戏采用角色扮演的模式（类似于模拟人生），使还未入学的外国学生可以通过游戏，了解在四川大学学习和生活是一种怎样的体验。

4. 促销

（1）学费减免。对于一些入学成绩优异、专业水准较高的学生，可以对其学费进行减免。另外，采用奖学金制度，对专业成绩优异、表现突出的学生给予丰厚的奖学金。

（2）寄宿家庭制。外国学生可以选择入住中国当地的家庭。这既解决了外国学生的住宿问题，又可使他们快速地融入当地社会。

（3）签证、出入境的便利。外国学生可凭借四川大学学生证获得出入境的便利。

（4）国内资源共享。外国学生可凭借四川大学学生证获得出入旅游胜地、博物馆以及国内图书阅览等方面的便利。

池济敏

四川大学
外国语学院

教师简介
JIAOSHI JIANJIE

　　池济敏，文学博士，副教授，中国俄语教学研究会理事，研究方向为俄罗斯文学、文化。主讲课程为俄语口译、旅游俄语、俄罗斯文学史、俄罗斯文化等，主持校级教改重点项目"俄语+"贯通式人才培养平台建设。多次获得各类教学奖项：2016年第二届四川大学星火校友奖教金、四川大学优秀教学成果二等奖、四川大学本科课程改革项目二等奖、四川大学考试改革二等奖、四川大学"探究式-小班化"教学质量优秀奖、四川大学大学生课外科技实践活动优秀指导教师奖、四川大学课堂教学质量优秀奖等。

课程简介
KECHENG JIANJIE

旅游俄语

课程号：105353020

　　"国之交在于民相亲，民相亲在于心相通。"旅游是加强两国人民相互了解的有效方式，是实现"亲仁善邻"的重要渠道。当前，中俄两国关系处于历史最好时期，两国在旅游领域的合作不断深入，在投资、经贸、人文等领域的合作共同形成了中俄全面战略协作伙伴关系的基础。四川大学外国语学院俄文系的学生经常参加各类大型中俄交流活动，并担任俄罗斯嘉宾的参观陪同，这需要学生熟练运用俄语给嘉宾介绍四川省及成都市的省情、市情，以及省内各景点。为此，四川大学外国语学院俄文系于2014年开设了"旅游俄语"课程，组织人员编写了讲义，并在授课过程中不断增加并修改，获得了四川大学优秀教材立项资助，这门课程的专业教材于2019年4月出版。

　　本课程全面讲授四川省情、成都市情，及省内各知名景点如九寨沟、峨眉山、乐山大佛、青城山、都江堰、成都大熊猫繁育基地、金沙博物馆、青羊宫、武侯祠、杜甫草堂、锦里古街、宽窄巷子、望江楼公园、文殊院、黄龙溪古镇、三星堆、蜀南竹海，等等；同时，对川菜、川茶、川酒也进行了详细介绍。本课程开设的目的在于让学生通过本课程的学习，能够用俄语全方位地介绍四川文化，同时掌握更多的关于中国文化的词汇与句式，做好中国文化的传播者。

"文化浸入"式教学在现代俄语课堂上的创新实践

四川大学外国语学院　池济敏

　　"浸入式"教学原指用第二语言为教学语言的教学模式,我们将其概念外延拓展至中华文化,以"中华文化"和"旅游俄语"为基础,以学生为主体,以教师为主导,定制了具有导向性的新型视、听、说环境,使学生能主动通过俄语接收并掌握中华文化知识,养成对外传播中华文化的意识和技能。

　　"旅游俄语"是一门顺应实际需求而开设的应用类实践课程。自 2013 年中俄"长江—伏尔加河"合作机制实施以来,四川与俄罗斯的交流合作日趋密切。四川大学俄文系的学生经常参加在四川举行的各种大型涉俄活动,担任志愿者,担任参会嘉宾的参观陪同。在此过程中凸现出一个问题:在当前的书刊市场上缺少一本专门以旅游为导向,兼顾中华文化和四川本地文化海外传播的俄语类专用教材,也没有任何学校开设相关课程。以俄文系学生为例,学生虽然在学习俄语,在文化传播方面"失语"却是常态,他们在四川求学,却对四川省省情知之甚少,更遑论在接待外宾时利用自身所学知识讲解中华文化和四川本地文化。在此背景下，我们决定自编教材《四川俄语导游》，以"文化浸入"为指导思想，开设本门课程。

　　教育部 2018 年发布的《普通高等学校本科专业类教学质量国家标准》（以下简称《新国标》）要求："外语类专业学生应掌握外国语言知识、外国文学知识、国别与区域知识，熟悉中国语言文化知识，了解相关专业知识以及人文社会科学与自然科学基础知识，形成跨学科知识结构，体现专业特色。"本课程顺应了《新国标》的要求，在淬炼学生的语言能力和跨文化交际能力的同时，又强化了学生对中华文化和四川本地文化的了解。综合来说，本课程是一门服务于中华文化对外传播的课程。

　　教材《四川俄语导游》的编写遵循了"全面"和"基础"两大原则。所谓全面，即涵盖景点尽可能多；所谓基础，即行文用语尽可能简洁，力求达到"多而不杂、易于诵记"的目标。囿于课时，授课方式以翻转课堂为主，由学生在课下根据教师下发的课件和讲义自行熟悉相关内容，在课上则以情景短剧、小组讨论、推介展示等多种形式进行。每堂课的最后 20 分钟为独立的中华文化强化单元，教师会播放与道教、佛教、民俗、传统节日相关的视频或音频，带领学生复述、转述、翻译和评论，加深学生对中华文化常识的理解。

　　《新国标》要求我们培养"掌握相关专业知识……适应我国对外交流、国家与地方经济发展的……复合型外语人才"。"旅游俄语"授课的一大亮点就是"文化浸入"式的跨文化交际能力培养。以"川酒"一课为例，教师提前对六名学生进行了培训，让他们在课堂上扮演赴川旅游的俄罗斯客商，其他学生则两人或三人一组，负责解决这六名"客商"因文化不同遇到的困难和问题，尝试向他们推介四川名片——白酒。学生必须不断调整方式方法以尝试触动教师事先埋下的"事件触发点"，否则就会导致交际失败。从 2014 年至今，"旅游俄语"已积累了五年的授课经验，教材内容和教学方式不断完善，教师对教学进程的掌握也得心应手，课堂互动与练习的效果大幅提升。俄文系学生每年均有大量的实践机会，他们每年也会结合自身经验对教材内容提出意见和建议，辅助教师动态修正教材中不够完善之处。

　　"旅游俄语"采用平时测验和期末测试相结合的模式。以第二次课堂考核为例，学生必须完成为俄罗斯商务旅行团定制不同旅游路线，为俄罗斯大学生交流团定制文化考察方案等任务。在答辩过程中，由教师组成的顾问团队将会提出各种关于签证办理、行程更改、入住变更、突发意外的问题，考查学生的语言能力和应变能力，同时检测他们对中俄文化的理解是否融通。综合观测结果和学生的反馈意见，我们发现非标准化考试形式最适合"旅游俄语"这类课程。历年期末测试均不设具体范围和切入点，只要学生用俄语对四川做旅游推介时有亮点、有重点，能够融入中华文化强化单元的内容，他们就会通过测试并获得较高的分数。五年来，教师和学生融为一体，共同享受考试过程，一起用俄语介绍无尽的四川魅力和精深的中华文化，这正是本课程最大的意义和价值。

此外，据四川省外事侨务办公室、四川省博览局等机关的相关负责人介绍，四川大学俄文系的学生在西博会、中俄"长江—伏尔加河"地区领导人座谈会、四川与俄罗斯各州的经贸洽谈会上均表现上佳，尤其是他们对四川省情和传统文化的熟悉令人惊讶。这也是"旅游俄语"课程创新取得成效的有力证据。

K 考试题目
AOSHI TIMU

俄罗斯大学生来到四川大学参加 2018 年国际课程周（UIP）活动，请向他们介绍魅力四川。

试题说明

　　随着四川与俄罗斯经贸人文合作的深入开展，俄文系学生经常在四川省的各类涉俄活动中担任翻译、导游，介绍四川、介绍中国文化是每个俄语专业学生的必备技能。本课程的设置正是为了顺应这一需求。本课程所使用的教材《四川俄语导游》也由任课教师自行编写，其将课堂教学与社会需求进行了充分结合。

　　通过一学期"旅游俄语"课程的学习，学生全面掌握了四川省情概况、四川著名旅游景点、四川文化（川菜、川茶、川酒、川剧）的俄语表达，掌握了中国传统文化的俄语表述。通过六次课堂测试，学生熟练掌握了为俄罗斯游客做景点导游的语言能力和讲解技巧。期末考试旨在对所学的全部内容做一个总结，让学生自己选一个有代表性的切入点来介绍四川，并突出其中涉及中华传统文化的部分。

　　考试前一周，教师将考题公布给学生，让学生提前准备。同时，在 2018 年国际课程周中，俄文系迎来了 18 名来自俄罗斯的留学生。本次考试的内容将是一项重要的活动内容：中俄大学生圆桌论坛系列活动之一——魅力四川，美丽天府。届时，俄文系学生将用考试中使用的 PPT 和讲解内容，向俄罗斯大学生进行介绍。

考试要求

　　自选角度，特色鲜明，制作 PPT。时间在 15 分钟以内。

学生答案
UESHENG DA'AN

学生答案一

陈 红　外国语学院　　2015141052003

　　以麻婆豆腐、宫保鸡丁、夫妻肺片、四川火锅为例，介绍川菜特色，并详细介绍了每道菜的历史典故、配料、烹调方法。配图十分精美，有很强的视觉冲击力和感染力。

Contents Индекс

01 Тофу рябой женой

02 Гунбаоцзидин

03 Фуцифэйпянь

04 Сычуаньский Хого

01

Мапо тофу

Тофу рябой женой

Ингредиенты

Важна доза и свежесть ингредиентов и время приготовления! ☺

лук   паста   перец   соус   Тофу   мясо

Как приготовить?☺

1

Отрезание на кусочки

А.Тофу нарезать крупными кубиками
Б. Мелко нарубить чеснок и имбирь, белую часть зеленного лука нарезать колечками.

2

Нагревание приправ

Обжарить на большом огне в одной ложке кунжутного масла в течении 30 секунд.
Добавить бобовую пасту и горький перец, хорошенько перемешать.

3

Разогревание все

А. Добавить свиной фарш, деревянной лопаткой разбить на мелкие кусочки и обжарить до готовности.
Б. Добавить нарезанные тофу к фаршу и аккуратно перемешать.
В. Смешать вместе бульон, соевый соус, сахар, рисовое вино и крахмал淀粉

История блюда

Более ста лет назад у моста Ванфуцяо в Чэнду была закусочная , которой владели супруги Чэнь. У хозяйки на лице были оспинки, отчего и закрепилось за ней прозвище « Рябая ». Но еще больше славилась она умением отменно приготовить тофу. С тех пор пошла слава этого кулинарного произведения, завещанного людям тетушкой Чэнь.

全景网 www.quanjing.com

02

КУРОЧКА ГУНБАО

Гунбаоцзидин

Ингредиенты

Куриная грудка

Сушеный острый перчик

Огурец свежий

Корень имбиря

Арахис

Острая чили паста

Способ приготовления

01 Маринад куриной грудки

03 Смешать кусочки курицы с маринадом и оставить на 30 минут.

05 нагреть и обжарить курицу

Отдельно смешать ингредиенты для соуса

Нагреть масла и обжарить арахис

добавить жареный арахис, перемешать с остальными ингредиентами и снять с огня.

02

04

06

История блюда

Однажды Дин Баочжэнь, тогда губернатор Сычуань, допоздна выполнял работу и остался без обеда. Ему пришлось войти в небольшой ресторан на улице. К сожалению, в тот день все блюда были проданы, почти не осталось никаких продуктов. Все были голодные, идти в другие рестораны никто не хотел. Повару пришлось собрать все, что нашлось на кухне.Он жарил курятину с другими приправами. К его собственному удивлению, Дин Баочжэнь остался очень доволен этим блюдом. С тех пор, филе кур по-гунбао стало пользоваться большой популярностью.

03

Говяжий язык

Фуцифэйпянь

Ингредиенты
Click on and related title words

Говяжья внутренности и кожи

зеленый лук

сычуаньский перец

Корица(肉桂)

Съедобная требуха

сухой чили

01 02 03 04 05 06

Способ приготовления

История блюда

    Главный ингредиент этого блюда – съедобная требуха из оставшихся на мясобойне говяжьих внутренностей и кожи, которая затем перерабатывалась, формировалась и нарезалась на тонкие ломтики, поэтому блюдо и назвали «фэйпянь», то есть «отброшенные кусочки». Так как изобретателями этого блюда была некая семейная пара,то первая часть его названия- «фуци». Со временем блюдо стало очень популярным благодаря своему необычному остро-пряному вкусу, и его почитатели предложили заменить неблагозвучное слово «отбросы» на омонимичное ему «легкие». Именно с таким названием блюдо дошло до наших дней и до сих пор является одним из самых любимых и популярных.

04
Сычуаньский Хого

Сычуаньский
самовар

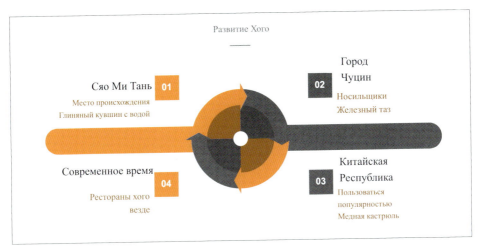

Развитие Хого

Сяо Ми Тань **01**
Место происхождения
Глиняный кувшин с водой

02 Город
Чуцин
Носильщики
Железный таз

Современное время
04
Рестораны хого
везде

03 Китайская
Республика
Пользоваться
популярностью
Медная кастрюль

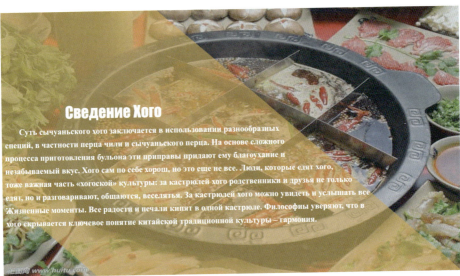

Сведение Хого

Сутъ сычуаньского хого заключается в использовании разнообразных специй, в частности перца чили и сычуаньского перца. На основе сложного процесса приготовления бульона эти приправы придают ему благоухание и незабываемый вкус. Хого сам по себе хорош, но это еще не все. Люди, которые едят хого, тоже важная часть «хогоской» культуры: за кастрюлей хого родственники и друзья не только едят, но и разговаривают, общаются, веселятья. За кастрюлей хого можно увидеть и услышать все Жизненные моменты. Все радости и печали кипят в одной кастрюле. Философыи уверяют, что в хого скрывается ключевое понятие китайской традиционной культуры – гармония.

学生答案二

胡曾莉　外国语学院　　　2015141052005

　　以四川省的道教圣地为题，梳理了道教的起源、代表人物、主要思想等，并对省内的主要道教圣地一一进行了介绍。

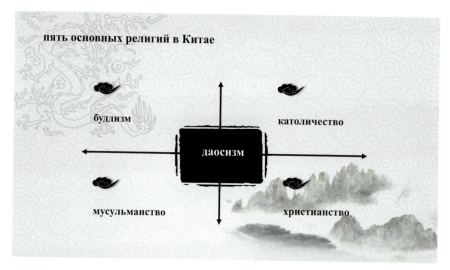

壹

краткое изложение о даосизм

Основой является весь даосизма.
----Лу Сюнь

хотя это заявление досвольно предвзято, с которым согласится большинство китайцев.

Даосизм- это национально уникательная религия в Китае. Он был основан примерно 1800 лет назад, у него многие верующие. В истории многие императоры делали даосизм национальной религией. Даосизм оказал значительное влияние на традиционную китайскую философию, мысль, литературу, искусство, культуру, обычаи,науку и технику.

основатель даосизма:
Чжан Лин(кит.张陵)
имя
даосизм （道名）
Чжан Даолин(кит.张道陵)

период полного пасцвета: в династии Тан

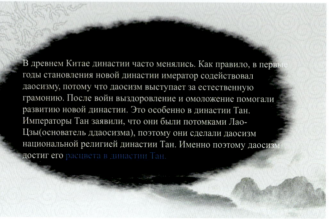

В древнем Китае династии часто менялись. Как правило, в первые годы становления новой династии иператор содействовал даосизму, потому что даосизм выступает за естественную грамонию. После войн выздоровление и омоложение помогали развитию новой династии. Это особенно в династии Тан. Императоры Тан заявили, что они были потомками Лао-Цзы(основатель ддаосизма), поэтому они сделали даосизм национальной религией династии Тан. Именно поэтому даосизм достиг его расцвета в династии Тан.

в 143 году Чжан Даолин, проживавший по легенде 122года(34-156 нашей эры), основал Цинчэншань даосскую школу Пять Ковшей Риса(позже- Небесных Наставников) и стал её первым патриархом. Он превратил таким образом даосизм из философского учения в религиозное.

Легенда гласит, что Чжан Даолин не умер,
а взошёл на Небо с горы Цинчэншань. Он считается бессссмертным,
и его также называют Небесным Наставником Чжаном.

горы Цинчэншань
место основании даосизма расположено в Сычуани

уникальный приподно-ландшафтный заповедник

 Горы расположены к юго-западу от ирригационной системы Дуцзянъянь и являются колыбелью даосизма.

 Горная система объединяет 36 пиков, 8 болиших и 72 малых пещеры и многочисленные водопады

 В 2000 голу горы ыли внесены в список объектов Всемирного культурного наследия ЮНЕСКО.

Пещера Тяньши(грот Небесного Наставника)

согласно легенде, именно здесь жил и медитировал великий даосский мастер Чжан Дарлин.

это древнее дерево гинкго находится перед пещерой высотой в 50 метров. Говорят, это дерево посадил лично Чжан Дарлин 1800 лет назад.

храм Шанцингун

Пагола Лаоцзюньгэ

расположена на самой вершине горы в честь основателя даосизма Лао-цзы. В этом сторонии находят своё выражение даосские мысль и символы: форма низкой части пагоды квадратная, а высшая- круглая, что символизирует квадратную землю и круглое небо. В каждом ярусе есть по восеми уголков, что символизирует священный восемиугольник.(Багуа)

Храм Циньянгун
священнре место даосизма

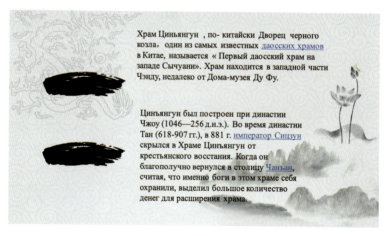

Храм Циньянгун , по- китайски Дворец черного козла； один из самых известных даосских храмов в Китае, называется « Первый даосский храм на западе Сычуани». Храм находится в западной части Чэнду, недалеко от Дома-музея Ду Фу.

Циньянгун был построен при династии Чжоу (1046—256 д.н.э.). Во время династии Тан (618-907 гг.), в 881 г. император Сицзун скрылся в Храме Циньянгун от крестьянского восстания. Когда он благополучно вернулся в столицу Чанъан, считая, что именно боги в этом храме себя охранили, выделил большое количество денег для расширения храма.

Название храма объясняется древней легендой, что когда- то основатель даосизма Лао- цзы решил оставить проповедническую деятельность (讲道) и отправился на запад, произнеся странную фразу о том, что когда его учение будет принято и понято, найти учителя смогут на торжище черного козла в Чэнду. 3 года спустя Лао- цзы действительно появился здесь. Впоследствии на« Торжище черного козла» (потом это место переименовался на Дворец черного козла) встречались и предавались увеселениями различные боги

Ворота монастыря

на площади рисовали картину с восемиугольником(Багуа) и изображением (иньян)

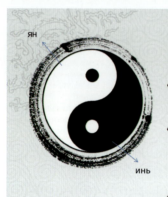

ЯН

инь

круг-символ изначального эфира с делением на символы инь (*темный*) и ян (*светлый*) и пять первоэлементов (太极图)----- символ даосизма

белая рыба выражается как ян, а черная рыба выражается как инь

один черный глазв середине белой рыбы и один белый глаз в черной рыбе показывают, что в ян есть инь, в инь есть ян. Это гармония

зал Трех начал или зал Трех непорочностей

два бронзовых козла , стоящие у входа
Шкура козла лоснится от блеска, она отполирована прикосновениями рук миллионв посетителей.
Согласно китайской философии, козёл символизирует все знаки зодиака и судьбу. Поэтому паломники и просто посетители Храма верят, что, дотронувшись до обоих козлов, они смогут навсегда Фортуну, богиню удачи, на свою сторону.

学生答案三

蒋玉萍　外国语学院　　2015141052006

从武侯祠入手，对三国文化，三国人物，如刘备、诸葛亮进行了介绍。更以此为契机，对"仁、义、礼、智、信"等中国传统价值观进行了介绍。

- Храм Ухоуцы находится в Чэнду.
- был заложен в 223 году.
- занимает площадь в сто пятьдесят тысяч квадратных метров.
- был построен в память о Чжугэ Ляне и является единственным общим храмом государя и его помощников.

Лю Бей

Лю Бэй (162-223)создатель царства Шу со столицей Чэнду (современная провинция Сычуань и прилегающие территории).

Чжугэ Лян

Чжугэ Лян (181-234)знаменитый государственный деятель, мастер военной стратегии, олицетворение мудрости эпохи Троецарствия.

Доверие между друзьями было настолько безграничным, что перед смертью Лю Бэй доверил Чжугэ Ляну своего сына и царство. После смерти друга Чжугэ Лян стал регентом, проявил верность сыну Лю Бэя и приложил максимум усилий для укрепления царства и расширения его территорий.

Главные
здания Ухоуцы

Главные ворота

Храм Лю Бэя

Храм Чжугэ Ляна

Проходной зал

Храм тройственного союза

В представлении китайцев, Лю Бэй, Гуань Юй, Чжугэ Лян и Чжан Фэй в своих поступках воплощают суть и требования учения Конфуция: «жэнь» – человеколюбие, «и» – благородство, «ли» – этические нормы, «чжи» – разум и «синь» – верность слову, то есть являют собой образец соблюдения требований гуманизма и нравственности. Именно по этой причине в честь героев сооружались храмы во всех уголках Китая. Мемориальный храм Ухоуцы в городе Чэнду является одним из важнейших памятников культуры.

Автобус 19, 44, 72, 82

Линия метро 3

Спасибо!

李倩倩

四川大学
历史文化学院 / 旅游学院

教师简介

JAOSHI JIANJIE

李倩倩，女，考古系讲师，文学硕士（设计艺术学方向）、四川大学历史学博士（文物学与艺术史方向）、考古学博士后。2015 年底博士后流动站出站并留校任教，专注于艺术史、博物馆学、历史遗产与文化景观相关研究。2010—2017年于 CSSCI 检索重要收录期刊发表论文 9 篇，含权威核心期刊收录 2 篇，获国家外观设计专利 3 项，主持、参与纵向、横向课题若干。自 2016 年起主讲"博物馆展览设计"课程，深受学生的欢迎与认可，评教口碑好。

课程简介

ECHENG JIANJIE

博物馆展览设计

课程号：106368020-01

"博物馆展览设计"是四川大学历史文化学院（旅游学院）开设的一门专业选修课，课程共 32 学时，由理论课、实验课与校外实践三个部分组成。其中，理论课约占 24 学时、实验课约占 4 学时、校外实践约占 4 学时。课程内容涉及博物馆与博物馆展览的社会职能、馆藏资源利用与陈列展览策划、展陈大纲撰写、形式艺术设计、文物展品陈列需求及文物布展基本方法等。

起初，我们预设这门课是为文物与博物馆学、考古学、会展经济与管理学等相关专业的学生培养而服务，使学生通过课程了解现代博物馆展览的最新动向、关注博物馆不断演变的社会角色、掌握博物馆展览基本工作流程及研究方法，为他们将来从事文博、公共考古、会展等相关工作打下重要基础。

然而，在连续三年的课程实践中，发现有越来越多来自文、理、工、医等不同专业的学生也陆续加入这门课程当中。于是，教师们"边教边学边调整"，在坚持原有教学目标的同时，将授课视野放诸于博物馆展览的呈现方式与人类文化知识转译、传播等诸多问题的联系之上，从宏观的角度切入教材中所涉及的各个知识点与话题。

门内之光：略谈研究型大学交叉学科课程中技能培养的必要性与分寸感

——以"博物馆展览设计"课程为例

四川大学历史文化学院 / 旅游学院　李倩倩

40 年前，有人向前哈佛大学校长德雷克·博克（Derek Bok）提议取消哈佛的本科教育。这件事发生的背景是 20 世纪 80 年代美国社会在经济环境受到海外资本强烈挤压，一篇题为《国家处于危险中》（*A Nation at Risk*）的调研报告掀起了一场美国教育"平庸化"①的批评浪潮，人们（包括大学教授在内）纷纷开始著书立说，对自己所在的大学进行针砭——批评矛头指向的是顶尖的研究型大学，而非其他本科院校。德雷克·博克以《回归大学之道》（*Our Underachieving Colleges：A Candid Look at How Much Students Learn and Why They Should Be Learning More*）一书对这些观点予

---

① National Commission on Excellence in Education，A Nation at Risk：The Imperative of Education Reform（1983）.

以了回应或反驳。他在近距离考察了美国高校对学生发展的影响之后，有一个有趣的发现，即被列为典型批判对象的顶尖大学，它们的大多数校友对自己所受到的教育感到非常满意，不吝溢美之词。①

类似的事例可说明一个问题：在教育过程中，教师和学生对于自身角色的定位、对知识功能性的认知是可能存在不同看法的。那么教学改革的依据与标准究竟是什么？四川大学自 2011 年起开始实施以学生为主的"全过程考核—非标准答案"考试改革②，以及"启发式讲授、探究式研讨、互动式交流"的一系列教学改革举措，也取得了相当的成效。这些实践的价值在于，我们拥有了一种系统而持续的途径，通过课程和考试去探讨"大学教育如何定义知识"的问题。

知识是目标本身，还是实现目标的一种手段？"非标准答案"考试及与之配套的教学实践能给予我们很多启示。我自 2016 年起开始讲授"博物馆展览设计"这门专业选修课，上课第一天，学生名单上二十多个名字，实际来到课堂的学生只有寥寥 6 人：2 名国画专业学生、3 名会展经济与管理专业学生，1 名文物与博物馆专业学生。这样的学生人数，这样的专业结构，不由让我深思：老师与学生对知识上游的不同认知应该如何通过教学来达成契合，如何透过博物馆展览的方方面面回馈学生一个更为广阔的人文图景。

一、更近或更远：技能该不该学

博物馆展览设计可粗分为"内容设计"与"形式设计"两大部分。这门课程通常以两种方式开展：一是基于学生既有的专业背景，侧重于展览策划理论、文本书写等角度的内容设计讲授；二是以设计技法为导向，从基础开始教学生如何做博物馆展览的形式设计。这两种都是大家较为熟悉的教学思路。众所周知，培养一名具有形式设计技能的本科生至少需要三年的系统化学习，这无论从目前文博专业课程设置还是招考的条件来看，都是极不现实的。

更为重要的是，以上两种教学方法中，前者多被归类为"技术型"，而后者则被认为是"理论型"或"研究型"。正如德雷克·博克所指出的那样：在研究型大学中，

---

① William G.Bowen and Bok，The Shape of the River：Long Term Consequences of Considering Race in College and University Admissions（1998），PP.194-208.

② 张红伟.变革学业评价 激发创造思维——2017 年四川大学非标准答案考试论文及试题集 [M]. 成都：四川大学出版社，2017 年版，第 1 页.

"对知识功能的不同认识也会对课程设置产生一定影响，最明显的例子就是'技能'的地位的问题。希望大学教育能帮助自己在事业上取得成功的本科生，当然会非常重视对自身技能的培养，对此，那些认为知识本身即目的的教授自然不会认同"①。目前，如果说四川大学的"博物馆展览设计"课偏重于技法训练，自然是偏颇与不现实的，而其只教理论的弊端也是显而易见的。形式设计通过抽象的口头讲授而非动手实践，"走走过场"，会造成学生在认知方面的严重缺失与偏误，以至于今后在从事相关工作或研究时显得缺乏专业性，导致视域狭窄。事实上，有些人认为"技能"可能冲淡研究型大学课程教学学术性的担忧是多余的。课程应当为学生搭建一座桥梁，让他们与全面客观的知识靠得更近，而不是将他们推得更远。

二、轻量化与半加工：技能如何学

如何为绝大多数非设计专业的学生系统学习这门课程构建一个可行的方案？我的思考如下。

（一）改良技术环节的教法，适当置入

在三年的实践过程中，我尝试将理论讲授与动手实践相结合，在特定知识点处适当置入设计专业技术讲授与实践。这种改良过的技术课程更侧重于培养学生的动手感知能力，激发学生使用更多渠道进行思想表达的可能，构建展陈形象的展陈语汇。

（二）轻量化创作与加工

经筛选、改良后的实践环节在客观还原设计方法的同时又简化了操作步骤，让"轻量化创作与加工"成为可能。例如，在学生已完成内容设计、展陈大纲书写之后，提供印制好的展厅原始平面图，让学生在图纸上直接练习空间布置、展陈序列与观众路线设计；也可在课前准备好色彩填涂的框架，让学生通过色彩调和、填充等方式来认知色彩的细微变化，完成色彩从平面到附着三维形体的转换，以强化学生对展览空间色彩知识点的学习。

（三）"非标准答案"考试是整体检验也是一次对话

技法环节的加入使学生参与的积极性提高了，且在此基础上增益了他们对理论理解的深度与广度，批判性思考的基石愈发扎实有力。我将"非标准答案"考核作为对整体教学效能的检验，也作为一次交流反馈，学生的知识面、理解力与时间投入的

---

① （美）德雷克·博克.回归大学之道：对美国大学本科教育的反思与展望 [M].上海：华东师范大学出版社，2015 年版，第 36 页.

多寡，都可反映在最终的考题上。这既不至于让个别学生无从下手，也更能将学生的巧思以各种途径彰显出来。

三、结语

德雷克·博克曾总结道：高校使学生受益匪浅，但原本他们可以学得更多。[1]关于交叉课程中技能培养的必要性与分寸感，我们仍旧在探索，如履薄冰，如琢如磨。目前该课程除课堂教学、实验环节外，还有校外实习环节，我们很高兴看到这门课程从一开始只6人上课，到2018年39名来自文、理、工、医的学生集聚一堂。博物馆学是一门边缘学科，它的建立需要其他相关学科的支

持。[2]假使我们认可博物馆及其展览是人类文化发展脉络中的重要见证，我们就有责任协助不同学科的学生从多个层面构建起属于自己的认知体系，使他们能因这门课与博物馆建立起更为亲密的关系，拥有更为多元的认知角度，真切地感受到博物馆展览的温度与强劲心跳。

"博物馆展览设计"课程之于四川大学，其初心是为学生成为终身学习者，客观视角秉持者及文化的创造、守护者提供助力。课程会结束，但倘若师者能利用有限的32学时，竭力为学生推开一扇扇兴趣之门，让他们顺着门内闪烁的光线走近一探究竟，那便是研究型大学中交叉课程的意义之所在了。

---

① （美）德雷克·博克.回归大学之道：对美国大学本科教育的反思与展望[M].上海：华东师范大学出版社，2015年版，第5页.
② 徐乃湘.博物馆陈列艺术总体设计[M].北京：高等教育出版社，2013年版，第3页.

K 考试题目
AOSHI TIMU

请以"生长"为主题设计、制作展览相关的模型。

试题说明

　　请运用点、线、面构型的原则，在 10cm×10cm 的平面上设计一个展览相关的创意立体模型，展具、展墙等构筑物或展厅空间模型等均可。

考试要求

　　在 10cm×10cm 的平面范围中合理布局、安置稳固，材质不限（鼓励使用日常现成品，如乒乓球、羽毛球、牙签、吸管、线、铁丝、彩泥等），配色不限。需提交模型实物。

学生答案

UESHENG DA'AN

学生答案一

朱雨欣　历史文化学院（旅游学院）　　2016141441118

《生长之春、夏、秋、冬》模型及设计说明

提到"生长"，我首先想到的就是四季。春、夏、秋、冬的四季更迭，就是万物生长的轮回。这个立体展品的灵感主要源于面向偏低龄化的立体书，每一页都是一个季节，周而复始，又是新的一年。

我心目中的春天是

叽叽喳喳的小鸟

卖酸奶的小店

森林中复苏的植物和动物

和你一起的公路旅行

夏天就是

茂密的森林

池塘里的荷花

还有暴风雨中的停歇

秋天是

寂寞的开心

冬天当然有

冬眠的动物

飘落的雪花

白雪皑皑的北海道

窗台边的心事

这本书的主要材料为卡纸，我给每个季节选取了一些特定元素，并且配上了抽取式可以隐藏的季节名称，使这个立体展品更像是面向儿童的图画书了。但做得比较失败的地方是，对于立体材料的大小没有控制好，图片在书合上时不能完全隐藏起来。

【生长之春 spring】

【生长之夏 summer】

【生长之秋 autumn】

【生长之冬 winter】

制作步骤：

（1）将较硬的卡纸裁成长条形状

（2）对折

（3）延斜线剪裁

（4）将剪裁过的两部分呈 120°粘贴在书中，这样在书页打开的时候就会立起，在纸条上粘贴图案即可

对 "博物馆展览设计" 的理解

我很喜欢去博物馆，我觉得博物馆吸引人的地方不是我们看到了什么价值连城的文物，也不是我们学到了什么历史文化知识，而是一种感受，一种身临其境的体验。有些人会觉得："我一定要学到些什么东西才对得起我来参观这一回。"但我觉得，重要的不是"我们从中学到了什么"，而是"它带给我们什么样的思考和感受"。

我每看一件文物的时候，就会有一番思考和体会，甚至可以想象出这件文物主人的样子：看见双鸾花鸟铜镜，仿佛看见了一位梳妆镜前待嫁的少女；看见金戈铁弩，就感受到了一位戍边将士的壮志豪情。我们看到的每一件文物，不仅仅是一件器物，它们身上都有着一个故事，承载着一段历史。也许它们的经历无从考证，它们的主人不知姓名，但是他们真真实实地存在过，它们丰富着我们的想象，让我们能传承历史。

知乎上有一个很有意思的话题，第一次约会，去哪儿？有人认为博物馆就是最佳的选择——你永远不用担心没有话说，艺术是多元的，历史是不可考的，这些都是有意思的话题。即使沉默地欣赏也显得你很有礼貌、很有思想。博物馆环境优雅、灯光合适，所有的一切都是艺术品。如果你累了饿了，有放映厅可以看短片，有馆内餐厅可以吃饭。博物馆知性、优雅，且富有生活气息。

所以，选修"博物馆展览设计"这门课程对于我来说是一种"艺术的欣赏和体会"，它不仅仅是一门课程。当我再去博物馆的时候，我想我应该会有更深刻的感受，而不是"它好，就是好，但我也说不出来哪儿好"。

学生答案二

王桢峥　历史文化学院（旅游学院）　　2016141061071

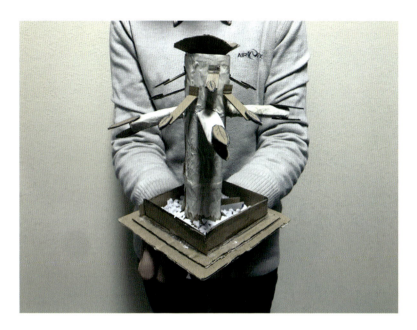

《生长之树语》模型及设计说明

一说到生长，我自然而然地就想到了树。其实生长的范围很广，可以指植物，也可以指动物等很多方面，不过最后我敲定的还是树的模型，然后对其进行思考。我的想法是讲述作为一个展品的展台应如何呈现在观众眼前，我称这个模型为"树语"，我想通过树来表达展品的语言。

"树语"模型最下层（1.1米处）的八个机械臂（树枝）（由于制作原因，实体模型只有四个机械臂，表意即可）似游乐园一种装置，可上下移动（最高约1.8米，最低约离地0.4米，便于成人及儿童观赏），其末端树叶为展台（透光），下有灯光照明。机械臂上方有柔软模拟树枝，用以完善补充整棵树。树最上方为鸟巢，里面有鸟蛋（模拟）。树内部中空，里面有装置，为一个平面三个槽（内装有真实的小扭蛋，扭蛋里面装有特色书签、贺卡之类的，可当做礼物送给参观者，每天不定时遥控发送礼物三次，给人惊喜）。

手稿（实体模型 10cm 代表 1m）

模型内部　　　　　　　　　　　　　　效果模拟草图

实物展示

材料：纸板、塑料泡沫、卫生纸、胶水、双面胶。

制作步骤：

（1）先做三层底板（层次性，最上层为 10cm 长与宽）。

（2）做树主干、树枝、树叶、鸟巢，进行局部黏合。

（3）晒干后进行总体黏合。

（4）单独做出树干内部装置。

对"博物馆展览设计"的理解

这学期选修的"博物馆展览设计"课程让我学到了很多，对于博物馆的了解不再只是大一时期的一些粗浅的认识。

在李倩倩老师的课程上，我们能够很好地交流，我也可以从其他人那里学习到一些东西。我们从老师提供的许多案例中（我是一个很喜欢看优秀案例的人，感觉案例很有意思）得到启示，同时自我的审美能力也有一些提高。在我走上讲台向大家进行展示时，我也得到了一些锻炼。在小组合作，一起去成都博物馆进行调研时，我领会到了团队合作的力量；同时，成都博物馆的任老师的一些经验之谈，让我们受益匪浅。

实际上，我当初选择文物与博物馆专业并非是因为爱好，只是一种较为随意的选择。但我现在发现这个专业非常有趣，它需要你不断地开发自己的潜能，寻找灵感，学会合作，学习优秀案例。我在学习的过程中可以说是很开心的，可以学习到很多非常棒的想法。

博物馆的设计很多都着眼于细处，这非常有意思。李倩倩老师说南京博物院的标志符号是从建筑上拿下来的，整个南京博物院处处可见这种特殊符号的运用，如窗子、导览标志等。这样的运用很有匠心，使整个博物院给人不落俗套的感觉。但是一般人是不会注意这些小细节的，所以这需要我们"心有猛虎，细嗅蔷薇"。

余伟萍

四川大学
商学院

教师简介
JIAOSHI JIANJIE

余伟萍，企业管理博士，四川大学商学院教授、博士生导师，长期从事品牌管理、医院管理、食品安全、企业社会责任等方面的教学、科研、培训与咨询工作。教授级管理咨询师、世界银行国际金融公司资深培训师、四川大学华西 HMBA 项目授课教授。曾于 1998 年至 1999 年到荷兰代尔夫特技术大学作访问学者一年，2005 年至 2006 年到美国华盛顿大学商学院作访问学者一年，2007 年 1 月至 3 月到加拿大 Montreal HEC 参加 DESS/EMDP 项目工作。主持国家社会科学重点项目、国家自然科学项目及省部级重点项目多项，出版专著 7 部，发表学术文章 100 余篇。

自 2007 年起主讲本科"品牌管理"课程，MBA"品牌管理""企业战略管理""高效经理人的自我管理""压力与情绪管理"等多门课程，覆盖学生上千余人，对于学生的培养和教育注重全方面素质能力的提升，曾多次获得四川大学优秀教学奖和精品课程奖，深受学生们的喜爱。

课程简介
KECHENG JIANJIE

品牌管理

课程号：402387020

"品牌管理"为理论课程，主要以品牌管理的全过程为主线构建课程内容，系统介绍品牌管理的专业概念、模型和工具。本课程以专业性、趣味性、实战性、丰富性为原则，以如何打造强势品牌为主题，结合大量丰富的国际与国内、经典与最新、成功与失败的案例，涵盖品牌定位分析、品牌设计系统、品牌整合传播、品牌资产维护、品牌战略规划等品牌核心板块，结构上兼顾全流程与个性化，内容上高度整合品牌管理理论与现代企业实务。本课程要求学生构建品牌策划与品牌管理的基本知识与策略，掌握关于品牌定位、品牌设计、品牌传播、品牌战略、品牌资产等相关的基础理论、模型、方法与技巧。

多样化训练突破品牌管理学习桎梏

四川大学商学院　余伟萍

　　"品牌管理"课程是针对本科大三学生开设的，该课程需要一定的市场营销专业知识基础，同时也是一门专业性较强、实践性较高的课程。因此，根据课程特点而打破传统考试枷锁，培养商业创新人才的新型课堂的产生就成为必然要求。

　　步入大学之后，教育方式须从高中的"应试教育"中脱离出来，从单纯地注重知识熟练记忆，转化到知识联想、知识应用；避免考试答案客观化、标准化对学生创新能力的限制，但同时也要保证学生对知识的持续性、系统性学习。"一考定成绩"的考试方式，不能实现有效的反馈、评价功能，也导致很多学生会出现"期末前一周极限复习"的情况。品牌管理课程因为有着非常强的实践性，所有理论知识都与社会现实、商业环境紧密联系。因此，采用标准化答案的考试方式不仅会让学生无法较好地掌握理论知识，更无法让理论知识应用到实践中。

　　鉴于此，笔者对品牌管理课程的教学方式、考核方式进行了大刀阔斧的改进，大大弱化了期末考试的功能，将知识教学、能力训练贯穿到学期中的每一节课堂中，还让企业走进课堂，让学生利用自己所学来协助企业解决实际问题；树立以学生为中心、以学生为主体的教学理念来进行教学设计，运用探究式教学、启发式教学、翻转课堂、过程考核等多种先进教育方式；在课程中通过多维的训练，打破传统考试方式对学生学习能力的禁锢，充分挖掘学生的课堂积极性、创新性、实践性等多项素质与潜力，从而培养一批创新人才。

在借鉴国外的先进教学理念的基础上，结合我国当前教育环境的实际状况，笔者对课程做了如下三方面的改进。

首先，缩减期末考试的成绩占比，实行课程全过程的考核。在品牌管理课程中，要求学生提前精读下周课堂所需要的相应教材内容，根据自己的精读写下读书笔记；同时要求学生在课后及时进行总结，写下印象最深刻的三点收获。在这样的"预习—上课—总结"流程下，学生通过提前看书预习，对理论有了初步的认识和理解，并通过自己的反思、回馈，加深了课堂知识的记忆与吸收。这样，在课堂中，教学的重心就能够充分转变，从知识教学导向转变为解决疑惑导向，实现问题导向式学习，提高课堂效率，充分利用了课堂上的有限时间，实现最大化教育教学输出。同时，教学重心转移之后，也为实施"探究式课堂"提供了坚实的基础：学生经过预习之后，有足够的能力思考并回答课堂问题，保证了"问题导向"学习的进行，也提高了学生的课堂参与积极性和表现力，以及深度思考的能力。

其次，增加第一课堂与第二课堂相结合的多板块训练，丰富课堂结构，激发学习兴趣，挖掘创新潜力，提高综合能力。通过组织读书分享、小组品牌案例研讨、个人品牌能力塑造、公众号运营等方式，从不同层次、不同深度网状式地培养和塑造学生的创新能力和综合素质，为学生全面发展与提升搭建了学习与实践有机结合的平台。例如，小组品牌案例分析可以锻炼成员之间的沟通能力、协作能力，小组组长还能锻炼领导及抗压能力，小组成员间也能取长补短，互相学习、共同进步。个人品牌塑造让学生在打造自身品牌的过程中，明确自身的未来发展规划，同时了解品牌的普适性及重要性。笔者特意为学生准备了一节展示课，展示所有学生的个人品牌塑造成果，为学生提供了展示自我、塑造自我、传播个人品牌、锻炼演讲与口才的机会。这也是一节经典的"翻转课堂"，学生不仅运用品牌管理知识与理论进行个人品牌的塑造与传播，还锻炼了其演讲与展示的能力。公众号运营板块主要锻炼学生新媒体运营能力与文字内容撰写能力，这是未来职场的一种必备技能。

最后，让学生与现实接轨，于实践中提升理论应用能力。品牌管理课程的属性特点，决定这门课程的知识必须立足于实际情况，因此笔者将理论与实践结合，通过与企业合作建立实训课题，让学生根据所学理论为企业解决实际问题。"仰望星空，脚踏实地"，教师不仅要为学生装备武器，也应教会学生使用武器，"授之以渔"。我们从 2017—2018 年秋季学期开始，就与源本生鲜企业达成合作，为学生展开了源本生鲜企业实训项目，2018—2019 年秋季学期已经是第二届了。在项目进行过程中，学生自行组成一个个小型策划团队，针对源本生鲜企业所面临的问题提出一个个完整的策划方案。课堂实训一方面让学生不再局限于理论的空洞记忆，而是能够在实战的过程中知行合一；另一方面，课堂与企业、学生与社会彼此相连，可让学生的奇思妙想能够切实落地并执行实施。

在教学过程中，学生表示课程内容非常丰富，是其大学期间印象深刻的课程之一，也是收获丰富的课程之一。在重心转向全流程、多维学习的教学培养模式中，笔者能明显感觉到学生学习兴致的提高，以及学生知识水平、创意能力的不断提升。同时，在 2017—2018 年秋季学期的教学过程中，学生全身心投入，也为企业输出了许多优秀作品，受到企业领导的高度赞扬。

学生个人品牌塑造

试题说明

　　要求学生利用课堂所学的品牌设计、品牌建设、品牌维护等品牌管理的相关知识塑造个人品牌，从专业的角度识别自己的各种特点，用系统的方法论来认识自己、定义自己，可以对自己有更系统、更全面的认识。同时要求所有学生上台展示自己塑造的个人品牌，不仅能锻炼学生的自我认识能力，还能够锤炼他们当众演讲的胆气与魄力。最后，学生的展示风采会投放到公众号或者 H5 当中，让更多人认识、了解这位学生。

考试要求

　　学生以自己为对象，把自己看作一个个人品牌，利用在课堂中所学习的品牌管理理论来打造个人品牌；并将个人品牌打造的结果转化为 PPT，在班上进行 5 分钟的展示，所有学生都要参加。

X 学生答案
XUESHENG DA'AN

学生答案一

伍美虹　商学院　2016141086028

你所不知道的
伍美虹

看到我的第一眼

女神经病

文静

品牌定位
1

刻板印象终结者——
非主流

品牌形象
2

非主流作家

诺贝尔紧到讲获得者

非主流大厨
米其林负五星认证

非主流好学生
你是怎么考上川大的？

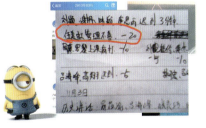

非主流表演家
奥斯卡终身成就奖

但是！
注意我说但是了！

吊儿郎当、嘻嘻哈哈是我
认真严肃、不苟言笑也是我
可动可静的奇怪生物

打辩论是我，表演赛是我，比赛答辩是我，深夜自习室也是我，
忙到当众晕倒在课堂上的还是我（苦笑.jpg）

品牌核心价值

爱家人
爱生活
爱朋友

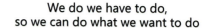

We do we have to do,
so we can do what we want to do

THANKS

学生答案二

王代军　商学院　2016141084023

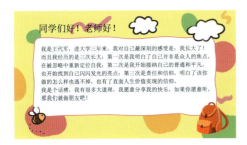

学生答案三

周敏杰　商学院　　2016141084061

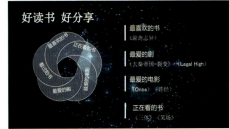

理科

牛健人

四川大学
数学学院

教师简介
JAOSHI JIANJIE

牛健人，数学学院教授，从事公共课教学工作三十余年，近 5 年年均授课量为 300 多学时，曾主持 / 主研国家博士后基金，全国高等学校大学数学教学研究与发展中心微积分学考试改革项目，四川省教改项目，成都市科技厅项目和校级教改项目；曾主编 / 参编国家级规划教材，积极投身教学改革，尝试翻转教学，建立教学网站，充分利用智慧教学环境、手机教室及网络教学，强化学习过程考核，探究非标准化考试；2016 年赴德国 IMEC-13，2018 年赴台北 EARCOME-8 交流非标准化考试探究成果；曾获宝钢教育奖，星火奖，省、校级教学成果奖。曾任四川省数学会理事，四川大学教学指导委员会委员，学院教授委员会委员，教学督导委员会委员，高等数学教研室主任，全国微课竞赛评委。

课程简介
KECHENG JIANJIE

微积分（Ⅰ）-2

课程号：201138040

微积分学是数学的基础分支，包括函数、极限、微分学、积分学及其应用。微积分学研究的基本对象是函数，极限是微积分学的基础，微分和积分分别是特定过程特定形式的极限。

17 世纪后半叶，英国科学家艾萨克·牛顿和德国数学家 G. W. 莱布尼兹，总结和发展了前人的工作，建立了微积分，他们的出发点是直观的无穷小量，尚缺乏严密的理论基础。19 世纪 A. L. 柯西和 K. 威尔斯特拉斯把微积分学建立在极限理论的基础上。19 世纪后半叶实数理论的建立使极限理论有了严格的理论基础，使微积分学的基础和思想方法日臻完善。

微积分学在天文学、力学、化学、生物学、工程学、经济学等自然科学、社会科学及应用科学等多个分支中，有越来越广泛的应用。计算机的发明使得这些应用不断发展。

"微积分"课程是我校文、理、工、医多学科的重要基础课程，也是四川省精品课程。

微积分非标准化考试答卷的
点评与思考

四川大学数学学院　　牛健人　何志蓉

一、研究背景

　　早在十多年前，美国教育界就展开了对标准化考试的质疑。哈佛大学认知教育教授霍华德·加德纳认为，标准化考试，如SAT，不能全面地反映学生的能力，并在其《智能的结构》[1]一书中提出"多元智能"思想。非标准化考试就是依据多元智能理论开展的教学评测方式，在一定程度上弥补了单纯的标准化考试忽视学生综合素质培养的不足。现有的研究关注到了标准化考试的弊端，研讨实施多元化考试的必要性和意义[2]，并对具体学科的非标准化考试的设计理念进行了探讨[3-4]。本文对"微积分"课程非标准化答卷做出点评，针对非标准化考试中发现的理工科学生写作和表达能力普遍不足的问题，建议四川大学为本科生开设"写作与沟通"课程。

二、主要内容

1. 兴趣是最好的老师，不仅是学生的老师，而且是老师的老师。

非标准化考试的实施，目的是激发学生的好奇心和求知欲，促使学生勇于提问、善于思考，使其思维处于一种开放的活跃状态，同时让学生善于发现身边的数学问题，培养提出和解决问题的能力、书面与口头表达和沟通的能力。

物理科学与技术学院（核科学与工程技术学院）党一超（2017141221057）同学的非标准化考试答卷为《发现身边的数学问题——吃披萨中蕴含的数学原理》，其由吃披萨的问题入手，联系微积分的概念曲率及其延伸知识高斯绝妙定理，提出曲率何时为正，何时为负这一问题。其借助橙子、香蕉两种水果的表面阐述自己对曲率正负的理解，答卷形象、生动、有趣，问题由浅入深。站在老师的视角观察，颠覆了传统意义的教学方法和手段，丰富了教学内容，并用高斯的勤奋刻苦精神激励同学们努力学习。阅卷的过程，也是老师继续学习的过程，让老师真真切切感受到教学相长。

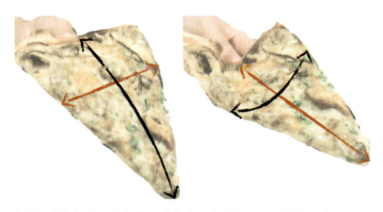

通过非标准化考试，学生的演讲表达能力也得到了锻炼与提高。不足之处为学生论文的写作欠规范。

2. 非标准化考试的实施，搭建了跨学科思考问题的桥梁，促进融合创新，使学生对专业知识中的数学问题更加敏感，甚至能发现隐藏于专业实践中的数学问题。

2017级计算机拔尖班的陈雪羽（2017141461325）同学的非标准化考试答卷为《发现身边的数学问题——比特币所采用的椭圆曲线数字签名算法中的数学原理》，用浅显易懂的数学原理结合有限域上椭圆曲线的点构成的阿贝尔群的相关定义，讨论对称加密与非对称加密算法的原理，椭圆曲线加密算法及其在密码学中的应用，对量子加密技术寄予厚望。信息的加密历来都是国家安全、个人安全的重要组成部分，加密

算法从凯撒密码、字典加密、对称加密等逐步发展到非对称加密，其中椭圆曲线加密算法被广泛应用于比特币、区块链等领域。该答卷聚焦比特币问题，突破学科壁垒，突出实践导向。课堂展示环节的 PPT 中动画设计有点萌。不足之处为语言表达不够生动。

3. 微积分非标准化考试有助于强化团队精神，也鼓励学生用英语完成答卷。

2017 级物理计算机拔尖班刘小瑜（2017141624106）、谭侃（20171414611120）、徐梓航（2017141221106）团队的答卷为《发现身边的数学问题——时间复杂度中的数学原理》，用数学思维思考与表达，论述了时间复杂度的基本概念，非递归和递归的算法，时间复杂度计算方式。他们以小组形式完成考试，强化了团队精神，增强了责任感，在明确的分工合作中充分交流想法，碰撞出思维的火花，激发灵感和创造力，进行更深层次、更有意义的学习和探究。"双一流"的学校要培养"双一流"的人才，要求学生具有国际视野。团队用英语进行课堂展示，做科学小报告，从大一开始训练，既锻炼了独立思考能力、英文写作能力，也提升了英语表达能力。该团队对问题分析严谨，行文流畅，全英文合作报告，彰显了"双一流"大学学生风采。

　　"未来，我们或许会在世界级的学术会议上作报告，而那时候必须使用英语交流。非标准化考试加强了我们的团队协作能力。我们在完成答卷的过程中，收集资料，查找案例，撰写论文，制作 PPT，分工合作，分析讨论算法的时间复杂度，思考改进方案……我们收获了友谊和美好的回忆。无论我们最后从事什么职业、走向何方，这次微积分非标准化考试都会成为我们人生中难以忘怀的一段经历，是一个崭新、大胆、引人奋进的尝试。"

三、结束语

　　通过非标准化考试，我们深深感到学生表达能力尚需提升。写作和沟通能力的训练历来是理工科人才培养中的薄弱环节。世界顶尖大学写作训练是非常重要的教学内容，哈佛大学、普林斯顿大学都把写作课作为本科生必修课，清华大学已开始为本科新生开设"写作与沟通"课程，旨在引导学生展开辩证思考，按照学术写作规范要求进行文章撰写，并通过课程讨论、论文展示等环节将沟通能力培养与写作训练自然融合。四川大学为本科生开设"写作与沟通"课程也迫在眉睫。

参考文献

［1］霍华德·加德纳.智能的结构［M］.沈致隆,译.北京:中国人民大学出版社,
2008.

［2］牛健人,等.大学数学课程考核改革的研究与实践探索[J].高等教育发展研究,
2018,35（3）:46-47.

［3］牛健人.非标准化考试为微积分教学改革注入活力［M］∥张红伟.变革学
业评价 激发创造思维——2017年四川大学非标准答案考试论文及试题集.成都:四
川大学出版社,2017.

［4］牛健人,陈朝东.大学数学非标准化考试的设计理念与案例分析［M］∥张
红伟.挖掘创新潜能 重构思维空间——2016年四川大学优秀非标准答案考试集.成
都:四川大学出版社,2018.

发现身边的数学问题

试题说明

　　发现、寻找：（1）有趣的问题，（2）热点问题，（3）结合自己的专业的问题；用已经学过的或即将学到的高等数学知识去诠释它。

　　目的：拓宽学生的视野，提升学生的数学应用能力、创新能力以及中英文书面和口头表达能力。

考试要求

　　1.时间：寒假开始收集整合资料，撰写答卷提纲、初稿；查找案例，分工合作，分析讨论。春季开学提交初稿，修改；穿插课堂展示。

　　2.答卷的形式：小论文，PPT，小视频（提倡英文）。

　　3.要求格式规范、知识准确、逻辑清晰、行文流畅。

学生答案

UESHENG DA'AN

学生答案一

陈雪羽　计算机学院　　2017141461325

比特币所采用的椭圆曲线数字签名算法中的数学原理

加密算法发展历程

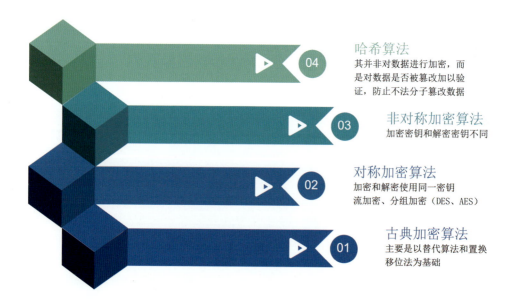

哈希算法 04
其并非对数据进行加密，而是对数据是否被篡改加以验证，防止不法分子篡改数据

非对称加密算法 03
加密密钥和解密密钥不同

对称加密算法 02
加密和解密使用同一密钥
流加密、分组加密（DES、AES）

古典加密算法 01
主要是以替代算法和置换移位法为基础

对称加密

需要保存大量密钥。

密钥被盗会直接带来安全问题。

密钥的传输方法值得考虑。

带有数字签名的非对称加密

无需储存大量的密钥。

信息的完整性、可靠性得以验证，避免被篡改。

一个公钥密码算法安全的必要条件是"由公钥不能反推出私钥"。

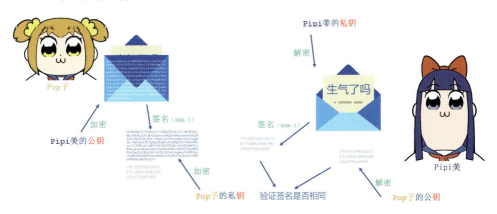

椭圆曲线数字签名算法

椭圆曲线定义在有限域上。射影平面基于非欧几何。

一条椭圆曲线是在射影平面上满足威尔斯特拉斯方程（$Y^2Z + a_1XYZ + a_3YZ^2 = X^3 + a_2X^2Z + a_4XZ^2 + a_6Z^3$）的所有点的集合。

而上面方程又可写作 $y^2 = x^3 + ax + b$，称其为椭圆曲线方程的威尔斯特拉斯一般式，其中，多项式方程有相异根的充要条件是 $\Delta = 4a^3 + 27b^2 \neq 0$。

我们还要定义一个无穷大的点（也可以称为理想点），从现在开始，我们以符号 O，也就是零表示该点。

把上面几个点结合起来，我们的椭圆曲线公式就变成了 $\{(x, y) \in R^2 \mid y^2 = x^3 + ax + b,\ 4a^3 + 27b^2 \neq 0\} \cup \{O\}$。

一条满足威尔斯特拉斯方程的曲线看起来大概是长这样：

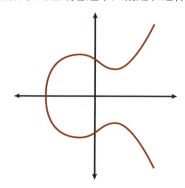

定义椭圆曲线的加法群，这里需要用到近世代数中的阿贝尔群。

数学上，群（Groups）指的是我们定义了二元操作"运算"并且用符号 + 表示的一个集合。假定我们要操作的群用 G 表示，那么我们在这个群上面要定义的"运算"必须有以下几个属性：

封闭性：$\forall a, b \in G, a + b \in G$；

结合性：$\forall a, b, c \in G, (a + b) + c = a + (b + c)$；

单位元：$\exists e \in G, \forall a \in G, e + a = a + e = a$；

逆元：$\forall a \in G, \exists b \in G, a + b = b + a = e$。

而若继续满足第五条：

交换性：$a + b = b + a$。

则我们称这样的群为阿贝尔群。

于是我们可以基于椭圆曲线定义一个群。

在椭圆曲线的阿贝尔群上，任意取椭圆曲线上 P、Q 两点，作直线（若 P、Q 两点重合，则作 P 点的切线）交于椭圆曲线的另一点 R，过 R 做 y 轴的平行线交曲线于 $-R$ 点，定义 $P + Q = -R$。这样，加法的和也在椭圆曲线上，并同样具备加法的交换律、结合律。

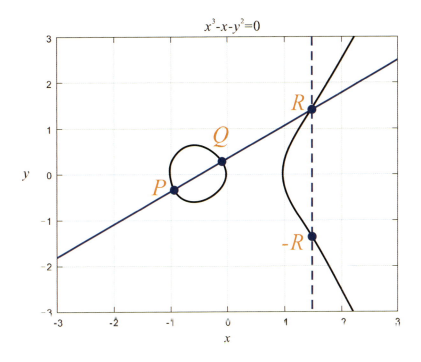

$$x^3-x-y^2=0$$

这样定义的椭圆曲线有着一些有趣的特性，其中之一是水平对称。曲线上一点关于 x 轴对称后依旧在原来的曲线上。另外，不垂直于曲线的直线与该曲线最多只有三个交点。这样，我们就可以得到一个有趣的迭代加法。

实际加密中，我们依赖的是椭圆曲线离散对数算法的极难求解性质。我们可以这样描述这个问题：

k 为正整数，P 是椭圆曲线上的点（称为基点），已知 kP 和 P，计算 k。

之前我们提到过椭圆曲线上点的加法满足结合律，那么，我们可以用快速幂的方法来计算 kP，时间复杂度为 $O(\log_2 k)$，因此计算 kP 并不困难。这个问题的难度在于，对于第三方而言，只知道 kP 和 P 的值，想要反过来求出 k 的值，目前没有比枚举 k 的值好太多的算法。

椭圆曲线是连续的，并不适合用于加密，所以，我们必须把椭圆曲线变成离散的点，我们要把椭圆曲线定义在有限域上。我们给出一个有限域 F_p。

• F_p 中有 p（p 为质数）个元素 0，1，2，$\cdots$，$p-2$，$p-1$。

• F_p 的加法是 $a+b \equiv c \,(\mathrm{mod}\, p)$。

・F_p 的乘法是 $a \times b \equiv c \,(\mathrm{mod}\, p)$。

・F_p 的除法是 $a \div b \equiv c \,(\mathrm{mod}\, p)$，即 $a \times b^{-1} \equiv c \,(\mathrm{mod}\, p)$，$b-1$ 也是一个 0 到 $p-1$ 之间的整数，但满足 $b \times (b-1) \equiv 1 \,(\mathrm{mod}\, p)$。

・F_p 的单位元是 1，零元是 $\mathcal{O}$。

・F_p 内运算满足交换律、结合律、分配律。

此时椭圆曲线则变成了

$$\left\{ (x, y) \in (F_p)^2 \;\middle|\; y^2 \equiv x^3 + ax + b \,(\mathrm{mod}\, p),\; 4a^3 + 27b^2 \not\equiv 0 \,(\mathrm{mod}\, p) \right\} \cup \left\{ \mathcal{O} \right\}。$$

选择两个满足约束条件的小于 p 的非负整数 a, b，这条曲线上的点的集合 $P = (x, y)$ 就构成了一个基于有限域 F_p 的椭圆曲线域 $E(F_p)$，元素个数记作 $\neq E(F_p)$。

F_p 上的椭圆曲线同样有加法。

・无穷远点 $\mathcal{O}$ 是零元，有 $\mathcal{O} + \mathcal{O} = \mathcal{O}$，$\mathcal{O} + P = P$。

・$P(x, y)$ 的逆元是 $(x, -y \bmod p) = (x, p - y)$，有 $P + (-P) = \mathcal{O}$

・$P(x_1, y_1)$，$Q(x_2, y_2)$ 的和 $R(x_3, y_3)$ 有如下关系：

$x_3 \equiv k_2 - x_1 - x_2 \,(\mathrm{mod}\, p)$。

$y_3 \equiv k(x_1 - x_3) - y_1 \,(\mathrm{mod}\, p)$。

若 $P = Q$，则 $k = \dfrac{3x_2 + a}{2y_1} \,(\mathrm{mod}\, p)$。

若 $P \neq Q$，则 $k = \dfrac{y_2 - y_1}{x_2 - x_1} \,(\mathrm{mod}\, p)$。

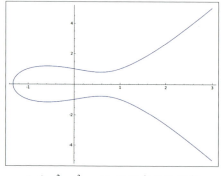

曲线 $y^2 = x^3 - x + 1$ 的所有点的图象

相同曲线在其对素数 97 取模后的图象

已经很难再将上面右图上的点集合看作一条曲线，但是依然可以看到它是关于某条水平直线 $\left(y = \dfrac{97}{2} \right)$ 对称的。而且依旧满足上面定义的椭圆曲线的加法。

以上简单介绍了椭圆曲线的基本原理。在密码学中，有限域上的椭圆曲线一般有两种，上面只介绍了其中一种，但大致的原理是基本相同的。

在这里，我们再定义有限域椭圆曲线的阶：如果对椭圆曲线上任意一点 P，存在最小的正整数 n 使得数乘 $np = \mathcal{O}$，则将 n 称为 P 的阶；若 n 不存在，则 P 是无限阶的。

考虑 $K = kG$，其中 K，G 为椭圆曲线 $E_p(a, b)$ 上的点，n 为 G 的阶（$nG = \mathcal{O}$），k 为小于 n 的整数，则给定 k 和 G，根据加法法则，计算 K 很容易；但反过来，给定 K 和 G，求 k 就非常困难。因为实际使用中的 ECC 原则上把 p 取得相当大，n 也相当大，要把 n 个解点逐一算出来是不可能的。这就是椭圆曲线加密算法的数学依据。

通常将 F_p 上的一条椭圆曲线描述为

$$T = (p, a, b, G, n, h)$$

由 p，a，b 确定一条椭圆曲线［p 为质数，用于（$\bmod p$）运算］；G 为基点；n 为 G 的阶；h 为余因数，$h = \left[E(F_p) / n \right]$，即椭圆曲线上所有点的个数为 $E(F_p)$ 与 n 相除的商的整数部分。

一般会选取一个小于 n 的正整数 k 作为私钥，$K = kG$ 作为公钥。

实际应用中，我们并不需要关心椭圆曲线的众多参数如何选取（要选对参数对于普通使用者来说并不现实），只要从密码学家们精心挑选的一堆曲线中选择一个就行了。专家挑选的曲线都被写在了"SEC2"文档中，比特币选择 secp256k1 是因为它效率较高，并且其参数是可预测的，降低了包含后门的可能性。

椭圆曲线加密在比特币中的应用

比特币（BitCoin）的概念最初由中本聪在 2009 年提出，其基于根据中本聪的思路设计发布的一个开源软件及构建在上面的 P2P 网络。比特币与大多数货币不同，其点对点传输的性质使得它是一个去中心化的、不依靠特定货币机构发行的数字货币。

比特币网络上的所有确认的交易是存储在比特币区块上的，而这些区块构成了比特币区块链。比特币区块链是整个比特币网络所依赖的公共共享总账。这样比特币钱包可以计算出可用余额，并核实新的交易中消费方花费的确实是自己的比特币。椭圆曲线加密算法在其中确保了区块链的完整性和时间顺序，进而保证了交易的可靠性和唯一性。

结语

椭圆曲线加密算法相比 RSA，加密强度更高，同时在相同强度下所需储存空间更小，处理速度也更快。目前众多领域已经采用这一算法来保障数据安全。但是如果采用的曲线不合适，则密钥的强度就会大大减弱。不过，目前被广泛使用的、被写入"SEC2"文档中的椭圆曲线的可靠性还是有保障的。

严格意义上讲，量子计算机的问世会威胁到现有体系所有的加密方法，但在目前，ECC 早已成为并依旧是保障我们信息安全的重要基础。

学生答案二

刘小瑜　计算机学院　2017141624106
谭　侃　计算机学院　2017141461120
徐梓航　计算机学院　2017141221106

时间复杂度中的数学原理

theme of the non-standardized examination:

⊙ Application of Mathematics in the Computer Science

Aim:

⊙ To build a bridge for interdisciplinary thinking and stimulate students' creativity. Completing the non-standardized examination in the form of a group can not only train students'ability to collect information, understand reasoning and express in writing, but also strengthen team spirit, enhance sense of responsibility, fully exchange ideas in a clear division of labor and cooperation, collide sparks of thinking, stimulate inspiration and creativity, and accomplish a deeper and more profound level of learning and exploration.

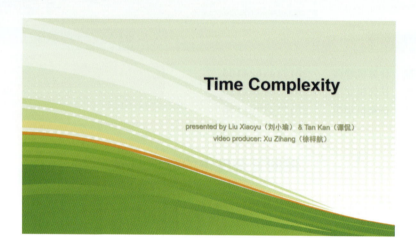

Basic concepts

◦ Scale of the problem:
The size of the input that an algorithm accepts

◦ Time frequency:
The number of statements executed in an algorithm.

◦ Time complexity:
an auxiliary function f (n)
when n→∞, T (n) /f (n) = C(C≠0)
T (n) = O (f (n)) (O is the magnitude symbol).

Several properties

◦ O(f(n))+O(g(n)) = O(max{f(n),g(n)}) ;

◦ O(f(n))+O(g(n)) = O(f(n)+g(n)) ;

◦ O(f(n))*O(g(n)) = O(f(n)*g(n)) ;

◦ O(cf(n)) = O(f(n)) ;

◦ g(n)= O(f(n)) ⇒ O(f(n))+O(g(n)) = O(f(n)) .

strict proof of math

the rule ---- $O(f(n))+O(g(n)) = O(\max\{f(n),g(n)\})$:

- For any $f1(n) \in O(f(n))$, there are normal numbers c1 and natural number n1, so that all $n \geq n1$, has $f1(n) \leq c1f(n)$;

- Similarly, for any $g1(n) \in O(g(n))$, there are normal numbers C2 and natural number N2, so that all $n \geq n2$, has $g1(n) \leq c2g(n)$.

- Let $c3=\max\{c1, c2\}$, $n3 =\max\{n1, n2\}$, $h(n)= \max\{f(n),g(n)\}$;

- Then for all $n \geq n3$, there is

- $f_1(n) +g_1(n) \leq c_1f(n) + c_2g(n) \leq c_3f(n) + c_3g(n)= c_3(f(n) + g(n)) \leq c_32 \max\{f(n),g(n)\}$
  $= 2c_3h(n) = O(\max\{f(n),g(n)\})$.

Classification

01 recursive

02 non-recursive

Solving recursive equation

using formula 01 | Change element method 02 | Iterative induction 03 | Different-ial method 04 | Master theorem 05

079

Solving non-recursive ones

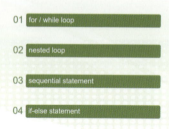

01 for / while loop

02 nested loop

03 sequential statement

04 if-else statement

Terms

ascending order - 升序
pivot - 主元
call - 调用（函数）
for loop - for循环
linearity of expectation - 期望的线性性质
mutually exclusive - 互斥
harmonic series - 调和级数

Quick sort

```
int partition (int arr[], int low, int high)
{
    int pivot = arr[high];
    int i = (low - 1);

    for (int j = low; j <= high- 1; j++)
    {
        if (arr[j] <= pivot)
        {
            i++;
            swap(&arr[i], &arr[j]);
        }
    }
    swap(&arr[i + 1], &arr[high]);
    return (i + 1);
}
```

```
void quickSort(int arr[], int low, int high)
{
    if (low < high)
    {
        int pi = partition(arr, low, high);
        quickSort(arr, low, pi - 1);
        quickSort(arr, pi + 1, high);
    }
}
```

Analysis of QuickSort

Our analysis uses indicator random variables. We define

$$X_{ij} = I\{z_i \text{ is compared to } z_j\}$$

$$X = \sum_{i=1}^{n-1} \sum_{j=i+1}^{n} X_{ij} .$$

$$\begin{aligned}
E[X] &= E\left[\sum_{i=1}^{n-1} \sum_{j=i+1}^{n} X_{ij}\right] \\
&= \sum_{i=1}^{n-1} \sum_{j=i+1}^{n} E[X_{ij}] \\
&= \sum_{i=1}^{n-1} \sum_{j=i+1}^{n} Pr\{z_i \text{ is compared to } z_j\} .
\end{aligned}$$

$$\begin{aligned}
Pr\{z_i \text{ is compared to } z_j\} &= Pr\{z_i \text{ or } z_j \text{ is first pivot chosen from } Z_{ij}\} \\
&= Pr\{z_i \text{ is first pivot chosen from } Z_{ij}\} \\
&\quad + Pr\{z_j \text{ is first pivot chosen from } Z_{ij}\} \\
&= \frac{1}{j-i+1} + \frac{1}{j-i+1} \\
&= \frac{2}{j-i+1} .
\end{aligned}$$

$$\begin{aligned}
E[X] &= \sum_{i=1}^{n-1} \sum_{j=i+1}^{n} \frac{2}{j-i+1} \\
&= \sum_{i=1}^{n-1} \sum_{k=1}^{n-i} \frac{2}{k+1} \\
&< \sum_{i=1}^{n-1} \sum_{k=1}^{n} \frac{2}{k} \\
&= \sum_{i=1}^{n-1} O(\lg n) \\
&= O(n \lg n) .
\end{aligned}$$

Analysis of QuickSort

Worst Case: O(n^2)

Best Case: T(n) = 2T(n/2) + θ(n)

Despite this slow worst-case running time,
quicksort is often the best practical choice for sorting because it is
remarkably efficient on average: O(nlogn)

非标准答案试题是小班研讨教学改革发展的有效补充

四川大学生命科学学院　赵　建

随着四川大学"小班研讨"教学改革的纵深发展，如何提升教学质量和效果，让学生收获更多的知识，有效提升学生科研素养，依旧是一个备受关注的重点。传统教学采用教师"讲"、学生"听"的灌输式方法，在这种模式下，教师有着绝对的主动权，学生只是被动地接受信息，使得学生思考的主动性和积极性被压制。仅仅通过课堂教学设计讨论环节，还不能打破这种被动学习的僵局，还需要在课堂与课后引入非标准答案试题等教学手段以形成强大的合力改善此现状。

教学以学为中心，调动学生主动学习最为关键。因为随着时代发展，我们获取知识的方式更加便捷多样，知识逐渐增多，但在各种传播途径下存在良莠不齐，甚至是错误的知识点，如果直接或不加深刻思考地全盘被动接受，势必会混淆知识，错搭知识框架，束缚学生的想象力，所以标准答案为上或用传统教学模式和考试模式会影响学生的思维发展。学生在接受知识时需要对知识的实质、价值、真实性、准确性等进行判断。在这个过程中，学生积极运用抽象思维进行分析、评估和推理，高效地筛选、吸收、整理并长期储存信息，应从一个简单的知识"接收器"变为信息的"加工者"，从而在已有知识的基础上形成综合的知识构架、更新迭代的知识体系，并加以灵活运用。

主动学习、注重知识整理和延伸所引起的能力提升以及达到的效果，一定是优于被动的知识输入和单一的知识点记忆。新颖和趣味的非标准答案试题能吸引学生，可以让他们开动脑筋去思考问题和总结答案。如针对科学问题或实验现象的实验设计题型，对学生掌握相关知识大有裨益，学生可以通过解答这类题目而熟练地调用以往所学的相关知识点，充分思考与整理，构思方案与优化细节，最终形成一个具有学生个人标签的非标准式答案。答案既涵盖了主题相关知识点，又体现了学生相关知识的整体构架，并帮助学生培养科研思维，这比单纯检验知识点记忆更高级。

通过非标准答案试题的引入，进一步引导学生批判地、系统地思考问题和梳理答案，让主动学习的教与学形成一个封闭环。批判性思维和系统性掌握知识是增强学习效果，同时也是解决具体的科学与现实问题的基础。对原有知识进行审查、分析和评价，从而形成非标准答案和创新观点。理性地、反思性地思考，才会形成创新性思维，并在实践中加以巩固和提高。在实践中锻炼批判性思维，提高实践能力。因此，更更新教学理念和教学方法，采用"启发式""讨论式""案例式"等教学方法，使学生积极地深入参与，鼓励学生大胆地怀疑和批判，不同的观点和方案都可以碰撞，使学生形成独立的见解，而不是人云亦云。

针对我们的微生物类相关专业课程，设计"问卷星"调查问卷《基础学科教学在考试和平时作业中引入"非标准答案试题"认可度调查》，对学生反馈信息进行分析，统计结果显示学生普遍认为非标准答案试题可以拓展他们的思维，帮助他们摆脱理论的束缚、寻找解决问题的灵感。通过查阅文献资料和了解科学前沿知识，学生可以培养独立思考的能力。根据自身所学基础知识加以创新，学生能显著提高解决问题的综合能力。另外，多学科知识点交叉出题更能刺激学生学习的积极性和拓展性。统计数据显示，70%以上的学生希望非标准答案试题与课堂中所讲授的基础知识相结合，与当下科研热点和前沿进展相结合。非标准答案试题应为涉及多学科知识交叉的主观题，而不是单一专业知识点的问答题，学生能够通过查阅资料，与理论知识相结合，寻找理论支撑材料，形成自己的观点并在理论基础上进行综合解答。有半数学生会根据对题目内容的理解和平时对相关知识点的认知，查阅专业资料、最新的科学进展进行作答；还有半数学生会与同学讨论，集思广益激发灵感，根据衍生出的想法进行作答。由此可见，学生也渴望将所学知识与实践生活相关联，而不是照本宣科、盲目学习、填鸭式学习。只有进行批判性的学习和思考，学生才可以学以致用，在加深理论知识理解的基础上进一步拓展知识，在层次上加深，在不同领域中拓宽，紧跟知识前沿，从而锻炼独立思考和解决问题的能力。另外，对于新颖的问题和内容，也有一些学生会感觉无从下手，害怕考虑不够全面，解决问题不够完美。针对这部分学生，建议注意大型考试中非标准答案试题与传统试题的权重分配。

　　非标准答案试题有助于学生提高学习兴趣、完善知识结构、解决科学问题。这种结合了理论知识、科技前沿知识的学生思考模式，能让他们灵活应用所学的知识，在巩固理论知识基础上，进一步提升独立学习能力，对今后从事科研工作有很大帮助。另外，没有任何知识不能被质疑，知识的增长并不是新知叠旧知的发展过程，而是对原有知识不断修正、补充、延伸或扬弃的过程。我们要鼓励学生思考与创新，如对经典理论或实验的关键点剖析、对可能发生的意外现象的可能性分析等，批判与思考并行，甚至提出新的假设。其最终目的是寻求可靠的知识和真理，化课堂知识点为自己真正所掌握且能灵活运用的知识体系。因此，我们要借小班研讨和非标准答案试题等教学手段加大培养学生主动学习能力的力度。

K 考试题目
AOSHI TIMU

爷爷在家收藏了一些陶罐，它们被想当病毒学家的孙子当成破旧容器用来盛装自己业余病毒实验的废液，为了防止废液倾覆，用封口膜把陶罐上端所有开口处密封。如果不计封口膜密封性和透过性、溶液从陶罐损伤缝隙处挥发、蛋白质与核酸自然降解和存储废液的时间长短，作为大学生的您来判断，病毒能不能从陶罐底部"越狱"成功？如何设计实验来验证推论？

（注：可利用手机检索网络和学校图书馆数据库）

（注：图片来源于百度网络检索）

1. 判断：您觉得病毒能不能从陶罐底部"越狱"？
2. 您主要考虑的因素有哪些？分别对应的依据是什么？
3. 如何设计实验验证您的推论？

试题说明

该测验题是在病毒形态结构和纯化章节之后布置的，学生作答需要前期进行相关支撑材料的整理和方案构思。该测试题可引导学生将病毒基本形态学知识、病毒纯化和检测方法知识、多孔材料知识、实验方案设计知识，乃至文物历史知识等趣味性地整合到一起，依托主动性检索和文献整理深入了解各相关知识点的细节和进展，将各区块知识点连接成线，从而构架成一个系统性的有机整合体，有利于学生批判性思维的形成，有助于学生尝试系统地考虑并解决具体的科学问题。

考试要求

1. 利用手机检索网络和学校图书馆数据库；
2. 综合考虑，并对主要考虑的因素和依据做出说明；
3. 设计实验方案，用于验证推论。

学生答案一

张天奕　生命科学学院　　2016141241032

1）我认为病毒能从陶罐底部"越狱"。

2）无机材料，如陶瓷介质表面常含有气孔，这些气孔可分为两类，一为封闭在制品中，不与外界相通的气孔，称为闭口气孔；一为与外界相通，能为流体填充的气孔，称为开口气孔（如图）。开口气孔的孔径大小是本次实验的主要考虑因素，比开口气孔孔径小的物质可通过开口气孔，而比开口气孔孔径大的物质则不能通过，以它为依据判断病毒能否通过陶罐。

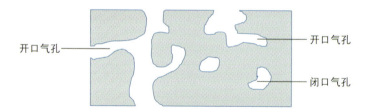

开口气孔 ——
开口气孔
闭口气孔

陶罐气孔的结构

已知日常的陶具和瓷具的气孔孔径不是纳米级的。陶具的气孔孔径大于瓷具，虽然不同材料制成的瓷具气孔孔径不同，但通常为 6 到 10 微米，而病毒的尺寸大多为 10 到 300 纳米，由此可知病毒很有可能通过陶罐。

当然，通过特殊加工工艺制成的现代陶瓷可控制气孔孔径大小而避免病毒渗漏。如多孔陶瓷，按其孔的大小可分为微孔陶瓷（孔径 <2 纳米），介孔陶瓷（2 纳米≤孔径≤ 50 纳米），宏孔陶瓷（孔径大于 50 纳米），由数值可见这种新型陶瓷是可以封闭病毒的。所以具体情况下，病毒是否会从陶罐底部"越狱"，还要按材质、制法等确定其开口气孔孔径，从而进行判断，但一般的陶罐难以封闭病毒。

3）实验验证：

a）首先测定病毒的大小，本次使用噬菌体做研究对象，病毒大小可用高分辨率电子显微镜放大图像直接测量；也可以采用分级过滤法，根据病毒可通过的超滤膜孔径估计大小；或用超速离心法，由病毒大小、形状、沉降速度之间的关系，推算其大小；当然也可用已知大小的噬菌体作为实验对象。

b）选取与陶罐有相同的材质、制法的材料小块儿，测定其表面开口气孔孔径的大小。测定气孔孔径大小可用断面直接观测法，读取断面规定长度内孔隙个数，由此计算平均孔径；也可用气泡法，即浸润试样，使开口气孔孔隙达到饱和，然后以另一流体将浸入液吹出，压力逐渐增大，测定冒出第一个气泡时的压力差，按公式：$r = 2\sigma\cos\theta/\Delta P$（$\sigma$ 为浸渍液表面张力，θ 为浸渍液对被测材料的浸润角，ΔP 为压力差）计算最大孔径；也可用通过法、压泵法等。

c）在获得病毒和相应材料的参数后，可估计病毒可否渗透的情况，之后设计直接实验验证。

实验装置如图所示，已知 1 为进液管，金属材质，可有效避免病毒扩散；2 为出液管，同 1 进液管性质相同；3 为待测陶具所置滤芯；4 为支持体，可有效密封连接处，并固定滤芯。将含噬菌体的菌液加入进液管中，将无病毒的菌液加入出液管中，密封装置。之后单位时间取出液管中菌液进行平板涂布，观察是否有噬菌斑产生。若一定时间内无噬菌斑产生，可由进液管加压促进进液管内物质向出液管移动，或者使用更精确的免疫印迹法检测病毒。若出液管中检测到噬菌体，则噬菌体可通过该陶罐材料；若检测不到，则可能无法透过。

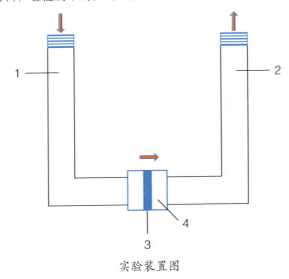

实验装置图

学生答案二

朱汉舟　　生命科学学院　　2015141496069

1.判断：您觉得病毒能不能从陶罐底部"越狱"？

答：能。

2.您主要考虑的因素有哪些？分别对应的依据是什么？

答：陶罐本身并非完全密闭材料，存在一定孔径。古埃及人有用陶瓷过滤泥沙[1]，我国自三皇五帝时期就有使用多孔陶瓷的记录，且显微镜下就可以观测到陶瓷多孔的存在[2]。病毒个体微小，最小的圆环病毒只有17nm，很容易透过一些孔径。细菌过滤器，也可用陶瓷材料，可以滤过病毒。

3.如何设计实验验证您的推论？

答：我将通过对照实验，检验陶罐对病毒是否有双向滤过性，以及不同浓度浸泡可以透过的病毒颗粒的量，如图。

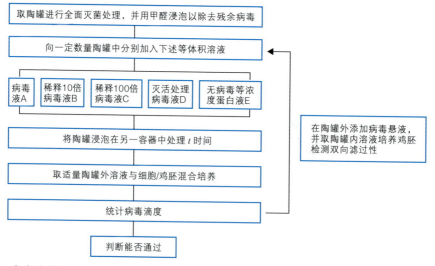

参考文献

［1］林永淳.多孔陶瓷的发展过程和现状［J］.陶瓷，2013（6）：13-19.

［2］周仁，张福康，郑永圃.我国黄河流域新石器时代和殷周时代制陶工艺的科学总结［J］.考古学报，1964（1）：1-27，132-139.

学生答案三

李昌和　生命科学学院　　2016141241113

1）能够泄露出。理由：以2011年制陶工艺为例，当时的国际领先水平是600ppi，即陶器的孔径大小最小为0.025mm（2.5×10^4nm），但是病毒的直径一般为10–300nm，可见陶器的孔径数值远大于病毒，因此，我认为病毒能够从底部泄露。

2）实验设计：如图所示，设置对照实验A、B，A为实验组，B为对照组。两组采用同一批烧制的陶碗。A中加入含有T7噬菌体的溶液，B中加入等量无菌水。A、B陶碗下分别接一个双层平板培养基，培养大肠杆菌，陶碗上加盖密封，在无菌环境中进行操作，操作完成后在适宜环境下培养。一段时间后，观察双层平板中有无噬菌斑产生。若A中有，B中没有，则说明判断正确，病毒能够从底部泄露出来。

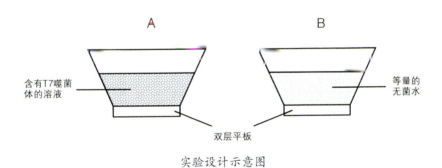

实验设计示意图

参考文献

［1］余剑峰，刘春江.几种多孔陶瓷孔隙结构及孔径控制的方法［J］.佛山陶瓷，2011，21（10）：25–27，43.

曹 洋

四川大学
生命科学学院

教师简介

曹洋，中国科学院生物物理研究所博士，美国密歇根大学访问学者，四川大学副教授，主要从事生物信息学研究，研究方向包括：（1）生物信息学算法和软件开发；（2）蛋白质设计和结构预测；（3）计算生物学数据分析。主要成果有：（1）提出基于碰撞回避的自适应迭代搜索算法，编写蛋白质结构预测软件 CISRR，该方法被写入 Springer 出版社出版的分子生物学丛书 *Protein Structure Prediction*（第三版）。（2）提出基于 Tolman length 的溶剂模型和算法，开发软件 CYSCORE。（3）建立抗体计算分析平台，完成 HMGB1、PrPc 等抗体的人源化设计。（4）建立药物分子虚拟筛选计算平台，发现了针对 AchE、MDM2、PB 等多个重要蛋白靶点的活性分子。（5）完成靶向 HER2 和 EGFR 的高亲和力蛋白设计。

课程简介

生物信息学

课程号：204077020

生物信息学是生命科学、计算机科学、现代信息科学、数学、物理学以及化学等多个学科交叉结合形成的一门新学科。自 20 世纪 70 年代至今，生物信息学快速发展，在生物学、医学等领域产生了巨大的影响。"生物信息学"课程是为培养生物专业学生的专业技能、交叉应用多学科知识的能力，帮助其锻炼逻辑思维能力、拓展前沿科学视野、提高素质教育的广度与深度而开设的专业课程。该课程系统讲授了生物信息学的核心内容，包括生物信息学的概念和历史、生物学数据库的建立、序列比对方法、核酸序列分析技术、进化树构建、生物芯片分析、蛋白质结构预测和设计、软件开发与应用等，使学生能够充分理解生物信息学的基础知识与算法，熟悉生物信息学网络资源，掌握生物信息学主要相关软件的操作方法，培养其综合运用生物信息学方法解决生物学问题的能力。

在生物信息学教学中探索运用
非标准答案题

四川大学生命科学学院　曹　洋

　　生物信息学是一门新兴的交叉学科，是计算机科学、数学、物理学等学科方法在生物学问题上的综合运用。因为生物学问题往往具有复杂性和多样性，其解决方法多种多样、千差万别，所以生物信息学的内容和方法有很大的自由度和灵活性。笔者在生物信息学研究中，深深体会到创新特别需要开放的思维。在学校鼓励非标准答案的教学改革中，笔者结合自身的教学实践，把学科所需的自由度和灵活性注入日常教学的作业和问答中，从百花齐放的答题思路中感受到了学生积极探索和创新的精神，收到了良好的教学效果。这里谨以一平时作业题为例，总结非标准答案题目的设计与结果，供同行们参考。

　　这一题目的背景是：随着基因测序技术的普及，疾病相关的基因突变越来越受到重视，一些基因突变有可能导致蛋白质氨基酸组成的改变，从而影响其生物学功能。如何分析预测氨基酸改变导致蛋白质功能的改变是当前学术界研究的前沿，一个可行的方法是从蛋白质结构改变入手，通过分析结构来分析它对功能的影响，而这些分析是因问题而定的。由此，我们不要固化计算和分析方法，让学生自主挑选突变位点，结合前期学习的生物化学、结构生物学等知识，有目的地进行突变，比较计算模拟的结果，从而获得分析预测突变对结构功能的影响的经验，培养其逻辑思维能力和创新能力。

基于以上目标，笔者设计如下题目：从 Protein Data Bank 数据库中下载蛋白质 1R69 的序列文件（FASTA 格式）和结构文件（PDB 格式），对序列进行自由修改：1）选择 3 个点突变，2）连续 3 个氨基酸删除，3）连续 3 个氨基酸插入……应用蛋白质结构预测软件 SWISS-MODEL 预测新序列的三维结构，比较观察天然结构与新结构的差别（使用 RasMol 或 PyMOL 软件），分析判断预测结构的合理性。

原本以为题目比较困难，但收到学生们的答案后，笔者放下了忧虑：大部分学生都圆满地完成了这个题目，而且解答方式各有千秋。有的解法非常系统，从 1R69 这个蛋白质的来源、功能开始，分析了该蛋白质三维结构的特点、稳定性，再详细设计了一两个破坏局部结构的位点突变，一个不破坏局部结构的位点突变，通过计算软件的计算，发现结果与设计目标一致，从结构生物学角度对结果进行了阐述。有的详细分析了氨基酸突变与结构变化的关系，运用分子力学知识解释计算软件的计算结果，并总结出一些经验规则。也有的偏重于对计算软件的探索，除了用课堂介绍的 SWISS-MODEL 去做计算，还自己学习了较为专业复杂的软件 Modeller 来进行计算，对比两种方法的差异，并分析了结果的合理性。还有的对氨基酸替换、删除、插入三类突变的影响进行了分类研究，探讨了它们在蛋白质结构不同区域发生带来的差异。这些解答所运用的方法和知识，大都是来自学生的自学研究，教师并未在课堂上讲授，但是却很自然地出现在解答中，表明学生对这样的非标准答案题目很有热情，能自发地进行探索学习。同时，解答的方案没有千篇一律，而是沿着解决问题的方向，从多方面去寻求答案，思路很开阔，充满了创新精神，而这正是我们设计非标准答案题目的初衷。

传统的标准题目一般有唯一的答案，这样能保证评阅标准的统一和公平，但是却在一定程度上压制了学生的发散思维，不利于培养富有创新意识的人才。因此，在条件适宜的问题上采用非标准答案题目能激发学生的自主性和创造力，这是非常值得推广的。当然，为了让考察结果尽可能公平，我们需要有判断标准，笔者的看法是只要答案有科学理论基础，体现出逻辑合理性，即为正确；若过程缜密，即为良好；若能有不落窠臼的想法，则为优秀。

通过在"生物信息学"课程中推行非标准答案题目的教学实践，笔者看到了四川大学本科生的巨大潜力，也领悟到细心呵护学生的创新精神的重要性，期待这样的教学改革能不断总结，推进发展，更好地为国家和社会培养创新人才。

K 考试题目
AOSHI TIMU

从 Protein Data Bank 数据库中下载蛋白质 1R69 的序列文件（FASTA 格式）和结构文件（PDB 格式），对序列进行自由修改: 1）选择 3 个点突变，2）连续 3 个氨基酸删除，3）连续 3 个氨基酸插入……应用蛋白质结构预测软件 SWISS-MODEL 预测新序列的三维结构， 比较观察天然结构与新结构的差别（使用 RasMol 或 PyMOL 软件），分析判断预测结构的合理性。

试题说明

随着基因测序技术的普及，疾病相关的基因突变越来越受到重视，一些基因突变有可能导致蛋白质氨基酸组成的改变，从而影响其生物学功能。如何分析预测氨基酸改变导致蛋白质功能的改变是当前学术界研究的前沿，一个可行的方法是从蛋白质结构改变入手，通过分析结构来分析它对功能的影响。

这个题目让学生自主挑选突变位点，希望他们结合前期学习的生物化学、结构生物学等知识，有目的地进行突变，并与计算模拟的结果比较，从而获得分析预测突变对结构功能的影响的经验，培养逻辑思维能力和创新能力。设计非标准答案题目的目的是培养学生的发散思维，不让学生进入死读书、读死书的循环中，在具备科学知识的基础上，真正激发其创造力。因此题目不应该把学生的思维锁定到一个具体的答案上，而要尽量扩展问题的边界，使其学术思维能自由飞翔。

考试要求

开卷试题，答案要有科学理论基础，分析逻辑合理，过程缜密，结论有价值。

学生答案一

李嘉莹　生命科学学院　　2015141244008

使用 SWISS–MODEL
进行蛋白质结构预测

一、实验目的

1. 学会使用 SWISS–MODEL 进行蛋白质结构的预测。

2. 学会分析 SWISS–MODEL 的预测结果。

3. 学会预测蛋白质序列改变导致蛋白质结构发生的改变。

4. 使用 PyMOL 查看蛋白质结构。

二、实验环境

OS X，PDB，SWISS–MODEL，PyMOL。

三、实验要求

从 Protein Data Bank（以下简称 PDB）数据库下载蛋白质 1R69 的序列文件（FASTA 格式）和结构文件（PDB 格式），对序列进行自由修改：

1）选择 3 个点突变；

2）连续 3 个氨基酸删除；

3）连续 3 个氨基酸插入。

在 SWISS–MODEL 上进行新序列的预测，比较分析天然结构与新结构的差别，使用 RasMol 或 PyMOL 软件看图比较，截图，以 Word 文档的方式提交作业。

四、实验过程

（一）查看蛋白质 1R69 序列及结构信息

1. 进入 PDB 官网搜索"1R69"，点击"Sequence"，下载其 FASTA 格式的序列文件，如图所示。

| Structure Summary | 3D View | Annotations | Sequence | Sequence Similarity |

| Structure Similarity | Experiment | Literature |

1R69

STRUCTURE OF THE AMINO-TERMINAL DOMAIN OF PHAGE 434 REPRESSOR AT 2.0 ANGSTROMS RESOLUTION

📄 Display Files ▾   ⊕ Download Files ▾

Sequence Display for the Entities in PDB 1R69

The graphical representation below shows this entry's sequences as reported in UniProtKB, in the sample (SEQRES), or as observed in the experiment (ATOM). Different 3rd party annotations can be graphically mapped on the sequence and displayed in the Jmol viewer. Read more about the sequence display on our help pages.

The structure **1R69** has in total **1** chains.

其序列信息如下：

>1R69: A|PDBID|CHAIN|SEQUENCE

SISSRVKSKRIQLGLNQAELAQKVGTTQQSIEQLENGKTKRPRFLPELASALGVSVD

WLLNGTSDSNVR

2. 可看到该蛋白质的序列对应结构的具体信息，如图所示。

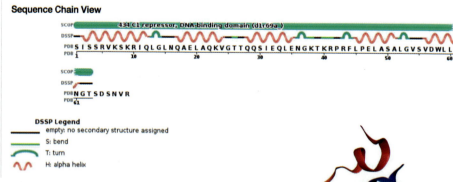

可以通过分别改变对应不同结构的氨基酸来查看蛋白质结构的改变。

3. 可以在"Structure Summary"处查看其三维结构。其结构如右图：

（二）进行突变模拟

1. 进入 SWISS-MODEL 网页（https：//www.swissmodel.expasy.org）点击"Start Modelling"进行模拟，如图所示。

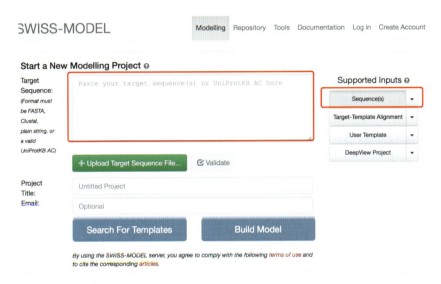

输入模拟序列进行模拟。

输入后，发现自动识别"Target"序列，如图所示。

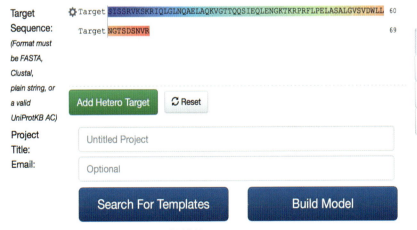

点击"Build Model"即可开始模拟。

2.输入原 1R69 序列进行建模，查看 SWISS-MODEL 准确性，同时作为后面突变建模的对照。

结果如图所示，左边为 SWISS-MODEL 模拟结果，右边为 PDB 给出的 1R69 结构。可以看到两者基本相似，关键的 α 螺旋结构基本相同，但是有细微差别，如橙色框中缺少一个尾部的弯曲。

3.突变实验。

（1）3 个点突变。

选取的点为框中的点，如图所示。

脯氨酸由于其亚氨基少一个氢原子，无法形成氢键，而且 Cα–N键不能旋转，所以其是 α 螺旋的破坏者，肽链中出现脯氨酸就中断 α 螺旋，形成一个"结节"，所以考虑将不同 α 螺旋内部的一个氨基酸突变为脯氨酸。

原序列：

>1R69：A|PDBID|CHAIN|SEQUENCE

SISSRVKSKRIQLGLNQAELAQKVGTTQQSIEQLENGKTKRPRFLPELASALGVSVD
WLLNGTSDSNVR

突变后序列：

>1R69 mutation 1：SISSRVPSKRIQLGLNQAELPQKVGTTQQSIEPLENGKTKRP
RFLPELASALGVSVDWLLNGTSDSNVR

结果如图所示，左边为 origin，右边为 mutation 1。

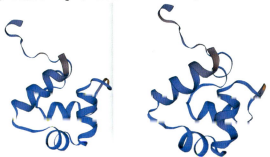

可以发现 α 螺旋并没有被打断，而且形态上基本一致，除了一些弯曲角度，通
过查看使用的模板，发现并没有自动识别到使用 1R63（相似度为 95.24%），而是
使用了 1PRA（相似度为 95.65%）（但对比发现其实 1R63 和 1PRA 序列一样，存
疑？？），如图所示。

Template Results ⊙

Templates   Quaternary Structure   Sequence Similarity

Alignment of Selected Templates   More ▾

	Name		Title		Coverage	Identity	Method	Oligo State	Ligands	
☐	2or1.1.D		434 REPRESSOR			95.65	X-ray, 2.5Å	homo-dimer ✓	None	⌄
☐	1r69.1.A		REPRESSOR PROTEIN CI			95.65	X-ray, 2.0Å	monomer ✓	None	⌄
☐	1per.1.C		PROTEIN (434 REPRESSOR)			95.65	X-ray, 2.5Å	homo-dimer ✓	None	⌄
☐	1per.1.D		PROTEIN (434 REPRESSOR)			95.65	X-ray, 2.5Å	homo-dimer ✓	None	⌄
☑	1pra.1.A		434 REPRESSOR			95.65	NMR	monomer ✓	None	⌄
☐	2or1.1.C		434 REPRESSOR			95.65	X-ray, 2.5Å	homo-dimer ✓	None	⌄
☐	1r63.1.A		REPRESSOR PROTEIN FROM BACTERIOPHAGE 434			95.24	NMR	monomer ✓	None	⌄
☐	2r63.1.A		REPRESSOR PROTEIN FROM BACTERIOPHAGE 434			93.65	NMR	monomer ✓	None	⌄
☐	1sq8.1.A		dh434			73.02	NMR	monomer ✓	None	⌄
☐	1sq8.1.A		dh434			74.19	NMR	monomer ✓	None	⌄
☐	2cro.1.A		REGULATORY PROTEIN CRO			46.27	X-ray, 2.3Å	homo-trimer ✓	None	⌄

由下图可以看到红框中的为改变的突变点，而 1PRA 模板的氨基酸和未突变前一样，可能是由于突变不够集中，所以通过 SWISS-MODEL 的同源建模，导致部分点突变导致较大变化的情况未出现。基于这个假设，再进行一次连续突变实验。

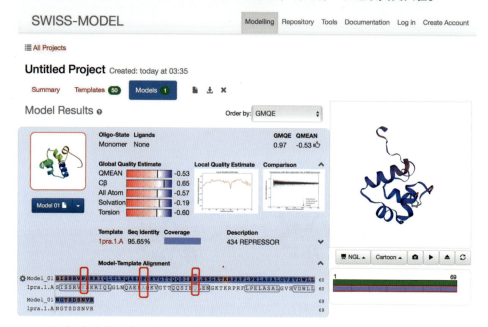

选取框中连续三个点均突变为脯氨酸，如图所示。

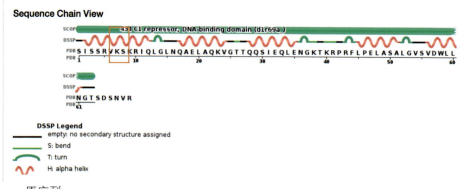

原序列：

>1R69：A|PDBID|CHAIN|SEQUENCE

SISSRVKSKRIQLGLNQAELAQKVGTTQQSIEQLENGKTKRPRFLPELASALGVSVD
WLLNGTSDSNVR

突变后序列：

>1R69 mutation 2：SISSRPPPKRIQLGLNQAELAQKVGTTQQSIEQLENGKTKRP RFLPELASALGVSVDWLLNGTSDSNVR

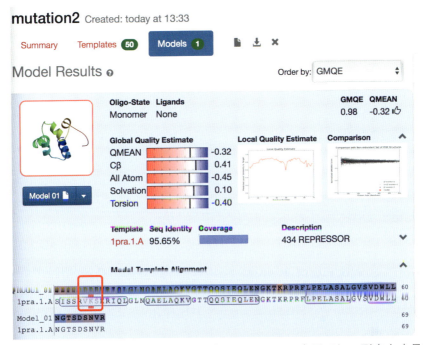

结果如图所示，左图为 origin，右图为 mutation 2。由图可知，形态上也是没有很大的变化，预想的红框内 α 螺旋并没有如愿被打断。

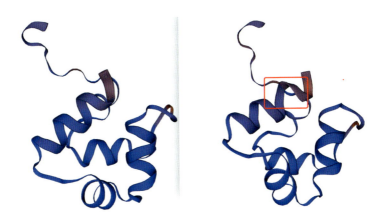

可能也是同源建模去除了较大的突变偏差（存疑）。

（2）连续3个氨基酸删除。

删除框中三个氨基酸，如图所示。

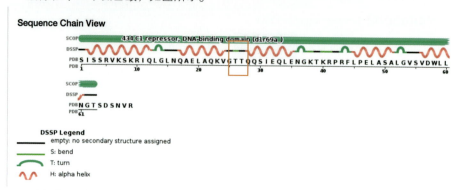

删除前序列：

>1R69：A|PDBID|CHAIN|SEQUENCE

SISSRVKSKRIQLGLNQAELAQKVGTTQQSIEQLENGKTKRPRFLPELASALGVSVD
WLLNGTSDSNVR

删除后序列：

>1R69 deletion：SISSRVKSKRIQLGLNQAELAQKVQQSIEQLENGKTKRPRFLPE
LASALGVSVDWLLNGTSDSNVR

结果如图所示，左图为 origin，右图为 deletion。

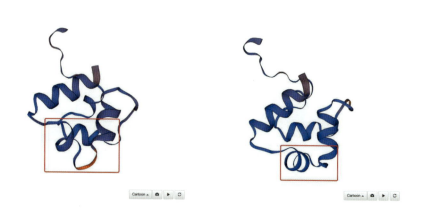

可以发现删除的氨基酸为两个 α 螺旋的链接过渡序列，删除后，左边的螺旋没有原先的紧密，而是变得松散，以较大弯曲片段过渡到下一个 α 螺旋处，与预期想象一致，如图所示。可以发现结果显示中也识别出了三个氨基酸的缺失。

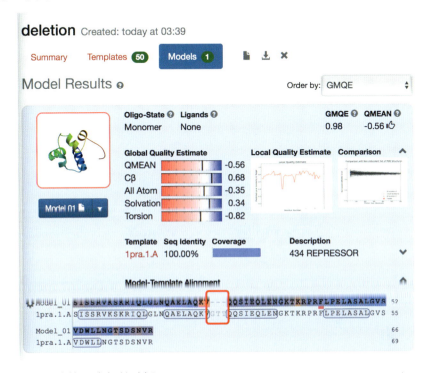

（3）连续 3 个氨基酸插入。

在箭头处加入三个连续的甘氨酸，因为甘氨酸容易形成 α 螺旋，试想是否可以将此处的 "bend" 转变为 α 螺旋，如图所示。

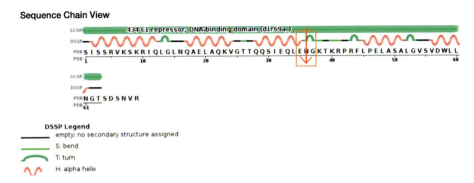

插入前序列：

>1R69：A|PDBID|CHAIN|SEQUENCE

SISSRVKSKRIQLGLNQAELAQKVGTTQQSIEQLENGKTKRPRFLPELASALGVSVD

WLLNGTSDSNVR

插入后序列：

>1R69 insertion：A|PDBID|CHAIN|SEQUENCE

SISSRVKSKRIQLGLNQAELAQKVGTTQQSIEQLEGGGNGKTKRPRFLPELASALG

VSVDWLLNGTSDSNVR

结果如图所示，左图为 origin，右图为 insertion。

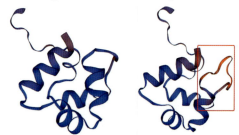

发现改变后的片段弯曲方向和程度都发生改变，形成了一个旋转程度轻微的小螺旋，与预期比较相符。

（三）使用 PyMOL 比较蛋白质结构

1. 点击下载，可以下载模拟变异后的蛋白质的"Models"，如图所示。

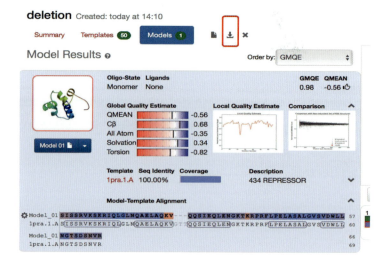

可以看到有下载的"pdb"文件，如图所示。

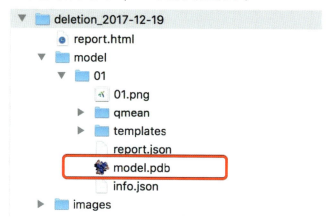

2. 在 PyMOL 中打开对应的"pdb"文件，如图所示。

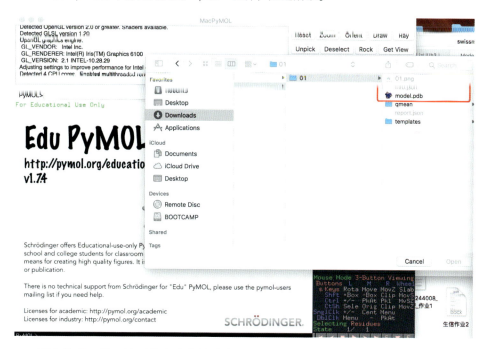

调整其显示即可找到做出改变的地方，如图所示。

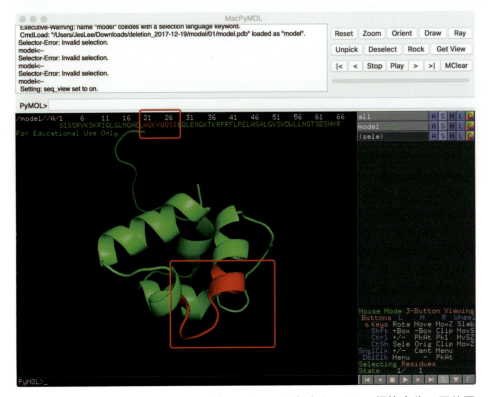

上图表示删除了标红框内部 3 个氨基酸而导致左边的两圈 α 螺旋变为一圈的蛋白质结构。

其他突变的查看方式相近，此处不一一列述。

五、小结

1. 通过本实验，我掌握了：

（1）用 SWISS-MODEL 进行蛋白质结构的预测。

（2）用 SWISS-MODEL 得到预测结果。

（3）学会预测蛋白质序列改变导致蛋白质结构发生的改变。

（4）用 PyMOL 查看蛋白质结构。

2. 目前存在的问题有：

未能很好解释为何分散的少量单点突变和连续的多个突变（3 个）不会导致蛋白质发生明显结构改变。

学生答案二

燕　蕊　生命科学学院　　　2015141244023

蛋白质三维结构比对

一、在 PDB 数据库中搜索 1R69 蛋白，下载其序列文件和结构文件（图 1）

简单了解可知，1R69 蛋白是 434 噬菌体阻遏蛋白的 N- 端结构域，属于基因调节蛋白。它分离自 λ 噬菌体，能够阻止其在宿主细胞中进行裂解循环。实验中采取 X 射线衍射的方式获得 1R69 蛋白三维结构，可得其分辨率为 2.0^{-10}m，R 值为 0.193，即约 80.7% 的结构都被观测到，只有约 19.3% 的结构可能由于无相互作用剖面或者数据被扔掉而没有被解析。

图 1　搜索 1R69 蛋白显示的其序列、结构和功能信息

（一）1R69 蛋白立体结构简述及 RasWin 软件的使用

该蛋白质仅有 1 条链，由五个短的 α 螺旋组成，具有不对称性，如图 2 所示，与来自同一噬菌体的 CRO 蛋白极为相似。

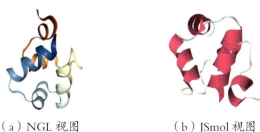

（a）NGL 视图　　　　　　（b）JSmol 视图

图 2　1R69 蛋白结构图

用 RasWin 软件查看 1R69 蛋白的三维立体结构，如图 3 所示。

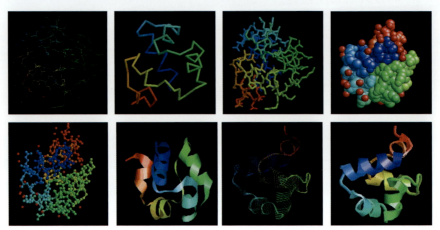

图 3　用 RasWin 软件查看 1R69 蛋白的三维立体结构

（1）如图 3 所示，从左到右、从上到下 "Display" 的模式：

① Wireframe 模式：分子的原子用点表示，键位用细线表示；

② Backbone 模式：显示分子的大致骨架，用圆柱表示；

③ Sticks 模式：分子的键位用圆柱体表示；

④ Spacefill 模式：原子用球体表示，有机化学课本里的分子立体结构常用此模式表示；

⑤ Ball & Stick 模式：用球—棍模式表示分子；

⑥ Ribbons 模式：用带状表示大分子；

⑦ Strands 模式：用网状带子表示大分子；

⑧ Cartoons 模式：用夸张的表示方法，表示某些特殊的结构，例如，用板条状代表蛋白质的 β 折叠，用弹簧状代表蛋白质的 α 螺旋。

在 RasWin 中还可以用命令行模式实现上述操作。除此之外，命令行模式还有更为灵活的地方，可以在输入命令后输入数值，以改变键位与原子的粗细与大小，得到更满意的效果。还能用命令行输入命令，进行一些特殊显示，例如，输入命令 "ssbonds"，可以显示分子中的双硫键；输入命令 "hbonds"，可以显示氢键。在命令后加上数值，可以改变这些键显示的尺寸。

（2）不同颜色模式的选择。

除了可以调整不同的显示模式，RasWin 还可以选择不同的颜色模式。在

"Colours"菜单下，有以下几种颜色模式：Monochrome 颜色模式，即单色模式。CPK 颜色模式，此模式是表示立体分子最常用、最传统的颜色模式，许多教学用的塑料分子模型即采用这个模式。Shapely 颜色模式，用于蛋白质与核酸分子的表示，每一种氨基酸与核酸的残基用一个特定的颜色来表示。Group 颜色模式，根据氨基酸与核酸残基在分子链中的位置进行上色。每一条链，从蓝色、绿色、黄色、橙色到红色。蛋白质的 N 端与核酸的 5′端为红色，蛋白质的 C 端与核酸的 3′端为蓝色。如果一条链含有大量异种分子与它相连，则不一定从蓝色显示到红色。Chain 颜色模式，对蛋白质与核酸的每一个大分子链，均以单独的颜色显示。此种模式对展示蛋白质的亚基与 DNA 的双链结构均非常有用。Temperature 颜色模式，用来表示不同原子在分子中的不同的温度值（储存在 PDB 文件中），主要用于衡量给定原子的可移动性。该数值越高，越偏重于暖色（红）；数值越低，越偏重于冷色（蓝）。Structure 颜色模式，主要用来表示蛋白质二级结构。α 螺旋表示为深红色，β 折叠表示为黄色，转角（Turn）表示为淡蓝色，其他残基的颜色为白色。User 颜色模式，RasWin 软件中使用用户储存在 PDB 文件中的颜色方案显示三维分子。

更多的操作方法可通过 RasWin 使用说明书详细了解。

（3）鼠标操作小常识。

按住左键——移动鼠标可以使分子绕中心旋转。

按住右键——使分子在 x–y 平面内平移。

按住 Shift 和鼠标左键——鼠标上移放大图像，下移缩小图像。

按住 Shift 和鼠标右键——鼠标左移以分子中心为中点在平面内顺时针旋转，右移逆时针旋转。

按住 Ctrl 和鼠标左键——上移使 z 平面向远离视线的方向移动并显示 z 平面内的结构，下移向靠近视线的方向移动。

（二）1R69 蛋白的一级结构简述

1R69 蛋白的一级结构是由 69 个残基构成的多肽链。图 4 为蛋白质的一级结构（即氨基酸序列）图示。其中红色表示 α 螺旋，浅绿色表示多肽链在此处发生了弯曲，深绿色表示多肽链在此处折叠方向发生了改变，黑色表示没有二级结构即多肽链的盘曲折叠区域。

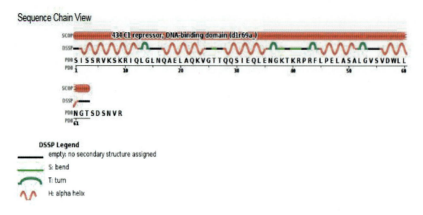

图 4　1R69 蛋白一级结构（即氨基酸序列）图示

二、对序列进行自由修改

1. 蛋白质原序列。

>1R69：A|PDBID|CHAIN|SEQUENCE

SISSRVKSKRIQLGLNQAELAQKVGTTQQSIEQLENGKTKRPRFLPELASALGVSVD
WLLNGTSDSNVR

2. 3 个点突变（6、21、50 号残基）。

>1R69 mutation：A|PDBID|CHAIN|SEQUENCE

SISSRHKSKRIQLGLNQAELEQKVGTTQQSIEQLENGKTKRPRFLPELAWALGVSV
DWLLNGTSDSNVR

将第一个 α 螺旋中非极性的缬氨酸突变为极性带正电荷的组氨酸，将第二个 α
螺旋中非极性的丙氨酸突变为极性带负电荷的谷氨酸，将第四个 α 螺旋中极性不带
电荷的丝氨酸突变为非极性的色氨酸。

3. 连续三个氨基酸删除。

>1R69 deletion：A|PDBID|CHAIN|SEQUENCE

SISSRVKSKRIQLGLNQAELAQKVGTTQQQLENGKTKRPRFLPELASALGVSVDW
LLNGTSDSNVR

将第三个 α 螺旋中的连续三个氨基酸 SIE（丝氨酸 – 异亮氨酸 – 谷氨酸）删除，
这三个氨基酸的极性分别为极性不带电荷、非极性和极性带负电荷。

4. 连续三个氨基酸插入。

>1R69 insertion：A|PDBID|CHAIN|SEQUENCE

SISSRVKSKRIQESKLGLNQAELAQKVGTTQQSIEQLENGKTKRPRFLPELASALGV
SVDWLLNGTSDSNVR

在第一个 α 螺旋的非极性末端插入 ESK（分别为极性带负电荷、极性不带电荷、极性带正电荷）。

三、在 SWISS-MODEL 上进行新序列的预测

本次实验中我们选择SWISS-MODEL同源建模的方法进行蛋白质高级结构预测。首先，同源建模的核心思想或者说原理是：对于一个未知结构的蛋白质，找到一个已知结构的同源蛋白质，以该蛋白质的结构为模板，为未知结构的蛋白质建立结构模型。那么，我们首先要做的就是找到和我们待测序列同源的、相似度最高的、已知三级结构的蛋白质作为模板。需要注意的是，待测序列需要整理，即把所有的序列整理成一条连续的、不含空格和" "的氨基酸序列（字母大小写没有影响），但是本次实验的氨基酸序列是直接从 PDB 下载的，因此不存在这一影响。

（1）进入 SWISS-MODEL，创建一个新的项目，填入项目名称、邮箱，提交待预测的"1R69 mutation"氨基酸序列（图5）。

图 5 SWISS-MODEL 建模前

（2）得到已提交的"1R69 mutation"序列的模板识别结果，共得到 50 种模板，我们选择相似度最高的 1per.1.D 作为下一步的三维模板（图6）。

图 6 得到与目标蛋白序列高度相似的模板序列 1per.1.D

得到的模板序列（与原序列一级结构相同）：

SISSRVKSKRIQLGLNQAELAQKVGTTQQSIEQLENGKTKRPRFLPELASALGVSVD
WLLNGTSDSNVR

（3）在线提交序列进行同源建模分析。

这一过程中我选择联配模式（Alignment mode），这个模式需要多序列联配的结果，序列中至少包括目标序列和模板（最多可输入 5 条序列）。服务器会基于比对结果建模。我们需要指明哪一条序列作为目标序列，哪一条又作为模板。"1R69 mutation"目标序列建模结果如图 7 所示。

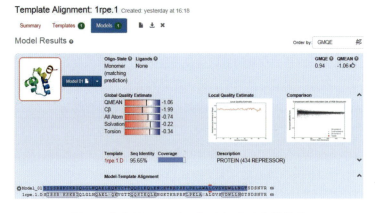

图 7 "1R69 mutation"目标序列建模结果

四、使用 RasMol 软件显示预测的蛋白质三维结构

RasMol 是著名的大分子结构可视化工具之一，输入一个 PDB 格式的文件，RasMol 能以不同的形式显示其三维结构，如 Wireframe 模型、Spacefill 模型、Ball & Stick 模型等。

（1）随机三个点突变，结果如图 8 至图 12 所示。

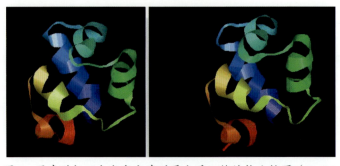

图 8 原序列与三个点突变序列蛋白质三维结构比较图（RasMol）

```
RasMol> Structure
Number of H-Bonds ..... 41
Number of Helices ..... 5
Number of Strands ..... 0
Number of Turns ....... 6
RasMol>
```

```
RasMol> Structure
Number of Helices ..... 5
Number of Strands ..... 0
Number of Turns ....... 7
RasMol> ▮
```

图 9　原序列与三个点突变序列蛋白质二级结构计算比较

```
RasMol> show information
Molecule name ......... REPRESSOR PROTEIN CI;
Classification ........ GENE REGULATING PROTEIN
Secondary Structure ... PDB Data Records
Database Code ......... 1R69
Experiment Technique .. X-RAY DIFFRACTION
Number of Chains ...... 2
Number of Groups ...... 63 (34)
Number of Atoms ....... 484 (34)
Number of Bonds ....... 488
Number of Helices ..... 5
Number of Strands ..... 0
Number of Turns ....... 0
RasMol> ▮
```

```
RasMol> show information
Secondary Structure ... Calculated
Experiment Technique .. THEORETICAL
Number of Groups ...... 63
Number of Atoms ....... 500
Number of Bonds ....... 507
Number of H-Bonds ..... 41
Number of Helices ..... 5
Number of Strands ..... 0
Number of Turns ....... 7
RasMol> ▮
```

图 10　原序列与三个点突变序列蛋白质结构信息比较

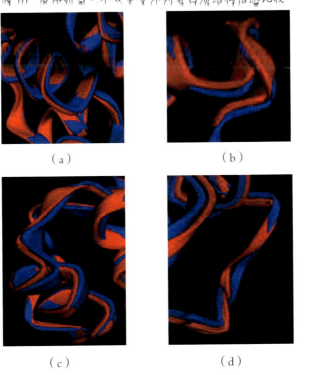

（a）　　　　　　　　　　（b）

（c）　　　　　　　　　　（d）

图 11　原序列与三个点突变序列蛋白质结构细节比较

Structure alignment for query protein to refer protein (supporting multiple chains).
Author: Yang Cao

########## StructureAlign 1   query chain D   =>   refer chain A ##########
Sequence identity between query and reference protein is 95%
>Query
SISSRHKSKRIQLGLNQAELEQKVGTTQQSIEQLENGKTKRPRFLPELAWALGVSVDWLLNGT
>Refer
SISSRVKSKRIQLGLNQAELAQKVGTTQQSIEQLENGKTKRPRFLPELASALGVSVDWLLNGT

Aligned Query 51(core residue to align) / 63(Total residue number)
Aligned Refer 51(core residue to align) / 63(Total residue number)
RMSD= 0.548   Loss 0 residues in 51 residues

图 12 两序列间的相似性（95%）和 *RMSD* 值（0.548）

描述：如图 8 至图 12 所示，比较原序列与三个点突变序列蛋白质结构发现，三个点突变之后，蛋白质的转角增加了一个，即肽链多发生了一次剧烈的转折，可能是因为突变改变了氨基酸的极性。采用老师给出的网页进行结构比对之后，得出了更为清晰的结果：图 11（a）（b）（c）分别为三个点突变存在的 1 号、2 号、4 号螺旋匹配不上的地方，除此之外我还发现在 3 号和 4 号螺旋之间也产生了一个匹配不上的较大空隙［图 11（d）］。这说明三个点突变可能不仅影响当前位置蛋白质的折叠情况，由于改变了其极性，可能周围的蛋白质折叠也会受到影响。这一比对的 *RMSD* 值为 0.548，可以说已经比对得非常好了。从图中也可以看出，三个随机突变造成的影响确实要比连续三个氨基酸缺失或者插入造成的影响小，因此 *RMSD* 值也较小。

（2）连续三个氨基酸删除，结果如图 13 至图 17 所示。

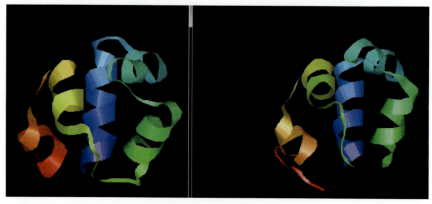

图 13 原序列与连续三个氨基酸删除序列蛋白质三维结构比较图（RasMol）

```
RasMol> Structure
Number of H-Bonds ..... 41
Number of Helices ..... 5
Number of Strands ..... 0
Number of Turns ....... 6
RasMol>
```

```
RasMol> Structure
Number of Helices ..... 5
Number of Strands ..... 0
Number of Turns ....... 6
RasMol>
```

图 14 原序列与连续三个氨基酸删除序列蛋白质二级结构计算比较

```
RasMol> show information
Molecule name ......... REPRESSOR PROTEIN CI;
Classification ........ GENE REGULATING PROTEIN
Secondary Structure ... PDB Data Records
Database Code ......... 1R69
Experiment Technique .. X-RAY DIFFRACTION
Number of Chains ...... 2
Number of Groups ...... 63 (34)
Number of Atoms ....... 484 (34)
Number of Bonds ....... 488
Number of Helices ..... 5
Number of Strands ..... 0
Number of Turns ....... 0
RasMol>
```

```
RasMol> show information
Secondary Structure ... Calculated
Experiment Technique .. THEORETICAL
Number of Groups ...... 69
Number of Atoms ....... 531
Number of Bonds ....... 535
Number of H-Bonds ..... 41
Number of Helices ..... 5
Number of Strands ..... 0
Number of Turns ....... 6
RasMol>
```

图 15 原序列与连续三个氨基酸删除序列蛋白质结构信息比较

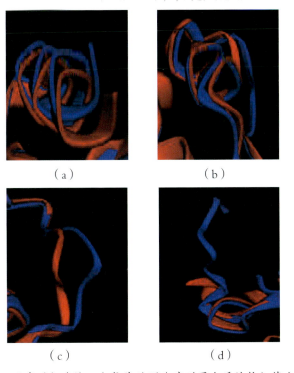

（a） （b）

（c） （d）

图 16 原序列与连续三个氨基酸删除序列蛋白质结构细节比较

```
Structure alignment for query protein to refer protein (supporting multiple chains).
                            Author: Yang Cao

########## StructureAlign 1  query chain A   =>   refer chain A ##########
Sequence identity between query and reference protein is 100%
>Query
SISSRVKSKRIQLGLNQAELAQKVGTTQQSIEQLENGKTKRPRFLPELASALGVSVDWLLNGTSDSNVR
>Refer
SISSRVKSKRIQLGLNQAELAQKVGTTQQSIEQLENGKTKRPRFLPELASALGVSVDWLLNGT------

Aligned Query 61(core residue to align) / 69(Total residue number)
Aligned Refer 61(core residue to align) / 63(Total residue number)
RMSD=  1.016  Loss 0 residues in 61 residues
```

图 17　两序列间的相似性（100%）和 *RMSD* 值（1.016）

描述：如图 13 至图 17 所示，通过具体的细节结构比对可以看出，相对于三个随机点突变，连续三个氨基酸删除对蛋白质结构造成了更大的影响，*RMSD* 值也几乎增大了一倍。图 16 所示的四幅图都是其中出现较大不匹配情况的典型区域。

（3）连续三个氨基酸插入，结果如图 18 至图 23 所示。

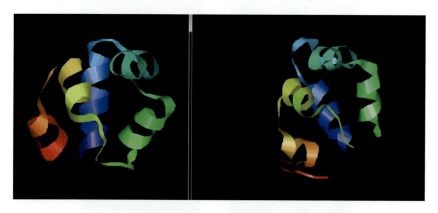

图 18　原序列与连续三个氨基酸插入序列蛋白质三维结构比较图（RasMol）

```
RasMol> Structure
Number of H-Bonds ..... 41    RasMol> Structure
Number of Helices ..... 5     Number of Helices ..... 6
Number of Strands ..... 0     Number of Strands ..... 0
Number of Turns ....... 6     Number of Turns ....... 8
RasMol>                       RasMol>
```

图 19　原序列与连续三个氨基酸插入序列蛋白质二级结构计算比较

```
RasMol> show information
Molecule name ........ REPRESSOR PROTEIN CI;
Classification ........ GENE REGULATING PROTEIN
Secondary Structure ... PDB Data Records
Database Code ......... 1R69
Experiment Technique .. X-RAY DIFFRACTION
Number of Chains ...... 2
Number of Groups ...... 63 (34)
Number of Atoms ....... 484 (34)
Number of Bonds ....... 488
Number of Helices ..... 5
Number of Strands ..... 0
Number of Turns ....... 0
RasMol>
```

```
Invalid command argument!
RasMol> show information
Secondary Structure ... Calculated
Experiment Technique .. THEORETICAL
Number of Groups ...... 72
Number of Atoms ....... 555
Number of Bonds ....... 559
Number of H-Bonds ..... 43
Number of Helices ..... 6
Number of Strands ..... 0
Number of Turns ....... 8
RasMol>
```

图 20 原序列与连续三个氨基酸插入序列蛋白质结构信息比较

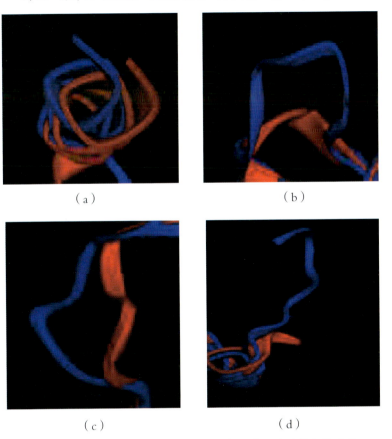

（a）　　　　　　　　　（b）

（c）　　　　　　　　　（d）

图 21 原序列与连续三个氨基酸插入序列蛋白质结构细节比较

Structure alignment for query protein to refer protein (supporting multiple chains).
Author: Yang Cao

########## StructureAlign 1   query chain A   =>   refer chain A ##########
Sequence identity between query and reference protein is 100%
>Query
SISSRVKSKRIQESKLGLNQAELAQKVGTTQQSIEQLENGKTKRPRFLPELASALGVSVDWLLNGTSDSNVR
>Refer
SISSRVKSKRIQ---LGLNQAELAQKVGTTQQSIEQLENGKTKRPRFLPELASALGVSVDWLLNGT------

Aligned Query 59(core residue to align) / 72(Total residue number)
Aligned Refer 59(core residue to align) / 63(Total residue number)
RMSD= 1.043 Loss 0 residues in 59 residues

图 22   得到结果两序列间的相似性（100%）和 *RMSD* 值（1.043）

描述：如图 18 至图 22 所示，插入三个氨基酸之后，螺旋增加了一个，由此使得蛋白质转角增加了两个，对其结构产生了较大的影响。由图 21（a）可见，插入三个氨基酸的蛋白质的 1 号螺旋末端比原蛋白结构多出了一部分，除此之外，从 1 号螺旋前端开始，蛋白质的结构都受到了较大的影响，这个影响部分类似于连续三个氨基酸删除所造成的结果。还可以看出，连续删除和插入氨基酸对于序列的相似性其实不会产生很大的影响，这和我们理论上的结果相符合。

使用 PyMOL 软件进行蛋白质结构比对的结果如图 23 所示。

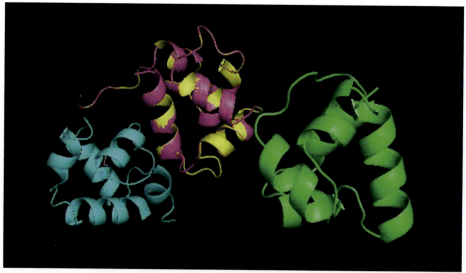

图 23   使用 PyMOL 软件进行蛋白质结构比对结果

　　图 23 中蓝色表示原序列结构，绿色表示三个点突变序列结构，粉色表示连续三个氨基酸删除序列结构，黄色表示连续三个氨基酸插入序列结构。可以看到粉色结构和黄色结构几乎全部匹配上了，只有下方一段未匹配到；其余结构均没有匹配到一起，可能是因为使用 PyMOL 教育版的缘故，对于 PyMOL 的操作也不是很清楚。

邹方东

四川大学
生命科学学院

教师简介
JIAOSHI JIANJIE

　　邹方东，教授，博导，教育部高等学校大学生物学课程教学指导委员会委员，四川省学术和技术带头人，中国细胞生物学学会常务理事，四川省细胞生物学会副理事长；先后在香港中文大学、美国匹兹堡大学学习；负责讲授国家级精品资源共享课、国家级精品视频公开课和国家精品在线开放课"细胞生物学"和"细胞的命运"；四川大学生物学专业负责人；荣获四川大学卓越教学奖等荣誉；教材建设、教学方法与考试改革等获国家级教学成果二等奖和四川省教学成果二等奖；出版的《细胞生物学》《细胞生物学实验指南》等教材被国内多所高校使用；主持国家自然科学基金等项目多项，主要研究细胞命运调控的分子机制，在 *Cancer Research*、*Cell Death and Differentiation*、*Proceedings of the National Academy of Sciences of the United States of America* 等国际权威期刊发表研究论文多篇，其中一篇论文被 ESI 列为全球学术领域中最优秀的 1% 论文。

课程简介
KECHENG JIANJIE

细胞生物学（双语）

课程号：204128030

　　细胞生物学既是生命科学的基础学科，更是前沿学科。四川大学"细胞生物学"是国家级精品课程，也是国家级精品资源共享课和国家精品在线开放课程。

　　细胞是生命的基本单位，一切生命的关键问题都要到细胞中寻找答案，所有疾病的发生也以细胞病变为根本前提。本课程主要介绍细胞结构与功能、细胞重大生命活动及其分子调控机制，包括细胞质膜与物质跨膜运输、能量转换细胞器与能量合成机制、内膜系统与蛋白质合成及分选、细胞骨架及其结合蛋白的结构与功能、细胞核、染色体及核糖体的结构与功能、细胞增殖与癌细胞、细胞分化与干细胞、细胞衰老与死亡、细胞社会性及细胞信号转导等。

基于高阶教育教学目标的高水平
"细胞生物学"非标准答案考试

四川大学生命科学学院　　邹方东

2018 年 8 月，教育部印发了《教育部关于狠抓新时代全国高等学校本科教育工作会议精神落实的通知》（教高函〔2018〕8 号），提出淘汰"水课"、打造"金课"。四川大学"细胞生物学"是国家级精品课程，也是国家级精品资源共享课，并荣获首批"国家精品在线开放课程"称号。多年来，我们一直在探索如何更有效达成细胞生物学高阶教育教学目标，将传授"知识"与培养学生解决复杂问题的能力、高级思维和"素质"融合在一起，实实在在提升学业挑战度。那么，哪些目标是高阶教育教学目标？如何通过高水平非标准答案考试体现高阶教育教学目标呢？

一、哪些目标是高阶教育教学目标？

美国教育学家本杰明·布鲁姆早年提出了教育目标分类，后来安德森等又对其进行了修订。针对认知领域，修订后的布鲁姆教育目标包括 "记忆""理解""运用""分析""评价"和"创造"6个层次。在修订后的布鲁姆教育目标金字塔中，"记忆""理解"和"运用"处于金字塔的较低层，"记忆"处于金字塔最底层；而"分析""评价"和"创造"则是认知水平的高阶目标，"创造"处于金字塔的塔顶，是最高阶的教育教学目标。简单概括，"记忆"主要指记住所学知识，能回忆、能识别；"理解"指知道所学知识的涵义，能说明、能解释；"运用"则是指在新环境中能利用所学知识去解决一些问题。高阶目标中，"分析"是指能够建立不同"ideas"间的相互联系；"评价"是指做出赞同、反对、争论或批评等；最高阶目标"创造"是指通过设计、组合等方式产生新的或原创性工作。综观上述6个不同层次教育教学目标，要对大学生有效"增负"，合理提升学业挑战度、增加课程难度和拓展课程深度，则需要将教育教学目标更多地定位于"分析""评价"和"创造"三个高阶目标。

二、什么是"含金量"高的学业评价？

考试是学业评价的最主要形式，也是反映学业挑战度、课程难度和深度，以及学生是否具有解决复杂问题能力及高级思维的重要量尺。因此，大学"金课"要在学业评价这一重要环节提高"含金量"。传统考试虽然可以"淘劣"，但并不能完全"择优"，不少优秀学生很容易在传统考试中被淘汰。比如，有些学生擅长分析、评价或者创造，但并不擅长记忆，如果单纯评价记忆等低阶认知水平，那么这种学业评价的结果就十分不利于人才选拔和学生发展。这种学业评价若大量出现在高等教育中，必对人才选拔与评价产生巨大的负向作用力。那么，什么样的考试可以更为有效地反映是否达成布鲁姆教育目标中高阶目标呢？非标准答案考试！"含金量"高的非标准答案考试以知识的记忆、理解和运用为基础，侧重反映认知水平中"分析""评价""创造"这三类"金课"最为看重的高阶教育教学目标，更能真实反映学生所具有的可迁移能力与创新潜质。

三、如何设置非标准答案试题反映高阶教育教学目标达成度？

要提高高等教育中非标准答案考试的"含金量"，考核学生"分析""评价"以及"创造"的能力与素质，其实并不难，以此次入选四川大学非标准答案考试优秀试题及优秀答案的细胞生物学试题为例加以说明。

题干如下：假如你是一位评审专家，收到以下一份稿件，你是否愿意接收？理由是什么？或者你需要投稿人再提供哪些证据？请以评审专家身份给投稿人写一封回复信！稿件内容主要包括：首先用 ^{32}P 标记胸苷激酶，然后注射到正常细胞，当与未注射胸苷激酶的细胞形成间隙连接后，后者胞内也出现了放射性标记颗粒。投稿人从而得出结论：胸苷激酶可通过间隙连接。

我们来分析这道非标准答案试题，不仅有趣，更有高"含金量"。最近两年多，我在全国好几个场合与高校教育工作者交流过这道非标准答案试题。我将其中一位学生的优秀答案呈现给与会老师后，做了一个现场调查：如果你只看到这位学生关于该试题的优秀答案，而没有看到她的其他成绩等信息，你愿意收她做你的研究生吗？毫不意外，老师们都说愿意，因为这位学生的答案已经反映了她在"分析""评价"和"创造"三个高阶教育教学目标方面所具备的优秀素质与专业能力。那么，这道非标准答案细胞生物学试题为什么有趣、有高"含金量"呢？首先，传统的考试中，学生的身份永远是"考生"，而这道试题中，学生的身份一下提升成了"专家"。想想，学生的认同感及接受度与传统考试肯定有差别。其次，如题干所述，投稿人根据自己的研究结果，得出了与《细胞生物学》教科书相反的结论。那么，是相信教材呢，还是相信新的研究结果？这就需要学生具有分析与评价能力。此外，如果你拒绝接受，就得给出理由。这也需要学生利用所学知识进行分析评价。特别是题干中的"你需要投稿人再提供哪些证据"，要回答这个问题，学生必须将不同知识进行重新组合、重新设计，这就是"创造"，是布鲁姆教育目标分类中"含金量"最高的目标。因此，通过设置这样的非标准答案试题，能很好地反映学生高阶教育教学目标的达成度。

参考文献

［1］Bloom B S，Krathwohl D R，Anderson L W. A taxonomy for learning, teaching，and assessing： a revision of Bloom's Taxonomy of educational objectives［M］. New York：Longman， 2001.

［2］邹方东 . 开放互动教学模式下的"细胞生物学"非标准化考试［M］// 张红伟 . 挖掘创新潜能　重构思维空间——2016 年四川大学优秀非标准答案考试集 . 成都：四川大学出版社，2018：322-339.

考试题目

AOSHI TIMU

　　假如你是一位评审专家，收到以下一份稿件，你是否愿意接收？理由是什么？或者你需要投稿人再提供哪些证据？请以评审专家身份给投稿人写一封回复信！稿件内容主要包括：首先用 ^{32}P 标记胸苷激酶，然后注射到正常细胞，当与未注射胸苷激酶的细胞形成间隙连接后，后者胞内也出现了放射性标记颗粒。投稿人从而得出结论：胸苷激酶可通过间隙连接。

试题说明

　　教材上说间隙连接形成的通道只能通过小分子或离子，不能通过蛋白质等大分子，而研究者却发现可以通过蛋白质。面对教材与研究者的所谓"新发现"的矛盾之处，学生究竟该相信谁，如何与一封有理有据的回复信，确实具有很大的挑战性。这是一道开放性的细胞生物学非标准答案试题，注重内涵，不仅有趣，更有高"含金量"。首先，学生的身份不再是"考生"而是"专家"，与传统考生身份形成了反差。其次，投稿人的研究结论与教科书上的相反，学生需要分析并评价是"接收"还是"拒绝"。最后，建议投稿人提供新证据，这就需要学生具有"创造"能力。本试题侧重考核学生的高阶认知水平。

考试要求

　　堂下开卷；可以是个人，也可以是团队；以 PPT 的形式提交答案。

学生答案

UESHENG DA'AN

学生答案一

邓秋穗　生命科学学院　　2014141241019

Part 1: 关于间隙连接及胸苷激酶的背景

间隙连接:

间隙连接是在两个细胞互相靠近的细胞膜处,由各自六个亚单位形成的半通道(hemi-channel)相互连接而构成的。间隙连接的中央有一个亲水性通道。每个半通道,或称为连接子(Connexon),是由六个称为连接蛋白(Connexin,Cx)的亚单位所组成。已确定所有连接蛋白均有四个跨膜片段,而C-端及N-端均在膜的细胞质侧[1]。间隙连接为细胞间通讯提供了结构基础,当连接蛋白通道开放时,允许相对分子量小于1000的物质通过,如部分无机盐离子、第二信使及其他参与细胞生长分化的调节物质[2]。

间隙连接的通透性可以调节:间隙连接对小分子物质的通透能力具有底物选择性;间隙连接通透性受细胞质中 Ca^{2+} 浓度和pH值的调节,降低细胞质中的pH值和提高细胞胞质中自由 Ca^{2+} 浓度,都可以使间隙连接通透性降低。

胸苷激酶(TK):

1960年,Weissman等证实胸腺嘧啶核苷激酶(TK)是胸腺嘧啶脱氧核苷(简称胸苷)合成DNA的关键酶之一。在ATP作用下,TK催化胸苷中的磷酸盐转化为胸苷磷酸盐,当转化为三磷酸盐后,即可用于DNA合成。TK以两种同工酶的形式出现:细胞质胸苷激酶(TK1)和线粒体胸苷激酶(TK2),但只有TK1的升高或降低是评估增殖细胞增殖度的重要标志,TK1和DNA的合成升高成正相关,增殖周期中的TK1在细胞分裂G1期含量比较低,到S期后逐渐升高,至G2期达到最高[3]。真核细胞内的该激酶特异性强,只能催化胸苷的磷酸化,而疱疹病毒、水痘带状疱疹病毒等中的该激酶，可催化丙氧鸟苷等核苷类似物的磷酸化，使其变为活性代谢物。对于人类 TK1 基因编码区域的 cDNA，已经进行分子克隆，并且完成了序列分析[4]，经转录翻译，可得到对应的相对分子质量为 $25×10^3$ 的蛋白质。TK1 全酶是相对分子质量为 $96×10^3$ 的四聚体，等电点为 8.3～8.5，其四聚体结构的改变会影响该酶的催化功能和酶自身活性[4]。

Part 2：不接受发表的理由（4 条）

1. 鉴于现阶段研究，当连接蛋白通道开放时，仅允许相对分子量小于 1000 的物质通过[2]；而 TK1 基因编码区域的 cDNA 经转录翻译，对应的蛋白质相对分子质量为 $25×10^3$，TK1 全酶是相对分子质量为 $96×10^3$ 的四聚体[5]，从分子量大小上分析，TK1 不能直接通过细胞间隙连接。

2. 放射性同位素标记 ^{32}P，不能标记全部蛋白，且研究表明 TK1 在 4℃环境下是不稳定的，这可能与 TK1 四聚体结构的降解有关。如要进行 TK1 活性检测，应在 2～4 h 内进行，如在 4℃条件下保存时间大于 12h，活性将下降 50% 左右[6]。故不排除发生转入靶细胞的为 TK1 解聚后的片段，而非 TK1 全酶。

3. 从荧光素示踪仅仅证明靶细胞中有荧光素出现后，只能证明标记物从一个细胞转运到了另一个细胞，而不能排除胞吞、胞吐等其他途径可能造成的标记物的转移。

4. TK1 的检测有两种方式：活性检测和浓度检测。其中活性检测方法有：放射性同位素标记法，蛋白质印迹法，免疫组织化学法，酶联免疫吸附试验，免疫印迹增强化学发光法等[7]。本实验未对 TK1 的活性进行检验，只是观察到另一细胞中有放射性出现，不能证明转运过去的物质为有活性的 TK1。

Part 3：需要补充的实验证据

1. 证明 TK1 的转移是细胞接触性依赖的：设计实验使两个细胞不能直接接触，重复原实验，观察在 TK– 突变型细胞中是否还能观察到放射性标记。

2. 验证 TK1 的转移速率与影响间隙连接的因素相关：敲除 Cx43 和 Cx45 等间隙连接必需蛋白的基因，或降低 Cx43 和 Cx45 的表达[8]，观察 TK1 是否还能成功转移，转移速率是否发生变化。

3. 证明 TK– 突变型细胞中观察到的物质为 TK：设计实验验证 TK– 突变型细胞中放射性 TK 的活性，如蛋白质印迹法，酶联免疫吸附试验等。

参考文献

［1］Maeda S， Tsukihara T. Structure of the gap junction channel and its implications for its biological functions［J］. Cellular and Molecular Life Sciences， 2011， 68（7）：1115-1129.

［2］Loewenstein W R. Junctional intercellular communication：the cell-to-cell membrane channel［J］. Physiological Reviews， 1981， 61（4）：829-913.

［3］Aufderklamm S， Todenhöfer T， Gakis G， et al. Thymidine kinase and cancer monitoring［J］. Cancer Letters， 2012， 316（1）：6-10.

［4］Flemington E， Bradshaw H D Jr， Traina-Dorge V, et al. Sequence， structure and promoter characterization of the human thymidine kinase gene［J］. Gene， 1987， 52（2-3）：267-277.

［5］Daniel F， Amy C， Amanda H， et al. Thymidine kinase 1 expression and localization in malignant human breast tissue［J］. AACR Annual Meeting ， 2007, 67（9）：5448.

［6］Welin M， Kosinska U， Mikkelsen N E， et al. Structures of thymidine kinase 1 of human and mycoplasmic origin［J］. Proceeding of the National Academy of Sciences of the United States of America， 2004， 101（52）：17970-17975.

［7］王成枫. 胸苷激酶 1 的研究进展［J］. 中国医疗前沿， 2012，7（7）：18-19.

［8］Schajnovitz A， Itkin T， D'Uva G， et al. CXCL12 secretion by bone marrow stromal cells is dependent on cell contact and mediated by connexin-43 and connexin-45 gap junctions［J］. Nature Immunology， 2011， 12（5）：391-398.

学生答案二

高政圆　生命科学学院　　2014141241027 / 罗屹枫　生命科学学院　　2014141241091
付劲霖　生命科学学院　　2014141241026

答一份可疑来稿

尊敬的 XX 先生 / 女士，您的来稿排版颇具整饬之感，但文章内容实在是存在很多疑点，缺乏完整性和说服力，很抱歉我们不能接受您的该次来稿，若能说明以下问题，可再做评价。

1. 稿件存在的问题

作者的结论是：胸苷激酶可以通过间隙连接。但我们需要满足以下几点条件：

（1）存在于未注射细胞中的放射性颗粒是胸苷激酶；

（2）是通过间隙连接而不是别的通路；

（3）未注射细胞中的胸苷激酶是完整地通过间隙连接的。

2. 问题来了

（1）未注射胸苷激酶的细胞中出现的放射性颗粒真的是 ^{32}P 标记的胸苷激酶吗？

（2）如何排除别的转运方式存在的可能？

（3）如何排除该胸苷激酶是借助转入的放射性 ^{32}P 重新合成的可能？

3. 问题讨论

Q1：未注射胸苷激酶的细胞中出现的放射性颗粒真的是 ^{32}P 标记的胸苷激酶吗？

我们认为您需要设计 SDS-PAGE、Western Blot 等实验加以证明。

Q2：如何排除别的转运方式存在的可能？

需要设置阴性对照组实验。

建议：将间隙连接蛋白用抗体结合，使其失去功能，然后观察放射性标记的转移情况。

Q3：如何排除该胸苷激酶是借助转入的放射性 ^{32}P 重新合成的可能？

建议：将实验用细胞替换为缺乏胸苷激酶的突变细胞株，也就是说该细胞不具有合成胸苷激酶的能力。

余 岩

四川大学
生命科学学院

教师简介
JIAOSHI JIANJIE

　　余岩，博士，副教授，杜克大学和北卡罗莱纳州立大学访问学者。主要从事植物系统发育、计算生物学、生态学和生物地理学等方面的研究。发表 SCI 论文 23 篇，国家"十三五"规划教材《药用植物学》编委，参编专著 2 部。作为负责人主持国家级、省级项目 4 项，参与项目 10 余项，曾获得"四川大学优秀青年人才""四川大学青年骨干教师""四川大学优秀实习指导老师"等荣誉称号。

课程简介
KECHENG JIANJIE

植物分类与机器学习

课程号：603313040

　　本课程主要介绍生物分类、数据挖掘、图像识别、生物大数据分析基本理论和算法等，并在校园和野外进行实习实践，是一门整合了多个学科的跨专业课程，具有很强的通用性和实用性。课程面向本校生物学和计算机科学相关专业的学生开设，预期通过理论学习和实地考察，让学生在课堂实践中学习植物物种数据库比对，建立图像识别模型，开发移动客户端程序，建立基于人工智能和深度学习校园植物的批量分科鉴定系统。本课程注重吸收国际研究最新成果，始终保持前沿性，同时也注重通识教育，为非生物类专业学生普及生物学知识。

大数据时代的生物分类学跨学科课程
建设和考试改革探索

四川大学生命科学学院　　余　岩　毛康珊

　　跨专业教育致力于为学生提供更加完善的知识体系，培养学生跨越学科界限、综合运用多学科知识解决实际问题的能力。近年来，随着计算机技术的不断发展，我们的生活方式和工作方式已经发生了深刻的变化。具体到生态学的相关专业，地理信息技术、数据库技术、图像识别技术、深度学习技术等已经在生产和生活中得到了广泛的应用。目前，社会对于具有计算机素养的人才的需求愈来愈强，然而我们的本科生课程却还大多停留在单一专业教学。非计算机专业的同学涉及的计算机知识非常有限，且偏重于理论教育，少有机会把学到的知识应用到实际工作当中。如果强制加大计算机类的课程量，很容易加重学生的负担。就生物类专业学生而言，在总学分固定的情况下，增加独立的计算机类课程有可能对专业课程形成挤压，导致学生的专业基础知识不够扎实。事实上，生物类的专业课程和计算机类课程可以相辅相成，绝大部分学生只需要具有编写简单程序以及使用专业软件解决实际问题的能力，并不需要学习过多的计算机原理、数据结构与算法之类的课程。目前学校并没有专门的课程将生物学和计算机科学结合起来，也缺乏能够结合实际工作和项目的课程对学生进行培养。

为此，我们面向本校生物学和计算机科学相关专业的学生开设了"植物分类与机器学习"课程。本课程主要介绍植物分类、数据挖掘、图像识别、生物大数据分析基本理论和算法等，并在校园和野外进行实习实践，是一门整合了多个学科的跨专业课程，具有很强的通用性和实用性。课程面向本校生物学和计算机科学相关专业的学生开设，预期通过理论学习和实地考察，让学生在课堂实践中学习植物物种数据库比对，建立图像识别模型，开发移动客户端程序，建立基于人工智能和深度学习校园植物的批量分科鉴定系统。本课程注重吸收国际研究最新成果，始终保持前沿性，同时也注重通识教育，为非生物类专业学生普及生物学知识。此外，本课程积极引入国内外人工智能领域先进的工具和案例，介绍数据挖掘和图像识别技术在生态学中的应用、人工智能的现状及未来发展趋势等。

本课程在随堂测验和期末考核中都采用了非标准答案试题，要求学生在答题的过程中拓展自己的思维，运用自己的知识和智慧，提出创新性的答案。要完成好这样的任务，学生不能靠死记硬背，而是要真正掌握知识和技能并灵活应用。这种方式激发了学生的学习热情，让学生从课堂中走出去，将学到的知识应用到生产生活实践中，取得了良好的教学效果。

一、整合新知识，实现跨专业教育

本课程是计算机科学和生物学的交叉课程，要求学生将学习的生物学知识和编程技术结合起来，形成模型和软件。本课程从"看图识花"这个植物分类与深度学习的结合点切入，首先讲授植物分类学知识，然后讲解深度学习的基本原理，最后让学生通过编程建立模型，开发软件，在实践中对整个植物学和机器学习的领域有更深入的理解。由于本课程讲授的机器学习是当下热门的研究领域之一，其进展日新月异，为了保持知识的新鲜度，本课程的讲义所用的实例、模型和软件版本全部更新到当年度。

生物学是一门实验学科，计算机科学也同样注重动手实践。因此，本课程采取了多样化的授课和考试模式，第一节课在四川大学自然博物馆进行，让学生进行分组讨论；之后的生物学实验部分主要在生命科学学院植物学实验室进行，由教师购买或采集常见的植物供学生独立完成植物学实验；后半程的计算机基础部分由学生自备笔记本电脑或在学校的互动教室进行。最终的考核由学生分组实验进行建模，上台演示自己的成果。

二、课堂教学与学术社团和科研课题相结合

本课程与大型学术社团"神奇植物社"相结合，借助社团的影响力开展活动，收集植物照片2500余张。本课程收集的部分校园植物照片与国家基础条件平台专项课题《中国大学校园植物网的构建与示范》的部分任务重合，学生在完成课程的同时，其成果也可以提交于课题组，作出实际贡献的同学可以获得助研费，并由课题组资助参加夏令营或者学术会议。

三、随堂考核和期末考试中非标准答案试题探索

本课程包括1次生态学实践，3次植物学实验和4次计算机实验，每次均有随堂考核，每次考核占总成绩的10%。具体包括：

（1）观察博物馆的3种植物标本，根据其特征计算欧氏距离，并判断哪个标本与暗紫贝母最为接近。

（2）请阐述你对不同的物种定义的理解。

（3）在显微镜下拍摄并标注洋葱叶表皮、任意叶表皮、橘子、土豆、芹菜、莴笋、任意植物芽、任意植物根毛区。

（4）认识并记录30种校园植物的图片和学名。

（5）解剖5种校园植物，提交照片和描述。

（6）计算反向互补序列，从网页解析数据，提交程序界面和源代码。

（7）从CFH网站批量获取图片，提交程序界面和源代码。

（8）使用百度API和EasyDL定义的模型批量鉴定植物，提交程序界面和源代码。

期末考核方式为让学生展示自己小组做的植物识别模型，并与其他小组建立的模型进行比较。

期末考核成绩占总成绩的20%，总成绩＝平时成绩×80%＋期末成绩×20%。在最终的PPT展示中，除了演示者本人的讲解，还要邀请现场的其他同学进行测试和评价。这样除了让演示者更加用心完成试题，也可以让评价者在对其他人的测试中了解自己的不足，激发其未来进行更深入学习的兴趣。本课程的教学和考试重在从实习实践中向学生传递学习思路和研究方法，可以为其他交叉复合型人才培养和课程建设提供参考。

考试题目
AOSHI TIMU

选取五种以上常见的植物（蔬菜、水果皆可），想办法大量收集其图片，使用深度学习框架建立识别模型，并验证其准确性。最终成果写成程序并制作 PPT 展示。

试题说明

在期末考核中，我们设计了开放性极强的题目，让学生自定义一个完整的图片识别项目，以期让学生在完成试题的过程中结合植物分类学理论和计算机技术，完成从植物鉴定、建立图像识别模型到开发客户端程序等一系列工作，最终建立基于人工智能和深度学习校园植物的批量分科鉴定系统。

在成果 PPT 展示环节中，除了演示者本人的讲解，还要邀请现场的其他同学进行测试和评价。这样除了让演示者更加用心完成试题，也可以让评价者在对其他人的测试中了解自己的不足，激发其未来进行更深入学习的兴趣。

考试要求

用于建模的图片可以自己拍摄，也可以从网络获取；深度学习框架可以自己编写，也可以调用成熟的商业 API。

学生答案一

余梓棋　计算机学院　2016141241141

基于 PaddlePaddle 的水果图像分类识别

程序运行截图

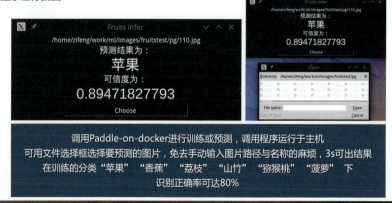

调用Paddle-on-docker进行训练或预测，调用程序运行于主机
可用文件选择框选择要预测的图片，免去手动输入图片路径与名称的麻烦，3s可出结果
在训练的分类"苹果" "香蕉" "荔枝" "山竹" "猕猴桃" "菠萝" 下
识别正确率可达80%

实现方法

1	搭建平台 构建代码 准备训练图片集	直接Pull PaddleBook镜像： 自带Paddlepaddle运行环境与Jupyter Notebook 代码基于老师的进行移植，少数进行python3移植 六个分类，每个分类200张图片（考虑到电脑机能）
2	训练	原定训练轮数为600轮，在500轮时模型基本收敛， 故中止于522轮，耗时12h
3	测试与编写外围程序	截止结束训练时，cost 收敛到0.4以下，训练错误率在 0.4以下，测试错误率在0.2以下，GUI用tkinter实现

训练集

bl　　　　lz　　　　mht　　　　pg　　　　sz　　　　xj

分类数：6类
"苹果" "香蕉" "荔枝" "山竹" "猕猴桃" "菠萝"
总数据量：各200张，共1200张，约150MB

训练

By:train. ipynb

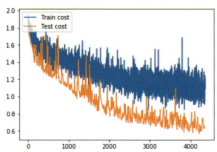

训练轮数：520轮 耗时：12h
Finally :
Test, Pass, 522, Batch, -, Cost, 0.575277,
Error, 0.191666662693
LOG:

```
9586  Train, Pass, 522, Batch, 0, Cost, 1.109102, Error, 0.390625
9587  Train, Pass, 522, Batch, 1, Cost, 1.149589, Error, 0.4296875
9588  Train, Pass, 522, Batch, 2, Cost, 1.055111, Error, 0.40625
9589  Train, Pass, 522, Batch, 3, Cost, 1.023836, Error, 0.421875
9590  Train, Pass, 522, Batch, 4, Cost, 1.095119, Error, 0.4765625
9591  Train, Pass, 522, Batch, 5, Cost, 0.994476, Error, 0.3671875
9592  Train, Pass, 522, Batch, 6, Cost, 1.146061, Error, 0.4609375
9593  Train, Pass, 522, Batch, 7, Cost, 1.105698, Error, 0.453125
9594  Train, Pass, 522, Batch, 8, Cost, 1.001392, Error, 0.40000000596
9595  Test, Pass, 522, Batch, -, Cost, 0.575277, Error, 0.191666662693
```

实现方法

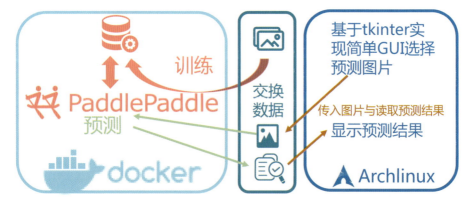

核心代码 Vgg.py

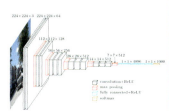

3X 3*3卷积核
加入正则化方法
激活函数：Relu

```python
# coding:utf-8
import paddle.v2 as paddle

# *****************定义VGG卷积神经网络模型*****************
def vgg(datadim, type_size, batchnorm):
    # 获取输入数据模式
    image = paddle.layer.data(name="image",
                    type=paddle.data_type.dense_vector(datadim))

    def conv_block(ipt, num_filter, groups, dropouts, num_channels=None, batchnorm=False):
        return paddle.networks.img_conv_group(
            input=ipt,
            num_channels=num_channels,
            pool_size=2,
            pool_stride=2,
            conv_num_filter=[num_filter] * groups,
            conv_filter_size=3,
            conv_act=paddle.activation.Relu(),
            conv_with_batchnorm=batchnorm,
            conv_batchnorm_drop_rate=dropouts,
            pool_type=paddle.pooling.Max())

    conv1 = conv_block(image, 64, 2, [0.3, 0], 3, batchnorm=batchnorm)
    conv2 = conv_block(conv1, 128, 2, [0.4, 0], batchnorm=batchnorm)
    conv3 = conv_block(conv2, 256, 3, [0.4, 0.4, 0], batchnorm=batchnorm)
    conv4 = conv_block(conv3, 512, 3, [0.4, 0.4, 0], batchnorm=batchnorm)
    conv5 = conv_block(conv4, 512, 3, [0.4, 0.4, 0], batchnorm=batchnorm)

    drop = paddle.layer.dropout(input=conv5, dropout_rate=0.5)
    fc1 = paddle.layer.fc(input=drop, size=512, act=paddle.activation.Linear())
    bn = paddle.layer.batch_norm(input=fc1,
                        act=paddle.activation.Relu(),
                        layer_attr=paddle.attr.Extra(drop_rate=0.5))
    fc2 = paddle.layer.fc(input=bn, size=512, act=paddle.activation.Linear())
    # 通过Softmax获得分类器
    out = paddle.layer.fc(input=fc2,
                        size=type_size,
                        act=paddle.activation.Softmax())
    return out
```

总结

1

结果
第一次尝试搭建深度学习平台进行图像分类，由于训练集较小，预测的结果较好。训练的模型能完成一定的图像识别功能。

2

学习到了
如何搭建深度学习平台，
如何准备训练集，
如何处理不熟悉的运行环境下的各种问题，
如何搭建外围程序。

3

缺陷
并没有完全弄懂平台搭建，使用docker完成，尝试过本地编译，但遇到诸多问题而放弃。限于知识水平，并没有完全理解代码，尚处于黑箱运用状态。

4

下一步
这次更像是在深度学习领域完成了一次"Hello World"的尝试，培养了兴趣，十分有意义，下一步尝试一步一步从头学习深度学习相关内容，逐步进行，直至完全独立实现今天的功能，并继续突破。

学生答案二

阮孟哲　生命科学学院　　2016141464021

基于 PaddlePaddle 的水果图像分类识别

我的五个数据集，分别对应五种植物，从网站上获取了每种植物 500 张图片，其中有一些空白的进行手动删除。在百度平台也进行了一些筛选：

No.	名称	图片数	操作
1	5 ✎	493	查看 扩充 删除
2	4 ✎	480	查看 扩充 删除
3	3 ✎	499	查看 扩充 删除
4	2 ✎	472	查看 扩充 删除
5	1 ✎	485	查看 扩充 删除

模型准确率和评估结果如下：

云服务	V1	训练完成	审核中	未发布	top1准确率87.50% top5准确率100.00% 完整评估效果	服务详情 校验 训练

当前模型准确率 87.50%　评估报告

识别结果

预测分类	置信度
1. 5	98.92%
2. 4	0.60%
3. 1	0.33%
4. 2	0.12%
5. 3	0.02%

当前模型准确率 87.50% **评估报告**

识别结果

预测分类	置信度
1. 2	91.94%
2. 3	7.04%
3. 4	0.86%
4. 5	0.14%
5. 1	0.02%

当前模型准确率 87.50%

识别结果

预测分类	置信度
1. 4	99.88%
2. 3	0.09%
3. 1	0.02%
4. 2	0.01%
5. 5	0.00%

工科

张 珣

四川大学
制造科学与工程学院

教师简介
JAOSHI JIANJIE

张珣，从事工业设计本科教学工作十余年，执教多门专业基础课程、专业核心课程。

在院系实验、实践教学环节承担多项工作。担任工业设计系实验室主任一职，为学生社团专业指导教师、工业设计系学科竞赛工作负责人。组织学生参与历年国内外设计赛事，曾指导学生获得德国红点设计奖至尊奖一项，每年均指导学生获得省级赛事奖项十余项，多次获得"优秀指导教师"称号。

研究方向为工业产品设计，擅长产品形象创新设计、产品动画设计，主持 / 完成横向项目数十项，坚持从事一线设计工作，为企业提供了大量产品造型方案。贯彻产学研结合，将实际项目经验融合于课堂教学，持续探索、改良工业设计课程教学方法和模式。

课程简介
ECHENG JIANJIE

电脑平面设计

课程号：302206040

"电脑平面设计"是工业设计本科专业基础课程之一，目标是帮助学生掌握主流电脑平面设计软件技能与技术，让学生将软件工具与相关的理论方法相结合，进行创新性的作品、方案设计与表现。课程内容包含版式设计、信息图形化设计、海报设计、产品效果图绘制、竞赛概念方案设计等。

设计类学科非标准答案试题中的学生个性释放

四川大学制造科学与工程学院　张　珣

　　推行非标准答案试题模式是当前教学改革的重要趋势之一。字面上而言，非标准答案试题主要针对带有试卷考试环节的课程。对于不带有考试环节，或考试在整个考核中占比不高的课程，非标准答案试题改革同样具有必要性[1]。例如在设计类学科中，较多专业课程中作业考查的比重远高于试卷考核，非标准答案试题改革的载体需从试卷考题转向大量的作业题、设计题，以非标准答案作业题目的形式落地。

　　设计类学科是指面向特定行业或领域设计工作的学科，其人才培养目标通常为培养面向行业或领域的研究者、设计工作者，包括设计师、工程师等。工业设计、景观设计、园林设计、建筑设计等均属于设计学科，在专业课程中有着大量不同主题的设计作业题、训练题[2]。

　　以工业设计学科为例，探讨非标准答案试题的制定策略。该学科面向制造业，与产品的外观、功能、结构、工艺等研发设计工作接轨。在人才培养方面，工业设计专业的最终目标是培养具备艺术审美能力和塑造能力的工程师，落实到专业课程中，则表现为通过必要的设计作业，同时训练学生的工程技术能力和艺术创作能力。

由于设计方案的原创性和主观性，多数设计作业本质上已经属于非标准答案体系，但这并不意味着设计学科的非标准答案改革可以以不变应万变。在创新创意为主导的设计作业中，充分调动学生积极性，激发学生创造潜能，从而提升教学效果，可借由非标准答案改革实现。

为工业设计专业课程制定非标准答案试题，根据课程目标、大纲内容、授课教师的不同，可以从多个角度切入。有效策略之一，是以促进学生个性释放为目的，制定有针对性的题目。学生的主体个性，是驱动其散发创意的核心因素。在设计实践中，设法引导其释放个性，由主体个性主导进行设计题目求解，能使得解题（设计）结果更加个性化、多样化，即获取理想的非标准答案。

围绕工业设计学科特点和人才培养目标制定非标准答案设计试题，总体框架为标准化的要求 + 非标准化的学生主体个性。标准化的要求主要是指统一的技术性框架，例如解题（设计）的数据和格式规范、软硬件工具、技术路线、技能方法、套路等。非标准化答案试题的有效性，主要通过框架的后半部分实现，即围绕学生主体个性来驱动非标准化。"学生主体个性"可拆分为非常广泛的子因素，例如思维模式、思想理念、性格特征、逻辑能力、想象能力、语言能力、文学素养、兴趣爱好、见识阅历、成长历程等一切将人构建为独特个体的主观因素。"驱动"则分为两个步骤，一是通过题目驱动学生释放主体个性，二是学生在其个性的驱动下，主观能动地发掘出彰显个性的非标准设计答案。如图 1 所示。

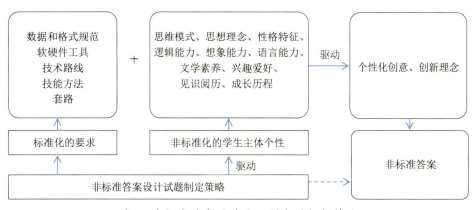

图 1　非标准答案设计试题制定的框架策略

框架的前半部分"标准化的要求"是前提，其作用和意义在于：（1）与工程化能力塑造相呼应，为学生打下坚实的工科基础；（2）确立并强调题目的严肃基调，引导学生以严谨务实的态度执行设计任务；（3）一定程度上确保设计结果具备现实价值，避免答案走入纯粹的艺术性创作或完全的主体意识自我陶醉。框架的后半部分是核心，直接决定非标准答案试题的实施效果。第一个驱动是教师用针对性的策略，将题目要求、目的传递给学生，引发其兴趣，同时设定充分而合理的空间和自由度，让学生释放主体个性。第二个驱动则是学生在个性的主导作用下，得出个性化创意方案。其实质是主体个性因素共同作用，"化学反应"生成独一无二的创意方案。

以工业设计本科课程"电脑平面设计"的一次过程考核为例，作业题目原本为"设计一套有四川大学特色的文化创意纪念品"，虽然创意设计题目本身已经属于非标准答案试题范畴，但这样平铺单调的题目很难激发学生兴趣，因为题中首先设定了一个客观标准——"川大特色"，这会促使学生费力寻找这个"应当"存在的标准化"特色"，再基于此进行纪念品创作。整个过程中没有将学生设定为答案的生成主体，学生个性也几乎没有释放。从学生提交的作业来看，设计结果确实变化性有限，未能与其天马行空的想象力和创造力相匹配。

经过总结与探索，将作业题目重塑为：你心目中四川大学的文化、形象、精神、生活是什么样的？请用数字化平面设计手段，创作一件（套）作品进行诠释与解答。在题目制定策略方面，首先将学生摆在主体位置，强调学校的特色由学生个体而定，因个体而异；鼓励学生自我思考和挖掘，捕捉自己于校园生活中的切身感受。这个过程实质上是释放学生个性，完全由其个体个性引导、激发得出个性化的理解结果的过程。最后，学生提交的作业在创意质量和技术水准上都显著提升，对题目中所提问题的解答更不乏令人拍案叫绝的作品。

综上，面向设计类学科，在制定非标准答案试题方面采取释放学生个性，以学生个性驱动解题的策略具备有效性，值得在诸多专业课程中进一步尝试并改进。

参考文献

［1］胡益丰.大学科背景下专业硕士个性化培养模式的研究与实践——以机械工程专业为例［J］.江苏理工学院学报，2018，24（4）：99-102.

［2］刘伟，赵得成，谷远亚，等.基于设计学学科特征的产品设计专业工作室教学模式的构建与探索［J］.科学大众（科学教育），2018（11）：167-168.

考试题目

KAOSHI TIMU

你心目中四川大学的文化、形象、精神、生活是什么样的？请用数字化平面设计手段，创作一件（套）作品进行诠释与解答。

试题说明

本次考核是"电脑平面设计"课程过程考核中较为重要的一次，自2017年度起开始了非标准答案试题改革，采用了全新的作业命题方式。本次作业主题特色鲜明且与学生自身的校园生活、文化息息相关，创作自由度极高，对于作品表现形式与格式也不设过多限制，在本门课程所有过程考核作业中具有非常高的综合实践性和主观原创性要求。

考试要求

1. 作业总任务：设计一件（套）以四川大学为主题的特色文化、创意用品（礼品、纪念品、办公用品等），合理选择平面设计软件，综合运用软件命令，进行数字化的平面方案创作。

2. 作品题材选择（不限于）：明信片、信笺纸、邮票、名片、书签、地图、记事本（封面封底）、纪念册（封面封底）、文化T恤衫、手提袋、宣传海报、艺术插画等，自由选择。

3. 体现四川大学校园生活特色或文化精神理念：

（1）从日常学习和生活的校园环境、场景、角落取材，作为创作蓝本。

（2）从自身感受和体验出发，思考四川大学校园生活最为独特或深刻的要素，尝试挖掘并表达于作品中。例如，是否能寻求到可引起川大人共鸣的形或物，甚至是可上升为四川大学"特色"的"魂"。

（3）三大校区均可，建议选择自身最为熟悉的。

4. 设计数量要求：可以是单件物品，也可以是含多件物品的一整套；不一定追求数量，单件则重视细节品质和综合质量，多件套则突出其统一要素，具备成套特征。用品数量并非关键，创意及设计综合品质是核心。

5. 格式要求：矢量图形格式或位图图像格式，按需选择绘制软件，Photoshop，Illustrator，CorelDRAW；张数、版式、尺寸规格自定，可按照平面印刷品的标准规格进行设计和出图。

学生答案

XUESHENG DA'AN

学生答案一

孙奕腾　制造科学与工程学院　　2016141413011

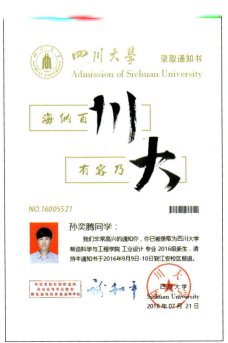

学生答案二

张 丽 制造科学与工程学院 2016141413029

春蚕

我本不该拥抱太过炽热的梦，比如高数比如你。

——@7777777

春蚕

春蚕

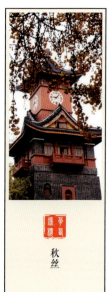

秋丝

锦江河水向你招手，望江楼夕照把你盼望！亲爱的新同学，亲爱的新伙伴……84 年入学通知书开篇。

——@春阳

秋丝

秋丝

秋丝

夏中

我参加过川大100周年庆，还清楚地记得那年校庆时奥运冠军张山在荷花池旁边的足球场上现场表演了飞碟射击。

——@山高水长

夏雨

夏日

冬雪

以后形教课就可以理直气壮地教育娃儿些！不要老窝在宿舍长蘑菇，毕竟，以后离开学校，免费的可能就只有广场舞了。

——@Miette

冬雪

冬雪

学生答案三

蔡依芯　制造科学与工程学院　　2016141413007

学生答案四

万　慧　制造科学与工程学院　　　2016141413009

学生答案五

方馨悦　制造科学与工程学院　　2016141413005

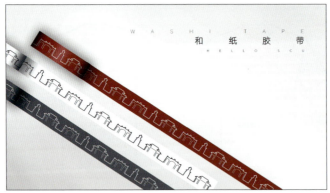

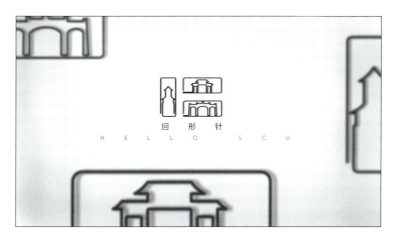

朱　敏

四川大学
计算机学院

教师简介
JAOSHI JIANJIE

朱敏，2004年毕业于四川大学应用数学专业，获理学博士学位，现为四川大学计算机学院视觉计算实验室负责人，教授。系2013—2017、2018—2022两届教育部高等学校计算机类专业教学指导委员会委员，四川省有突出贡献优秀专家。主要研究方向是信息可视化与可视分析、生物信息、数字图像处理等，主研/主持国家级、省部级等课题二十余项，发表学术论文百余篇，先后获省部级科技进步奖两项，主编/参编教材与专著7部。

每年为本科生、研究生，以及留学生开设操作系统原理、计算机网络、数据可视化等多门课程，积极探索教学改革，获得国家教学成果一等奖1项、四川省教学成果一等奖2项，以及"四川省教学名师"荣誉称号。

课程简介
ECHENG JIANJIE

数据可视化

课程号：304189030

"可视化"是致力于研究那些以直观方式传达抽象信息的手段和方法。如何将海量、复杂、枯燥的数据用优美的图形、清晰的界面进行表达，同时提供直观的、具有良好用户体验的交互手段，使人们能快速获取信息、发现异常或潜在规律、做出决策，就是"可视化"的研究内容。

"数据可视化"是面向计算机科学与技术、软件工程、网络工程、物联网工程，以及电子信息类等相关专业高年级本科生的专业选修课，学生需要具有一定的编程基础，对大数据分析与处理、系统交互设计、可视化分析等有浓厚的学习兴趣。课程将从数据的获取与处理、分析入手，重点探讨如何针对数据建立有效的可视化方法。授课采用"Teaching + Project"的模式，强调课堂交流讨论，发挥学习主观能动性和创造力，通过项目驱动，分组设置可视化设计任务并指导学生最终完成面向数据的可视化原型系统的构建。教学既涵盖可视化的基本概念、方法与流程，也强调数据的分析与处理、系统的设计与实现、项目的合作与表达。

非标准答案考试是专业技能与素养的综合训练与考核

四川大学计算机学院　朱　敏

　　"数据可视化"的教学对象是大三本科生，学生在这个阶段完成了基本开发语言与工具的学习，掌握了包括操作系统、计算机网络、数据库、数据结构与算法等的基础知识。在人才培养中，计算机类专业教学质量的国家标准及工程认证标准，都对如何系统性地运用所学知识去解决特定领域的问题提出了要求。因此，在本课程的教学设计中，着眼于培养学生的科学素养、工程意识、研究探索意识、持续学习能力，以及综合运用专业知识解决实际问题的能力。

　　从课程的出口来看，如何判断学生是否在这样的综合训练中受益，需要一种更具综合性、灵活性、实践性的考核体系。

　　自2017年春季起，本课程就采用了非标准化考核方式，每个学生的考核包括课堂表现与参与、项目小组汇报、个人课程报告三部分，其中后面两部分（共占90%的比例）均与以小组为单位的项目有关。这一方式涵盖了对以下内容的训练与考核：

科研素养方面：对提交时间节点的遵守、对文档规范性的认知、对项目团队组建与分工的训练、对项目进行综合报告的训练等。

专业能力方面：题目拟订（发现并定义问题）→数据解读（分析问题）→任务定义、视图选择、设计与实现（解决问题）→分析与改进（反馈问题），这个完整的迭代过程，既是对专业能力的综合训练，也是对思维、表达、合作、创新的训练。

2017—2018 年度共有两轮授课，合计有 140 人选课，自由形成 44 个项目组。课程允许每个项目组通过下载公开数据集或自行爬取的途径，获得具有应用意义的领域数据，进而确定分析任务，拟订"Project"（也可选择数据类专业竞赛的赛题），通过数据预处理、数据特征分析、可视化任务定义、可视化视图设计与实现等步骤，完成在线可用的领域数据可视分析系统的构建，并对该系统的技术实现过程、分析结果等进行展示与汇报。

在 2018 年的 21 个小组项目中，数据所涉及的领域包括音乐、商业、教育、经济、交通、旅游、体育、企业等多个应用领域。

学期伊始，教师就发布了详细的课程考核说明，要求第 7 周提交项目建议书，主要内容包括：数据描述与来源、项目主要内容、预期效果、简要进度计划与分工等。第 11 周进行项目中期讲展报告，主要内容是选题说明、数据来源、进展、预期成果、主要难点与应对策略等。第 16 周进行期末验收，介绍项目的整体情况，进行项目展示，明确分工，提交完整项目文档，并围绕选题意义、工程量与实现效果、"Presentation"讲解、文档、团队合作等进行打分。

在教学过程中，还邀请了 2017 年选修该课程的同学就如何对选题进行评估、如何进行合理的团队组建与分工、如何考虑视图的选择与设计等进行交流，邀请实验室研究生就数据爬取、可视化工具与平台的使用等进行实操讲解。

项目驱动的教学实施、数据驱动的选题评估、团队驱动的教学组织，从不同角度激发了学生的积极性。过程考核也从文献与资料检索、新工具的学习、应用调研与分析等角度，提升了学生的综合能力。

通过期末的课程报告，学生反馈在以下方面进行了充分学习和训练：

1）如何收获可以直接应用的专业知识？

2）如何学会小组合作与沟通？

3）如何从分享、报告、讨论、论文中获得知识？

4）如何学会有效的"Presentation"？

5）如何将其他课程的知识应用到本课程中？

6）如何发现并定义有趣的问题？

7）如何从第 1 周到最后考试周都保持稳定的出勤率？

8）激励参与、课堂与项目、竞赛、论文研读相结合的考核方式。

后期跟踪表明，选修该课程的学生中，在境内外深造中，60% 以上选择了数据科学、可视分析、围绕数据的机器学习作为进一步研究的领域或方向。同时，有学生主动申请担任明年该课程的本科教学助手，分享自己在课程中的收获。

K 考试题目
AOSHI TIMU

通过下载公开数据集或自行爬取的途径，获得具有应用意义的领域数据并拟订"Project"，也可选择 ChinaVis 或 VAST 的当年赛题。通过数据预处理、数据特征分析、可视化任务定义、可视化视图设计与实现等步骤，完成一个在线可用的领域数据可视分析系统的构建。

试题说明

"Project"以团队方式实施，每个团队 3-4 人，自由组合。考核环节强调过程性、涵盖、前期提交拟订题目和简要说明文档、中期进展报告"Presentation"、期末项目验收报告"Presentation"以及项目文档。

其中，期末项目验收报告"Presentation"分别由主讲教师、助教、其他 2 个项目团队打分，考核因素包括：选题意义 10%、设计工作量与实现效果 30%、"Presentation"讲解 30%、文档 20%、团队合作 10%。项目文档涵盖：选题背景、成员分工、数据说明、研究内容描述、方法与技术路线、呈现效果、存在问题分析、项目收获等内容。

考试要求

明确各部分文档的提交时间节点，明确文档的主要内容以及规范格式。

学生答案

UESHENG DA'AN

学生答案一

李　畅	计算机学院	2015141464014
胡晓璇	计算机学院	2015141464009
郑　郎	计算机学院	2015141464030
耿正阳	计算机学院	2015141464007

足球五大联赛球员数据可视化

项目背景

　　足球五大联赛和国家队之间的比较一直是热度不减的话题，球迷们总是在讨论欧洲的哪个联赛更能吸引南美球员，或者说是否某个国家就是盛产前锋等。因此，将在五大联赛效力的球员数据进行一下关于时序的地理位置的可视化，再结合一些位置和身价等信息，整个图的信息解释能力就会变得非常强大。

　　另外，球员转会和球员的身价是球迷们关注的兴趣点。如何从联赛角度，观察球队与球队之间的转会关系，从转会细节观察转会交易的盈亏，往往成为数据分析的难点。本次可视化项目中，我们也针对这一难点，使用数据可视化进行分析。

分析任务

　　通过爬虫或网络数据库获取五大联赛球员的数据和国家队的比赛数据，对足球世界的国家队、联赛、俱乐部直至球员个体的各个级别的特征进行分析和可视化展示。具体而言，任务包括以下几方面。

1) 五大联赛各国人才储备

　　从目前世界上竞技水平最高的五大联赛出发，通过地理空间数据可视化来绘制体现五大联赛球员分布的地图，并且在地图上科学地用颜色/形状的区别展示球员们的属性和能力，进而反映出各个国家的五大联赛人才储备情况。不只希望此序列能实现空间数据可视化，也同时希望此序列实现时间数据可视化，观察五大联赛的人才储备随着时间的变化。

2）国家队 / 世界杯比赛历史数据分析

通过统计各国世界杯场次和胜率，找出实力非常强又非常具有代表性的强队，并对其进行进一步的动态和静态散点图绘制的分析。

3）球员转会关系

对球员转会关系以及转入、转出开销进行可视化。

4）球员属性分析

利用雷达图展现一些相同位置的超级球员的实力，进行对比，进而进一步探讨球员类型和实力的分类以及实力分布。此外，通过选择一些指标比如射门进球转化率、关键传球成功率等几个主要球员贡献率进行可视化比较，从而知道哪些球员在真正决定球队的成绩，能创造出绝佳的机会。

数据来源

数据主要来源于德国转会市场网站（https://www.transfermarkt.com），采取爬虫方式进行爬取，爬虫的库采用 python 的 Beautiful Soup 库，并利用 Google 的 navigator API 获取球员出生地的经纬度。通过时序和联赛球队再到球员，爬取信息需要经过 4 个不同的网页界面，所以在获取球员基本个人信息的过程中还可以获取球员的身价、球队等信息。

分析结果（摘选）

1）比赛历史数据分析及可视化

图 1 是德国队历史胜率与静态时间序列结合的散点图，展示了德国队在往届世界杯、联合会杯、欧洲杯、世界杯预选赛、欧洲杯预选赛和友谊赛中的胜率变化。由图 1 可以看出德国队总体表现较稳定且较强势。

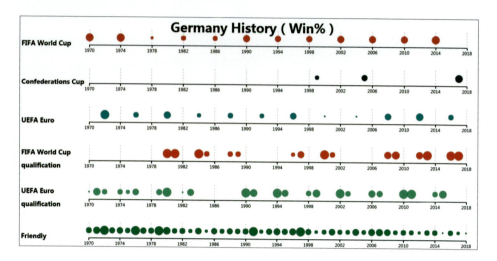

图 1　德国队历史胜率与静态时间序列结合的散点图

　　图 2 是巴西队历史胜率与静态时间序列结合的散点图，展示了巴西队在往届世界杯、联合会杯、美洲杯、世界杯预选赛和友谊赛中的胜率变化。由图 2 可以看出巴西队总体表现较稳定且较强势。

图 2　巴西队历史胜率与静态时间序列结合的散点图

　　图 3 是意大利队历史胜率与静态时间序列结合的散点图，展示了意大利队在往届世界杯、联合会杯、欧洲杯、世界杯预选赛、欧洲杯预选赛和友谊赛中的胜率变化。由图 3 可以看出意大利队近年战绩并未明显下滑，但 2018 年却缺席了世界杯，只能

侧面反映世界杯预选赛欧洲地区的竞争激烈。

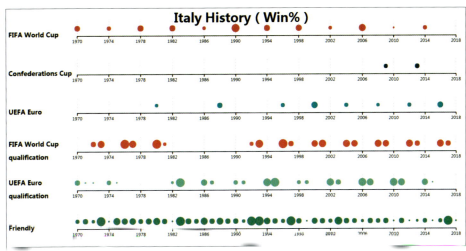

图 3　意大利队历史胜率与静态时间序列结合的散点图

图 4 是葡萄牙队历史胜率与静态时间序列结合的散点图，展示了葡萄牙队在往届世界杯，联合会杯、欧洲杯、世界杯预选赛、欧洲杯预选赛和友谊赛中的胜率变化。由图 4 可以看出在 2006 年和近两年葡萄牙队都取得了较好的成绩，而这也是非龙州C 罗这两位巨星带队的结果。

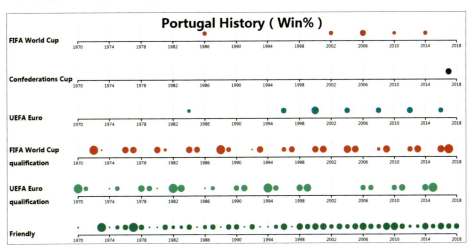

图 4　葡萄牙队历史胜率与静态时间序列结合的散点图

2）球员转会关系可视化（图 5 至图 7）

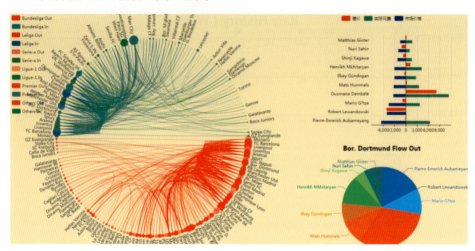

图 5　转会关系图总面板

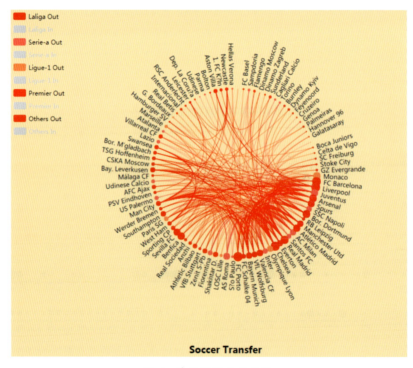

图 6　单纯的转出关系图

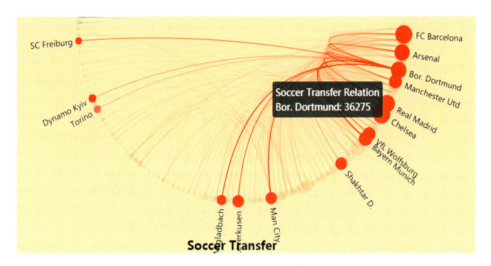

图 1 转出关系图细节

学生答案二

陈　潭　计算机学院　2015141464002
李婵娟　计算机学院　2015141464013
徐忆清　计算机学院　2015141461022

安全威胁情报的可视化分析

项目背景

选题来自 ChinaVis 2018 数据可视分析挑战赛（赛题 1）。题目如下：

HighTech 是一家互联网高科技公司，有几百名员工，分属财务、人力资源和研发三个部门。公司正在全力研发一款重量级新产品，近期该产品临近发布，公司对内部发生的一切异常现象都非常敏感。为了维护公司的核心利益，确保新产品顺利发布，公司高层决定临时成立内部威胁情报分析小组，该小组将根据公司内部采集到的数据，分析并处置可能存在的各种安全威胁。请设计并实现一套可视分析、解决方案，帮助该公司及时准确地找出可能存在的内部威胁情报。

数据说明

挑战赛提供了该公司内部 2017 年 11 月共 30 天的多种监控数据，包括登录日志、网页访问日志、邮件日志、打卡日志和 TCP 流量日志。数据以 csv 格式按天分类给出，总共 30 天 150 个 csv 文件，共 120MB（未压缩之前）。

分析任务

分析员工所属部门及各部门的人员组织结构，给出组织结构图；

分析员工的日常工作行为，按部门总结和展示员工的正常工作模式；

找出至少 5 个异常事件，并分析这些事件之间可能存在的关联，总结你认为有价值的威胁情报，并简要说明如何利用可视分析方法找到这些威胁情报。

方法与结果（摘选）

分析任务 1

首先了解该公司的业务内容。根据邮件"subject"进行分词，绘制公司词云图。

其次确定员工 ID。根据 Email 中收发邮件的邮箱地址，提取员工 ID 号并统计。最后用两种方法得到并验证员工所属部门：提取邮件"subject"，分词后对词向量进行聚类，根据工作内容得到员工所属部门；根据邮件的收发件人，按群发的邮件类型验证员工是否属于同一部门。

1）公司业务内容

（1）技术：用于分词以及分析的 jieba 库。

（2）平台：jupyter notebook。

（3）工具：echarts。

（4）方法：通过 jieba 分词后分部门统计其关键词并记录词频。

（5）可视化模式选择：选择 echarts 的词云图，直观地显示该公司的日常工作内容（图 1）。

图 1　公司业务词云图

2）人员所属部门

（1）技术：

python 中的 pandas、numpy 等数据处理库。

用于分词以及分析的 jieba 库。

sk-learn 机器学习库：文本特征提取类模块 feature_extraction.text 中的 TfidfVectorizer 函数；聚类库 cluster 中的 k-means 模块。

（2）平台：jupyter notebook。

（3）工具：Gephi、sigma.js。

（4）方法：根据邮件关键词利用 k-means 将人员分部门。

首先观察所给文件，以此建立自定义词典和停用词表，对每条数据的邮件关键词通过 jieba 进行分词，然后拆分群发邮件，将数据处理成单条型记录。我们认为每个 ID 收发的邮件均与其工作内容有关，因此将其收发邮件的关键词加总进行处理，得到每个 ID 对应的所有邮件关键词。接着，根据 tf-idf 算法建立每个 ID 的词向量，构建词频矩阵，通过 k-means 聚类聚成 4 类，分别是财务部成员、人力资源部成员、研发部成员以及公司 leader 四类，与观察群发邮件进行分类结果互为验证，可以认为分类是正确的。

（5）可视化模式选择：

Gephi 是一款开源基于 JVM 的复杂网格分析软件，主要用于各种网络和复杂系统、动态和分层图的交互可视化工具，用于探索性数据分析、链接分析、社交网络分析、生物网络分析等。因此利用 Gephi 来绘制公司人员组织网络图。

具体实现：

根据三个部门及职位设置节点颜色，根据节点度（即收发邮件数量）设置节点大小，根据职位重要程度设置节点标签大小，边颜色同节点颜色，然后选择力引导算法（Fruchterman-Regingold 算法）进行布局，可以看出该公司的组织架构模式主要是以 PM 小组的形式，尤其研发部门以小组为主，每个小组有小组 leader（图 2）。

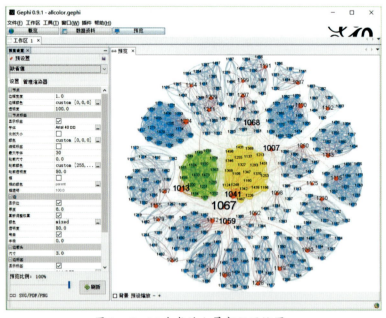

图 2　Gephi 生成的人员部门网络图

图 2 中红色代表 Boss、CTO、CEO 以及部门 leader 等人，蓝色为研发部成员，黄色为财务部成员，绿色为人力资源部成员。

（6）交互设计：

通过 sigma.js 插件将网络图从 Gephi 中导出，并修改相应 js 代码，完成人员部门网络图，并具备搜索查询、交互功能（图 3）。

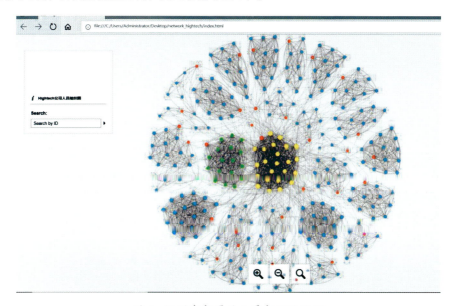

图 3　网页中部署的人员部门网络图

分析任务 2

为了分析员工的日常工作行为与工作模式，我们从工作时间、工作强度、加班情况、工作内容四个角度出发，分别选取打卡记录、收发邮件数量与时间、邮件主题（第一问提取特征后的结果）等指标，进行分析与总结。

1）工作时间

（1）平台：pycharm、Web Storm。

（2）工具：echarts.js。

（3）方法：

首先可以分析三个部门员工的打卡记录，分析上下班和工作时长，基本符合互联网公司的"996[①]"工作模式。

根据 checking 文件找到每一天每个部门的上下班时间，以半个小时为单位，如

---

① 996：指早上九点上班，晚上九点下班，一周工作六天的工作模式。

在 7 点到 7 点半之间上班的统一放在 7 点里，9 点半到 10 点上班的统一放在 9 点里。早上上班时间设置为早上 6 点到 11 点，即有 10 个时间段，计算每个时间段的人数并绘图；晚上下班时间设置为 16 点到 23 点，计算每个时间段的人数并绘图。以研发部上班时间为例。

　　研发部月末没有加班现象，但是上班时间比较奇怪，在 8 点到 10 点之间都有很多人来上班，上班时间相对其他两个部门是最晚的。其中，9 点到 9 点半之间来的人又特别少，可以看出这个时间段来的一部分人会收到迟到邮件，这部分是 1007、1068 的下属。故推测 1007 和 1068 的小组上班时间是 9 点。1059 的下属在 9 点以后上班并没有收到迟到邮件。1059 的下属在 10 点以后上班会显示迟到，故推测 1059 小组上班时间是 10 点（图 4）。

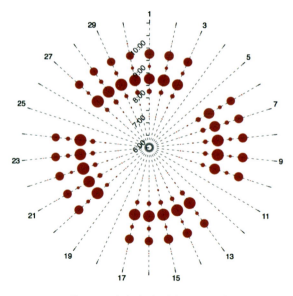

图 4　研发部上班时间 polar 图

2）工作强度

（1）平台：Web Storm、jupyter notebook、editplus。

（2）工具：D3.js、echarts.js、pandas 库、numpy 库。

（3）方法：

　　根据分析任务的分部门结果，首先，利用 python 的 pandas、numpy 库统计各部门所有员工一个月中每天的收发邮件数量。其次，利用 echarts 的堆叠折线图对邮件数量进行可视化，观察趋势，发现收发邮件数量按星期呈周期性变化（图5）。

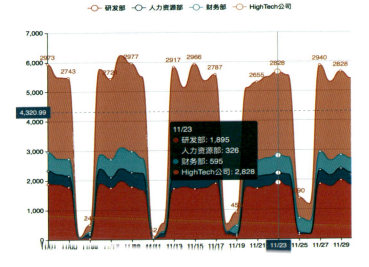

图5　月工作强度堆叠折线图

因此，选取一周（11月20日—11月26日）进一步统计各部门的收发邮件时间，分析工作强度的时间分布是否有相似性。利用向下取整的方法，将邮件的收发时间进行分类统计，通过D3的热力图，绑定三个部门统计后的TSV文件，得到邮件的时间分布热力图。其中，每一个方格表示一天内的一小时，颜色越深，表示该时间段该部门的收发邮件数量越多。由图6可知，研发部员工的工作强度较大，工作时间也较长。

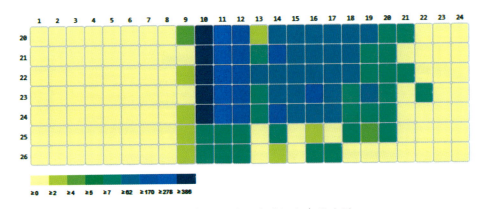

图6　研发部周工作强度时间分布热力图

整体呈现效果

整体呈现效果如图 7 至图 10 所示。

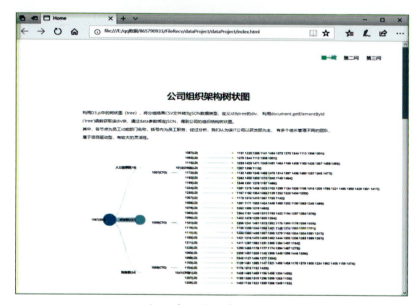

图 7　部分系统截图（1）

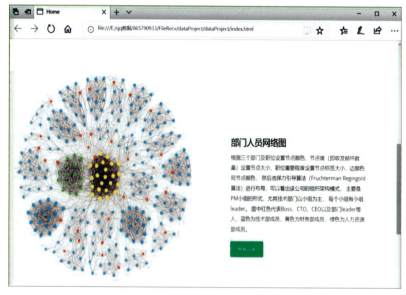

图 8　部分系统截图（2）

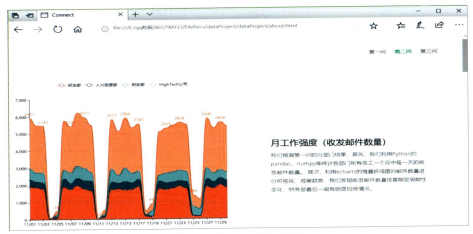

图 9 部分系统截图（3）

图 10 部分系统截图（4）

学生答案三

朱浩天	计算机学院	2014141462390
张　杏	计算机学院	2015141462296
江　南	计算机学院	2015141462082
张楚阳	计算机学院	2015141462283

融合多视图的图书馆可视化书籍管理系统

项目背景

2016 年到 2017 年，该项目组成员申请使用四川大学图书馆江安分馆过去 11 年间的到访信息来开展国家级大创项目——使用数据可视化和监督式学习对高校图书馆到访数据的研究与应用，对千万级校园大数据进行分析处理，结合机器学习和可视化分析进行学生学习行为习惯的分析挖掘和四川大学学生画像的构建。

项目核心是使用数据可视化和监督式学习对高校图书馆数据的研究与应用。此项目首次将来源于高校图书馆到访数据，书籍借阅、预约数据的 2100 万余条多元异构记录进行数据融合，结合随机森林、k-means 算法进行分析，并进行可视化处理。

分析任务

1）从多角度对学生行为进行精准分析，通过图表呈现四川大学学生学习习惯以及江安校区图书馆运营情况等；

2）通过规则学习，练习能够预测各时段到访学生数量、专业分布等要素的回归模型；

3）指导图书馆实现分时段、分专业的差异性安排，帮助教务处通过调整教务安排引导学生学习习惯养成。

分析结果

1）什么时候最爱学习？

项目组成员利用日历热力图，通过将图书馆到访频次映射为颜色的深浅，结合日历图反映时间信息；通过滑窗大小的调整筛选特定范围的数据。比如从图1中可以看到，图书馆到访人数最多的时候是期末。

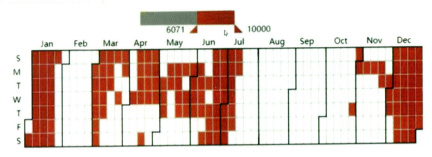

图1　图书馆到访人数热力图

还可以通过气泡图来观察特定群体的到访情况，气泡大小代表到访数量。X 轴表示教学周，Y 轴表示学年。图2表示2012学生级到访图书馆的总体情况，可以看到学生大一刚来时由于无法刷卡入馆，人数较少；随着期末到来，到访人数增多。

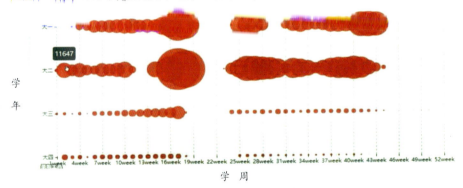

图2　图书馆到访人群气泡图

通观江安校区图书馆的到访数据，发现生活在江安校区的学生在大二时到图书馆最频繁。

2）不同学科背景的同学有什么不同的阅读习惯？

项目组成员通过分析每个楼层借阅数量最高的五个类别，将不同类别书籍映射为不同颜色，借阅数量为色块的宽度，制作成河流图和条形堆叠图（图3）。河流图中河流宽度表示借阅数量，X 轴表示时间，不同的河流表示不同类别的书籍（依照中图分类法）。条形堆叠图中条形块大小表示借阅数量，短期被定义为10天之内归还，中期被定义为35天之内归还，长期被定义为35天以上归还。

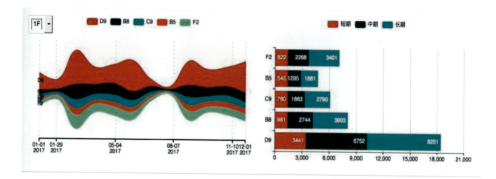

图 3　图书馆一楼借阅分析主题河流图 – 条形堆叠图

（说明：图书馆一楼借阅数量 Top5 书籍大类，图中为 D9 法律；B8 逻辑学、伦理学、心理学；C9 社会学；B5 欧洲哲学；F2 经济计划与管理）

整理之后发现，一楼借阅数量最多的是法律类书籍（河流图中红色 D9），在一个学期内表现出明显的双波峰式借阅，结合已有的经验推断是由于开学和期末考对学生借阅行为产生了刺激。

不仅法律类图书如此，四川大学学生的专业类书籍借阅通常都具有明显的双波峰特征，因为每个学期的开学和期末考而出现爆发式借阅。

通过图 4 相同的可视化模型还可以看到：二楼的文学类书籍与其他兴趣类读物的借阅数量从每学期第一个月后逐渐衰减。

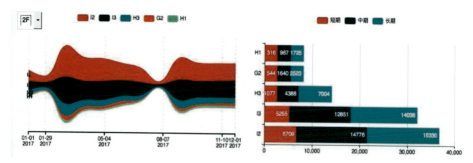

图 4　图书馆二楼借阅分析主题河流图 – 条形堆叠图

（说明：图书馆二楼借阅数量 Top5 书籍大类，图中为 I2 中国文学；I3 各国文学；H3 常用外国语；G2 信息与知识传播；H1 汉语）

项目组成员继续使用可视化方法进行短期－中期－长期借阅的区分后，再分析四川大学学生借阅习惯发现：图书馆除四楼外的其他楼层，中期、短期借阅与长期借阅、逾期未还（40天以上）的比例在1：1左右，但四楼理工科学生的这一比例达到了1：2。也就是说，相比较而言，更多的理工科学生借书周期更长，还书更晚。推测由于他们在开学时进行大量借阅，而后长期不归还导致图书馆期末时期无书可借，因此未能出现受期末考刺激而产生爆发借阅的情况。

依托以上项目，团队申报了软件著作权，并针对四川大学图书馆的使用需求和技术接口重构了系统，即将部署到四川大学信息化图书馆环境中。

肖泽仪

四川大学
化学工程学院

教师简介
JIAOSHI JIANJIE

　　肖泽仪，工学博士，教授，博导，日本横滨国立大学、美国密歇根州立大学高级访问学者，南京大学博士后。从事本科教学逾 35 年，讲授"过程机器""传热学""流体力学""工程热力学""高速回转力学"等 10 余门专业课。从事流体分离过程、生物化工、膜分离及材料、过滤分离设备、化工安全等领域研究工作；主持国家科技攻关计划、国家自然科学基金、省部级纵向课题、横向合作课题 30 余项；发表论文 150 余篇，发明专利 10 余项；主持完成虹吸离心机基础研究和工程开发，获机械工业部科技进步奖、国家产学研工程奖、重庆市科技进步奖等。

课程简介
KECHENG JIANJIE

过程机器

课程号：308045030

　　"过程机器"是一门基于热力学与流体力学原理，以过程工业中实现流体能量转换、输送与分离等目的的机械为研究对象的课程。其主要阐述了气体输送活塞式压缩机、离心式压缩机、液体输送离心式泵、固液分离离心机等典型过程流体机械的工作原理、结构形式、运行特性、调节方法、应用范围、发展趋势及机器的安全可靠性等方面的基本知识。

　　本课程为过程装备与控制工程专业本科主干专业课，48 学时、3 学分，在三年级下期开设，全部为课堂理论授课。理论授课学时分配：压缩机 18-21 学时，离心泵 12-15 学时，离心机 15-18 学时。

"过程机器"课程教学的新思维

四川大学化学工程学院　肖泽仪

　　美国国家工程科学院在《21 世纪工程师》一书中，对本科层次工程教育在新世纪的变革提出了展望，认为到 2020 年，工程教育培养的工程师们应具有几大特质：面向工程实际问题解决的能力，以数学和科学技术原理为基础的很强的分析能力，在实践中的灵巧性和创造性，在社会各种场合的沟通交流能力，一定的商业头脑、领导和管理能力，高的道德水准，很强的职业嗅觉，敏捷、灵活、弹性及活力，终身的学习者[1]。传统的工程专业课设置和教学，注重学生科学技术原理知识的学习以及计算、分析和设计能力的培养，这对培养工业化时代的工程师是恰当的，但到了后工业化时代，传统教学就显然不能满足要求。

　　笔者从事"过程机器"课程（过程装备与控制工程专业本科主干专业课）教学逾 30 年，通过在教学中与学生的互动，与工业界和商界相关人士的长期交流和合作，深切感到传统的教学方法，包括考试考核的方法，与工业和工程技术的发展、新世纪学生的特质等有些不适应，进行适当的调整改革是必要的。

"过程机器"课程的知识体系是从过程工业中与流体流动相关的一大类通用机器知识中抽出的，可以看成过程工业大体系中的一个分支，经数十年历史沿革，形成了流体输送机械（包括气体输送的压缩机和液体输送的泵）和流体分离机械的内容体系，涉及机器的原理、结构、功能和控制，以及相应的研究、实验、设计、制造、应用等。随着过程工业技术和流体机械技术的发展，"过程机器"课程的教学若仅使学生获得有关流体机械原理和功能认知、机器结构和零部件设计制造、一般应用和维护等基本知识，已不能满足各方面要求。面对新的工业技术发展趋势、新的信息化教学手段、更富有活力的学生，特别是社会对学生知识和能力的新要求，在教学中灌注新的理念和方法，注重培养学生解决工程问题的思想和能力，应该是"过程机器"课程教学改革创新的主要方向。

自 2009 年以来，笔者在"过程机器"课程教学中，除了继承传统方法中必须和有效的部分，陆续采取了一些改革措施，主要包括：

1）在教材内容以外，适当添加讲授一些强调现代工程问题解决方案的例子，比如气体压缩机的热泵应用及发展趋势，核燃料、材料生产的分离技术和设备等。

2）编制数十个有助于解决实际工程解决方案认知问题的测验题，用于课堂讲授时的随堂测验。

3）设计了课外实习课题，让学生在教学中期完成，在将课堂讲授的理论知识运用到工程实际的过程中，加深对工程实际问题解决方案这一命题的理解。

4）期末考试中设置非标准答案试题，让学生在课堂学习和课外学习的基础上能够自由发挥，发散自己的想象力和创新思维。

任何工程实际问题本身都具有模糊性和不确定性，其解决方案可以优化，但不具有唯一性。在新的工业革命（Industry 4.0）[2]、新的社会发展形态、新一代的学生和新型教学手段背景下，如何让学生理解工程问题的多种答案，去分析、比较和选择，并进一步设计出自己的问题解决方案，是当前大学和教师必须努力探索的一个方向。

参考文献

［1］National Academies，National Academy of Engineering. The engineer of 2020-visions of engineering in the New Century［M］.Washington：The National Academies Press，2004.

［2］王喜文.工业 4.0：最后一次工业革命［M］.北京：电子工业出版社，2015.

K 考试题目
AOSHI TIMU

江安学生宿舍空气源热泵热水系统

提交包含以下内容的报告：

1. 现场的照片（各主要设备、铭牌、管道等）。

2. 空气源热泵热水系统工艺原理（画出工艺流程图并配 300 字左右文字描述）。

3. 现场的空气源热泵热水系统的具体性能参数（功率、热水产量、温度等）。

4. 系统中主要单元设备（蒸发器、冷凝器、压缩机、泵等）的情况。

试题
说明

  在学习了本课程的流体输送机械部分的知识内容后，希望学生对实际的压缩机、泵、管路及附属设备，以及由这些机器设备组成的热能工程系统有一定的感性认识和更深入的理性认识。

学生答案一

李 卓 化学工程学院 2013141491137

空气源热泵热水系统（节选）

一般情况下，热泵正常工作的环境温度在 -5℃至 42℃之间，因此对于冬季时间较长，气温较低的北方地区，热泵有一定的局限性。但在我国南方地区，特别是因为气候条件不方便使用太阳能热水器的地区，热泵不失为一种优良的水加热设备。而对于地处秦岭－淮河线以南的成都市来说，半年处于热泵的最佳工作温度，故选择热泵作为学生宿舍热水系统加热设备的决策是合理的。

太阳能热水系统充分利用屋顶空闲空间资源，有助于降低热水供应成本，并且在

空气源热泵热水系统

夏天起一定的保温隔热作用。而辅以空气源热泵系统对各种天气条件下热水的稳定供应起到了决定性作用。

空气源热泵热水机铭牌

根据已有资料，在达到同样加热效果的前提下，热泵耗电量仅为普通电热设备耗电量的十分之三。而太阳能集热器的使用更能大大降低热水供应成本。

热泵工作原理简图

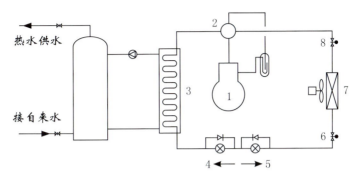

1- 压缩机；2- 四通换向阀；3- 换热器；
4，5- 热力膨胀阀；6，8- 电磁阀；7- 风冷翅片蒸发器

空气源热泵热水机组系统原理图

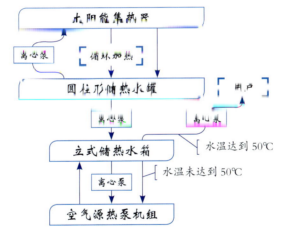

太阳能与空气源热泵复合热水系统工作原理图

以四川大学江安校区西园学生宿舍第九围合北侧热水系统为例估算，该系统建成运行后，年节省标准煤约 277 吨，减排二氧化碳约 692 千克，减排二氧化硫约 5.53 吨，减少粉尘约 2.8 吨。

随着国际油气价格不断上涨，燃油和燃气等中央热水机组日常消耗费用逐年增加，而且排放的尾气对环境有一定破坏。因此，相对于传统燃气、燃油以及中央电热水机组，热泵所具有的安全、环保、节能等优势必将推动其在热水设备领域内的发展。

周加贝

四川大学
化学工程学院

教师简介
JIAOSHI JIANJIE

　　周加贝，自 2013 年入职后一直致力于教学创新及研究，制作和改进课件约 2000 小时，独立制作微课视频 110 个，开展混合翻转式教学 5 年，获 5 门教学类慕课优秀证书。不但将 MR/AR 等教研内容应用于课堂，同时带动其他教师积极投入竞技化教学、MOOC 建设和非标准答案试题设计，成立跨学院教研小组，助力学院本科教学评估和学校教学创客中心的筹建，成果获《光明日报》、新华网等报道。曾主持在中南大学和西南交通大学的专题教师工坊，参与教师发展中心对新入职教师的培训 5 次，受邀参加校内外教学经验交流 20 余次。获四川大学"十佳青年教师"、第四届"五粮春青年教师优秀教学奖"、第二届探究式小班化教学竞赛一等奖和化学工程学院"化工之星"等荣誉。

课程简介
KECHENG JIANJIE

近代化学基础（I）-2

课程号：308115030

　　"近代化学基础"课程为 2003 年四川省精品课程，2014 年入选四川省精品资源共享课程。本课程是从一级学科——化学出发，整合、精简、优化及部分融合"四大化学"而成的工科基础化学课程。近代化学基础（I）-1、（I）-2 主要内容为无机化学和分析化学。

"学生出题＋相互考察"促进元素化学的学习

四川大学化学工程学院　　周加贝

近代化学基础是大一大化工类学生的基础化学课，主要包括第 1-4 章基础理论，第 5-8 章化学平衡，第 9 章分析化学入门及第 10-14 章元素化学部分，共计 96 学时，学习时长为一年，包括秋季学期和春季学期。第 10-14 章元素化学部分一直是教学难点，因为知识多、记忆难，枯燥乏味，所以学生学习积极性差，反馈不佳。

对于教育而言，要让学生学以致用——即让其知道如何在未来工作和生活中应用所学知识一直是一个重点和难点。诚然，可以通过老师介绍促进学生对知识的了解、应用，但教与学是一个互动的过程，仅被动接收老师讲的效果远比不上学生同时主动去思考、去吸收。从教学设计的规律来看，学生的学习除接受知识以外，还应包括内化吸收和有效输出这两个阶段。内化吸收是学生自主学习的过程，一个有效的途径就是让学生对知识进行再加工，应用知识并进行输出。通过设置合适的任务让学生进行高质量的输出，可以有效帮助其进行自主学习输入和消化吸收知识。

传统课堂中学生仅能通过课后作业进行反馈和输出，由于作业通常时效性差（布置作业、交作业、批改作业的循环周期一般约为 1 个月），且作业存在标准答案，无法体现出学生对于知识的理解，更适合学生被动学习和参考例题进行解答，输出质量最高也就是等同于标准答案。而非标准答案考试的优势就在于对输出的结果没有设上限，学生要获得高质量的结果，必须要花大量时间进行自主学习和知识内化，而且个性化的输出结果可以反映学生的学习情况，提升学习质量。

非标准答案大作业的选题很重要，作者 2015 年参加过在北京举行的"高校教师培训工作者专题研修班"，叶丙成教授就介绍过在概率论中一个让学生自主出题避免作业作弊的方法：让学生分组根据书上的内容自主出题组成在线作业，避免了由于作业存在标准答案，少部分学生抄袭的情况。让学生自主出题在文科和医科中也有广泛的应用。

因此，从 2017 年春季学期起，把非标准答案大作业题目设置成让学生"自主出题 + 相互考察"的形式，并以合作学习的方式在元素化学部分实施。在自主出题阶段，学生必须通过主动学习熟练掌握书上的内容方能找到出题点。由于存在相互考察环节，出题可以新颖多样，让别的组觉得有难度，同时也会得到别的组的学生点赞，进一步促使学生加深对知识点的学习和理解。同理，在相互考察环节中要快速解出其他组布置的题目得到高分，也必须熟练掌握、应用书上的内容。无论是出题环节还是相互考察环节，都能有效促进学生的自主学习。

具体的实施步骤：

1）出题环节：春季学期后半段元素化学部分，把学生按 4-5 人进行异质分组，每组的组长都是上学期即秋季学期班上综合成绩在 90 分以上的学生，然后课前让学生自主根据书上第 10-12 章的内容设计一道习题。要求团队分工，出题范围为章节所对应的化学知识及其应用，需要有故事背景和情节，且与教材的知识点结合越紧密分值越高。

2）相互考察环节：根据班级人数的不同把班上同学分为 10-14 组，试卷就有 10-14 道题，在课堂上抽出 45 分钟让学生分组完成试卷，由出题组进行批改、打分。

实践效果：

1）在 2017 年春季学期引入这种学生"自主出题 + 相互考察"的方法时，在出题环节学生就表现出了良好的创造能力，设计的题目包括漫威英雄、发动机设计、油画漂白、青蛙王子等，而在相互考察环节，学生高度投入，有很好的学习效果。

2）2018年春季学期在此基础上进行改良，在自主出题环节明确提出了故事化的要求，培养学生的故事思维，并把合适的小组分工作为考察的依据。而在相互考察环节，改成了出题组批改对应的非标准大作业，可以视作反思环节，让学生在批改其他同学作业的过程中进一步反思其设计。出题质量和学生学习的效果在2017年春季学期的基础上进一步提升。

以学生"自主出题 + 相互考察"的方式进行非标准答案大作业的设计，并和合作学习与故事化相结合，有效地解决了传统教法中元素化学部分枯燥无味的问题，并通过对输出环节的设计，促使学生主动学习并内化知识，培养其应用知识和创新的能力。

参考文献

[1]周付安，王天骄，洪思雨，等.教学设计模式的核心要素及特征[J].北京教育（高教），2017（5）：80-82.

[2]纪亚南.让学生自己出题的做法与思考[J].陕西教育（教学），2009（1）：72.

[3]王彩冰，黄丽娟，何显教，等.学生自主命题与学生学习能力[J].当代医学，2013，19（25）：163-164.

[4]申笑颜，郭青阳，关理.质疑意识和质疑精神的培养——从学生自主命题的教学改革谈起[J].西北医学教育，2015，23（4）：569-571.

[5]Calvó-Armengol A，Jackson M. O. Peer Pressure[J]. Journal of the European Economic Association，2010，8（1）：62-89.

请根据第 10-12 章所学内容，出一道思考题，题目不能来自网络，必须为原创。

参考（上一届学生出的题目）：

例　题

　　春风和煦，阳光明媚，皇帝又开始了修仙之旅，于是派道士炼丹。其中一个道士乙己总是失败，心灰意冷。他脸色青白，皱纹间时常夹些伤痕，一头花白的头发，穿的虽然是长衫，可是却是金色的，和其他地方根本不搭。他原名不叫乙己，原名也记不太清了，他炼丹总是失败，人们便开始叫他乙己。每次上朝，他都扯出一堆话，教人半懂不懂的。乙己一出现，众人便都看着他笑，有的叫道："乙己炼丹又失败了。"他不回答，对×××说，"我这么长时间炼丹，有人不相信吗中嘲讽："你一定是来划水的。"乙己睁大眼睛说，"你怎么这样凭空污人清白……""什么清白？我前天亲眼见你在大佬旁划水，坑了，被大佬踢出实验室。"乙己已涨红了脸，青筋条条突起，争辩道："辅助炼丹能算划水吗？……小失误而已，能算坑吗？"接着便是些难懂的话，什么"离子极化"，什么"韦德定理"之类，引得众人哄笑起来。乙己涨红了脸，决定分析他失败的原因。他取出褐色硫化物炉渣 A，加水溶解，发现不溶。他想起化学课上学的知识，配制出 $(NH_4)_2S_2$ 溶液，将 A 加入此溶液中，发现可溶，并得到无色溶液 B。乙己灵光一现，向 B 中加入稀硫酸，得到了黄色沉淀 C 和腐蛋味气体 D，乙己极高兴，并继续进行实验。他将 C 加入 $(NH_4)_2S_2$ 溶液中，又得到了溶液 B。自此以后，人们便很久没看到乙己。有一天，皇上上朝前的两三天，公公 a 正在慢慢统计交上来的丹药，忽然说："乙己已很长时间没有来交丹药了。"一旁公公 b 说道："我刚才也觉得他的确很长时间没来了。"公公 a 说："这怕不是修仙过度，已达世界之巅咯！"

　　请帮乙己判断 A、B、C、D 各为什么物质，并写出相关方程式，帮助他练出"仙丹"。

**试题
说明**

　　根据第 10-12 章内容设计 1 道题目，题目可以为填空题、鉴定题或问答题，需要有一个合适的故事背景，且要包含无效条件让其他组同学鉴别。请附上标准答案及小组合作的情况，并由组长对组员进行打分。

**考试
要求**

　　自主出题部分：

　　满分 100 分：包括基础 30 分，故事设计 20 分，重点或上课讲过的知识点 20 分，解析 20 分，团队分工 10 分。

　　相互考察部分：

　　根据试题的数目，每题 10 分，试卷分数为 100-140 分，由出题组来批改。

　　互评部分：

　　投票选出出题最棒的三组，视情况予以加分。

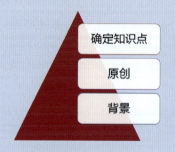

确定知识点

原创

背景

学生答案

学生答案一

出题人：

曹全乐　材料科学与工程学院　2017141425019
王　欣　材料科学与工程学院　2017141425021
吴思毅　材料科学与工程学院　2017141425012
杨淑超　材料科学与工程学院　2017141425016
安永琪　材料科学与工程学院　2017141425017

神秘杀人事件

题目

"本报讯：昨日，某走私、贩毒组织集体落网。其头目疑似被仇杀于家中……

放下报纸，周局长眉头深皱，这个案子上面重视，民众也盯着不放，更不用说那些在暗中密切观察的其他犯罪团伙了。要是还不能查明死因给个交代，就只好去请更厉害的专家了……

哎！

昨日接到线人情报后全队出动，以迅雷不及掩耳之势拿下了他们。当时头目死在浴缸中，水还是热的，池水中有明显血液痕迹，表明死者临死前有吐血症状。法医及时从死者体内抽取了足够多的血液，为鉴定死因做准备。

从调查来看，死者体重 60 千克，生前患有血癌，已进行长达一年的治疗，两个月前有了好转的迹象，但是一周前又加重了，从医院拿的药明显剂量增大了。而治疗该病的药物有微毒，含有砷的三氧化物（室温下，溶解度为 2g）。正常人口服 60–100 毫克三氧化二砷可致死。血液密度与水近似，血液占体重约 8%。法医将 1000mL 血液中所含的砷化物经酸化处理后产生的气体通入硝酸银溶液中，蒸发浓缩至 100ml，过滤得到的沉淀质量为 0.1284g。令人吃惊的是，法医称，死者生前可能长期服用重水（重水会减慢所有细胞的有丝分裂，对癌症有一定抑制作用，但无法根本医治），并引起中毒。

死者生前与另一犯罪集团 A 有利益冲突，曾扣留犯罪集团 A 一批走私矿产，并生产高锰酸钾，准备提炼矿产中的钼。而在昨天，其工厂发生了爆炸。据目击人员交代，起因是野地里的一小丛火焰。走私人员本欲用水将其扑灭，一人持灭火器与持水救火的人同时灭火，导致爆炸。经勘察，灭火器内容物被偷换成乙硼烷，现场还有无色玻璃状粉末。当时死者在场，不过距离较远，但嗅到了爆炸产生的气体，引起了剧烈咳嗽。

同时，死者生前与犯罪集团 B 头目亦敌亦友。该头目多次想与其合作，但死者认为他有不轨之心而多次拒绝。犯罪集团 B 头目曾多次投其所好，死者的情妇是他暗地指派的。

从死者人际关系网来看，妻子与其多年分居，但死者多份保险受益人是妻子。死者有一情妇，生前处于同居状态。

突然，周局长明白了些什么……

问：死者真正死因是什么？

（本故事纯属虚构，剧情设计仅为答题）

解析

由古氏试砷法原理可知，血液中含砷量有：

$$2AsH_3+12AgNO_3+3H_2O \longrightarrow As_2O_3+12HNO_3+12Ag\downarrow$$

由方程式可知，生成的三氧化二砷远少于银沉淀，且沉淀质量 0.1284g 小于三氧化二砷溶解度 2g。

∴沉淀中仅有银，即 m（Ag）＝0.1284g，n（Ag）＝$m \div M$＝0.0012mol。

∴n（As_2O_3）＝n（Ag）÷12＝0.0001mol，m（As_2O_3）＝0.0198g。

∴体内所含三氧化二砷总量＝样本中三氧化二砷含量×血液总体积÷血液样本体积

＝0.0198g×（60kg×8%÷1kg/L）÷1L

＝0.09504g＝95.04mg

∵95.04mg ＞ 60mg

∴可能是砷中毒导致死亡。

附：

干扰项 1——重水（多喝有毒）

有毒原因：一般相信重水并不属于有毒物质，但是人体内的某些代谢需要轻水，所以如果只喝重水会生病。就好像空气中最主要的成分氮气是无毒的，但吸入纯氮会因为缺氧致死。通过以老鼠为实验对象的实验发现重水能抑制细胞的有丝分裂，引起需要迅速代谢的身体组织异常。

实验中的老鼠连续数天只喝重水后，体内约一半的体液变成重水。这时症状开始出现，需要快速进行细胞分裂的组织，如发根及胃膜最先出现问题。本来快速增长的癌细胞生长速度亦开始减慢，不过减慢的程度并不足以令重水作为可行的治疗方法。

D 的原子核比 H 要重一倍，体内的酶无法处理 D，或者说效率较低，从而导致以上的结果。

好处的话就是很少有人怀疑到水有问题，坏处就是惰性和贵。

干扰项 2——TNT 间爆炸

灭火器中的物质被替换成乙硼烷，遇水产生氢气导致爆炸，之后粉尘状的高锰酸钾被吸入导致中毒，同时长期摄入砷也会导致呼吸不适。

综上，鉴于犯罪集团 B 头目有不轨之心，可怀疑犯罪集团 B 头目为利益杀人，指使死者情妇换药。

学生答案二

出题人：

符　晓　材料科学与工程学院　　2017141423028
王奕豪　材料科学与工程学院　　2017141423007
侯远梅　材料科学与工程学院　　2016141503047
向健鱼　材料科学与工程学院　　2017141423008
王泓滴　材料科学与工程学院　　2017141423009

佩奇与乔治

题目

在无垠宇宙的另一边，有一个星球，星球上生活着许多动物。他们并不主要靠 Na 或者 K 来维持自己的生命活动，而是靠 Zn 来进行生命活动。这一天，星球上的小猪佩奇同学没有吃早饭，于是她在学校的小卖部买了一块 $ZnCl_2$ 饼干，小卖部老板告诉她，这袋饼干没有任何的添加剂，小猪佩奇将信将疑。

调皮的小猪佩奇将饼干给了老羊博士，让他帮忙测定饼干的成分。几天后，博士告诉她，饼干成分有 $ZnCl_2$ 和 $MgCl_2$。她带着被黑心商家欺骗的愤怒，决定自己研究饼干的各成分含量，再前去找商家讨个说法。

小猪佩奇取了 100g 饼干放入水中，完全溶解（呵呵，这种饼干就是能完全溶解的），然后将溶液均分成了两份。（饼干中除 $ZnCl_2$ 和 $MgCl_2$ 外，其他杂质不影响以下反应。）

①小猪佩奇取了一份，加入了 Na_2CO_3 溶液充分反应，然后过滤，固体干燥后进行灼烧，得到烧渣 41.51g。

②她又取了另一份，加入 NaF 充分反应，生成了 MgF_2 沉淀（$K_{sp}=5.16\times10^{-11}$），得到沉淀 1.24g。

根据以上题干求 100g 饼干溶液中 Zn^{2+} 和 Mg^{2+} 的物质的量。

聪明的小猪佩奇三下五除二就算出了饼干中各成分的含量，心里暗喜。这时年幼弟弟乔治来了，小猪佩奇起了捉弄念头，决定出一个题来考考弟弟乔治。题目如下：

取和前一题相同的一份溶液加水溶解至 100mL，用 0.5mol/L EDTA 滴定，用去 103.8mL。若 $\Delta pM=0.27$，且 $\lg K_{ZnY}=16.50$，$\lg K_{FeY}=8.79$，Mg^{2+} 浓度为 1×10^{-6}mol/L，求滴定误差。

年幼的乔治当然是不可能答出来的。于是小猪佩奇硬拉着乔治给他讲解，一直讲到乔治听到睡着了才作罢。

解析

$c（Zn^{2+}）=n（Zn^{2+}）\div V=5$mol/L，

$c（Mg^{2+}）=n（Mg^{2+}）\div V=0.2$mol/L，

$c_{计 Zn^{2+}}\approx2.5$mol/L，

pH = 5 时，$\alpha_{Y(H)}=10^{6.05}$，$\alpha_{Y(Mg)}=10^{3.79}$，

$\alpha_Y=10^{6.45}$，

$\lg K'_{ZnY}=10.05$。

根据滴定误差公式，$E_t=\dfrac{10^{\Delta pM}-10^{-\Delta pM}}{\sqrt{c_{计M}\cdot K'_{MY}}}\times100\%$，

$E_t=0.01886\%$。

学生答案三

出题人：

李静静	材料科学与工程学院	2017141494188
李 想	材料科学与工程学院	2017141494117
宋昊霖	材料科学与工程学院	2017141494129
羊 涛	材料科学与工程学院	2017141494141

元素小镇

■题目

　　在一个安静祥和的元素小镇里，小青是镇上最轻的元素，它的家最多可以容纳 700 人。圆圆家有两兄弟，大圆是天空的守卫者，抵御紫外线的入侵，小圆在天空中四处遨游，小圆家的房子是 B_2H_6。蛋兄家的房子是 B_4H_{10}。蛋兄有一天出去踢足球时被雷劈了，变成了圆蛋。有一天小圆家的房子着火了，它急忙出去找小青来灭火，当小青和小圆一起走进房子的时候，发现房子却被自己溶解了。小青发现自己帮了倒忙，转而去找蛋兄来帮忙。当它俩走进房子的时候，火势变得更猛了。小圆没有办法了，只能眼睁睁看着房子被烧毁。

　　1. 请写出元素小镇里各个居民的化学式。

　　小青（　　），大圆（　　），小圆（　　），蛋兄（　　），圆蛋（　　）。

　　2. 请问小青家的房子是用什么材料造的？

　　3. 请问小圆家和蛋兄家的房子分别是什么形状？

　　4. 请用相关化学方程式解释为什么小圆和小青一起去灭火时房子被溶解。

　　5. 请解释是什么让火势变得更猛了。

　　6. 如果小圆想要灭掉房子的火，应该去找哪种元素和自己一起救火？

解析

1. H，O_3，O_2，N，NO

2. Pd

3. 巢式，蛛网式

4. $B_2H_6 + 6H_2O == 2H_3BO_3 + 6H_2$

5. N_2H_4

6. C（形成 CO_2 灭火）

学生答案四

出题人：

严孜瑞	材料科学与工程学院	2017141422045
祁子扬	材料科学与工程学院	2017141422038
李星进	材料科学与工程学院	2017141422037
杨筱涵	材料科学与工程学院	2017141422039
陈泓雨	材料科学与工程学院	2017141422041
朱 松	材料科学与工程学院	2017141422036

钢铁侠 3.5

■题目

灭霸带着他的军团入侵地球，人类英雄景甜驾驶着流浪者号挺身而出。在大化学家周贝贝的提醒下，景甜知道了打败灭霸拯救世界的关键在于毁掉灭霸无限手套上的六颗宝石，要毁掉 6 颗宝石就要通过斯坦·李留在世界上的 6 条线索得到一条咒语，写出咒语就可以阻止灭霸。

景甜在周贝贝的帮助下首先在纽约圣所找到了奇异博士，博士给出了第一条线索：A 物质为巢式（$n+1$）个顶点物质，2（$n-1$）三角多面体（缺 1 顶点）且不带电。其中 $n = \iint D\mathrm{d}x\mathrm{d}y$（$D = \{(x, y) \mid 0 < x < \sqrt{2}, y < |x|\}$）。

景甜谢过奇异博士，来到了史塔克大厦。在这里，她见到了钢铁侠 Tony Stark，说明来意后，钢铁侠告诉了她第二条线索：C 物质与 B 物质由同种元素组成，且 B、C 中所有元素电负性均大于 2.0，C 既是氧化剂也是还原剂，由于 C 分子间发生强烈的缔合作用，C 物质与 B 物质可任意混溶。

见过钢铁侠后，景甜乘坐着流浪者号来到了隐藏在非洲的瓦坎达。在那里，她见到了既是超级英雄黑豹又是瓦坎达新任国王的特查拉。黑豹告诉了她第三条线索：将 E 物质滴入 D 物质中，先生成沉淀，后沉淀消失，最后的产物能够和一种常做防腐剂的物质发生反应，生成一种在空气中易与 F 气体反应变黑的物质 G。又已知 F 物质是一种氢化物，并且在同周期物质组成的氢化物中稳定性仅次于卤化氢，在同主族物质组成的氢化物中稳定性仅次于上一周期的元素，且上述规律都符合共价型氢化物的性质的递变规则。

第四条线索远在太空中的阿斯加德［虽然被炸没了，但就当这是平行宇宙吧（*^▽^*）］。景甜向黑豹借了一架飞船前往目的地，在那里，她见到了奥丁之子——雷神索尔，索尔告诉她了第四条线索：H 物质在缺氧条件下生成某单质和 H_2（看能怎么处理一下），并在 pH=0 时氮族元素的吉布斯焓变 – 氧化态图像中作为低氧化态物质且斜率最小。

景甜刚刚走出众神之殿，就碰到了阿斯加德的另一位王子——诡计之神洛基，洛基告诉她第五条线索就在他手上，但是他觉得打败灭霸并不是什么重要的事情，他认为打败他的哥哥索尔，并登上王位才是首要任务，于是他告诉景甜他要用物质 I 去毒死他的哥哥。景甜冷笑看着这位口是心非的神转身离开，然后乘着飞船回地球去了。

第六条线索在纽约，在那里，景甜把蜘蛛侠彼得·帕克从被窝里揪了出来，小蜘蛛睡眼惺忪地告诉了她最后一条线索：什实验室中，J 物质是常用于清洗试管中 G 物质的酸。

拿到了 6 条线索后，景甜在 6 条线索给出的 10 种物质中筛选出了 6 种并将它们写成了来自《近代化学基础》第 10–11 章的一个方程式。在复仇者联盟的帮助下，景甜联系上了中土世界的近战法师甘道夫，在甘道夫的协助下，方程式被转化为了咒语，最终灭霸的终极武器无限手套成为废铜烂铁，世界被拯救了。

假如现在你就是景甜，请你根据找到的 6 条线索，判断分析，筛选出 A–J 中符合要求的六种物质并组成第 10–11 章中的一个方程式。

快行动起来拯救世界吧，英雄！！！

解析

这十种物质分别是 B_2H_6、H_2O、H_2O_2、$AgNO_3$、$NH_3 \cdot H_2O$、H_2S、Ag、AsH_3、As_2O_3、HNO_3。

组成的方程式是：

$$2AsH_3 + 12AgNO_3 + 3H_2O == As_2O_3 + 12HNO_3 + 12Ag\downarrow$$

线索一：由简单的双重积分可得出 $n = 2$，则 $b = n + 2 = 4$；由于 A 物质不带电，则 $z = 0$；又因为 $b = 1/2\,(2n + m + z)$，可得出 $m = 4$，所以 A 物质为 $(BH)_2H_4$ 即为 B_2H_6（乙硼烷）。

线索二：由两者中所有元素电负性均大于 2.0 可以得出两者由同种非金属元素组成，因为 C 分子之间可以发生强烈的缔合作用，可以推出 C 为 H_2O_2，继而得到 B 为 H_2O。

线索三：第一个反应是银镜反应中银氨溶液的制备，向溶液里逐滴滴加氨水，首先析出 AgOH：$AgNO_3 + NH_3 \cdot H_2O =\!\!= AgOH\downarrow + NH_4NO_3$，常温下 AgOH 极不稳定，继续滴加氨水，沉淀溶解：$AgOH + 2NH_3 \cdot H_2O =\!\!= [Ag(NH_3)_2]^+ + OH^- + 2H_2O$，即 E 物质为 $NH_3 \cdot H_2O$，D 物质为 $AgNO_3$，第二个反应是银镜反应。银氨溶液与甲醛发生反应生成物质 G —— Ag 固体，由于 F 为氢化物，且由稳定性递变规则可知，F 为 H_2S。

线索四：由下图可知，该物质为 AsH_3，且其在缺氧条件下会产生单质 As 和 H_2。

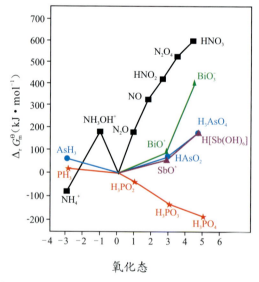

线索五：由线索可知毒药为砒霜，主要成分是 As_2O_3，故 I 物质为 As_2O_3。

线索六：由第三条线索可推知 G 为 Ag 单质，J 作为清洗银镜产物的强酸，可推导出物质 J 应为 HNO_3。

$$3Ag + 4HNO_3（稀）== 3AgNO_3 + NO\uparrow + 2H_2O$$

$$Ag + 2HNO_3（浓）== AgNO_3 + NO_2\uparrow + H_2O$$

当把这些物质排列出来后，可以自然而然地想到第 10–11 章的一个重点方程式——"古氏试砷法"，于是可以写出最终需要的方程式。

姚云鹤

四川大学
轻纺与食品学院

教师简介
JIAOSHI JIANJIE

　　姚云鹤，坚持把教学工作放在首位，每年承担 300 学时以上的教学任务；指导本科生参加国内外专业赛事获得设计大奖 100 余项；担任近 10 届学分制指导教师；每年指导学生进行创新创业活动、发表学术论文和优秀设计作品，悉心指导学术性社团。

　　主持多项教改项目，并发表教改论文数篇，曾编著专业课程教材。多次获得四川大学课堂教学质量优秀奖、课外科技活动优秀指导教师称号、优秀毕业论文指导教师称号、学术型社团指导教师优秀奖、四川大学考试改革项目二等奖（2 项），以及国内多项服饰品、鞋类设计大赛优秀指导教师奖、最佳组织奖、最佳院校奖等荣誉。

课程简介
KECHENG JIANJIE

设计与构成

课程号：309206040

　　"设计与构成"是面向革制品设计方向本科生的专业基础课程。该课程主要包括三大构成与图案设计两大模块，其主要任务在于培养学生的造型能力、审美能力、创造性思维以及设计表现能力，为其后的革制品设计专业设计课程学习奠定基础。该课程主要围绕平面与立体空间的形式语言与构成法则，具象与抽象图形的构建与创新，二维空间、三维空间设计之间的转换，设计语言的综合运用和设计创新等方面展开教学，力图让学生全面掌握设计构成知识，并灵活运用与创新，进而建构完善的设计基础知识系统，培养审美意识、设计思维和专业基础能力。

工科与艺术设计交叉专业课程的非标准答案考试改革探索与实践

四川大学轻纺与食品学院　　姚云鹤

　　近年来，为满足我国经济发展和就业市场需求，众多高校增添了一批工科与艺术交叉的专业及专业方向。四川大学轻化工程专业革制品设计方向即是在这一背景下产生的。这一类型的人才培养模式和教学要求与传统工科专业有明显区别，具备"技术与美学"相结合的专业特性，对设计创造能力和审美能力的培养尤为重视。但是，往往开设这类专业的工科院系生源都是以理科生为主，进校前有些学生没有艺术基础，高考时也没有加试美术科目，进校后还可能因多种原因导致专业设计课程开设时间较晚，因此不少学生在相关艺术设计课程的学习中容易产生畏难情绪，在一定程度上影响了设计能力与创意思维的培养。

　　以革制品设计方向为例，学生在大二下学期确定专业方向，到大三阶段进入专业课程学习，由于设计表现能力与审美能力的一些限制，他们有时会在艺术设计类课程上感到力不从心，也因此制约了创意思维的拓展。因此，如何让学生快速进入专业状态、提高学习成效，成为艺术设计类课程的重要任务之一。

非标准答案考试改革为以上问题的解决提供了较好的思路和操作路径。以"设计与构成"课程为例，本课程分为两个教学单元，第一部分为平面构成与色彩构成，第二部分为立体构成与装饰图案设计。笔者负责前一部分的课程教学。在整个教学过程中，共设置了 12 次过程考核，其中一半以上为非标准答案考试。通过不同阶段的考核与反馈，可以及时发现不同学生在学习过程中的短板，便于老师根据实际情况进行针对性的引导与训练，弥补不足。更重要的是，通过一次次非标准化考核的启发，可以逐步打破学生原有的思维局限，拓展创意空间，使创意升级。这一系列的过程考核也非常有助于老师实时掌握学生的学习状况，并根据实际情况调整教学。

平面构成与色彩构成这一教学单元的期末考试也是最为重要的一次非标准化考核。"设计与构成"课程是革制品设计方向的专业基础课程，其目的在于为学生建构完善、科学的设计基础知识架构，为后续的专业设计课程学习奠定基础。按照传统艺术设计专业的考核方式，一般性地构成基础性作品。基于本专业方向的教学计划、培养目标和前期的教学成效考虑，本课程期末考试采用了非标准化考核方式，在考核过程中，为学生提供了白色棉布、小白帆二种基础服饰，要求他们至少选择其中之一，运用平面构成与色彩构成的造型语言完成服饰的再设计。学生可以自定设计主题，根据主题需要任意选择设计元素，自由运用设计加法与减法手段完成创意构想，并合理选用配色、图案、材料与工艺进行服饰再造。当然，考核中也明确了对绘制技法和表现能力的考察，同时对作品的工艺制作提出了基本的要求。成品需具有美观的造型形式，符合现代审美潮流与趋势。

最终，期末考试的作品设计效果比较理想，较好地展现了学生平时的学习积累以及他们对设计的认识水平，不仅检测了他们对基础知识的掌握程度，还进一步考察了其灵活运用所学知识的能力和设计实践的能力，同时也引导学生更好地进行专业知识的学习和探索，让不同个性的学生充分展示个人的设计才能。

非标准答案考试的灵活化命题方式为老师和学生提供了更多维的对话空间，有利于促进工科与艺术交叉专业学生的创造力和表现力培养，在一定程度上，可以帮助他们在有限的学习时间内更高效地提升对产品设计的敏感度和实操能力，突破表现瓶颈，进一步激发创意潜能，为后续的专业设计课程学习奠定基础。

参考文献

［1］杨璐铭，冉诗雅，曾琦，等．基于网络与课堂协同模式的工科教学研究［J］．皮革科学与工程，2018，28（2）：72-77.

［2］姚云鹤．革制品设计专业的美育背景现状分析［J］．皮革科学与工程，2017，27（1）：73-78.

K 考试题目
AOSHI TIMU

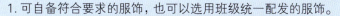

在纯色 T 恤、牛仔裤、小白鞋三种服饰中任意选择和组合，自定主题，运用平面构成与色彩构成的造型语言完成服饰的再设计。

考试要求

1. 可自备符合要求的服饰，也可以选用班级统一配发的服饰。

2. 可根据创意需要对服饰进行任意改造，可以做任何的加减法。

3. 自定主题，并提取恰当的设计元素，采用美观的构成形式完成服饰的再设计。（15 分）

4. 使作品能明确地体现改造思路，并合理选用配色、图案、材料与工艺完成再造。（15 分）

5. 作品制作精良，绘制技法、编织、缝制等工艺效果ature，（10 分）

6. 完成的作品有较强的审美感，符合现代审美趋势。（10 分）

学生答案
XUESHENG DA'AN

学生答案一

丁婉婧 轻纺与食品学院 2015141502010

学生答案二

李彦佳　轻纺与食品学院　　2015141502039

学生答案三

丰欣祉　轻纺与食品学院　　2015141502014

学生答案四

李鑫娟　轻纺与食品学院　2015141503019

赵 辉

四川大学
网络空间安全学院

教师简介
JIAOSHI JIANJIE

　　赵辉，四川大学网络空间安全学院副教授；2003 年至 2016 年 7 月在四川大学计算机学院（软件学院）任教。2016 年 8 月至今在网络空间安全学院任教。曾到新加坡国立大学和美国匹兹堡大学做访问学者。承担的主要课程包括"操作系统""嵌入式系统"和全校公选课程"0 到 1：IT 发展和大学生双创"等。主持了 1 项国家级 MOOC 精品课程建设、主持了 2 项省部级精品课程建设；发表了教改论文 8 篇。曾多次获得四川大学青年骨干教师奖、优秀教学奖、优秀课外活动指导教师称号。曾获得 2015 年四川大学首届"小班化 – 探讨式"教学比赛一等奖（工科组）、2016 年唐立新教学名师奖、2017 年四川大学五粮春优秀青年教师奖、2019 年十佳关爱学生奖。

课程简介
KECHENG JIANJIE

0 到 1：IT 发展和大学生双创

课程号：314053020

　　本课程是四川大学公选课程，属于通识课程中的科学探索与生命教育类课程。课程主要涉及 IT 领域，特别是计算机各个领域的历史、现状、发展，以及对人类生活的影响，突出了科普性和专业性。

　　本课程由理论讲解和研讨两部分组成，共 32 学时，理论讲解和研讨分别为 16 学时。通过课程报告（科普短文和大创报告）和课程研讨的形式来考核，实行非标准化。自 2014 年开设以来，该课程颇受学生欢迎，学生选课积极，来自文、理、工、医、艺各个学院各个年级。本课程属于四川省 2018—2020 年高等教育人才培养质量和教学改革项目。

非标准化考核在"0到1：IT发展和大学生双创"课程中的探索和实践

四川大学网络空间安全学院　赵　辉

一、课程的开设背景

作为国内最早的IT发展历史和大学生双创类的通识教育类型的公选课程，本课程是2014年首次开设的，目前已经实施了四年多，学生选课积极，来自文、理、工、医、艺等各个学院各个年级。

开设课程前，经过对国内外高校的调研，我们了解到国内外虽然有类似的课程，但存在一些不足：

1）国外方面：密歇根大学开设了"互联网的历史、技术和安全"（The Internet history，technology and Security），该课程在MOOC平台，如国外的Coursera和国内网易公开课上有，但是其只是局限于计算机网络这个领域，而且是专业级别的科普课程，不是面向所有专业学生的通识教育课程。另外，哈佛大学和斯坦福大学等的商学院开设了创新创业类别的通识教育课程，是面向商学院学生的，重点突出了市场和商业模式部分，对技术的发展和历史回顾相对较少。

2）国内方面：国内最早开设"计算机发展"类课程的高校是国防科技大学，由胡守仁老师给计算机专业的学生讲授这门讲解计算机技术发展的专业科普课程。经过研究，发现其内容是围绕着计算机硬件和系统软件的发展，也不是面向所有专业学生的 IT 科普和通识教育课程。另外，市面上有一些相关的书籍，如《浪潮之巅》和《硅谷之谜》，也包括《ACM 图灵奖获得者》和《IEEE 计算机先驱奖获得者》等，但是因为角度和取材的局限性，其缺少一个大局观和明确的教学授课路线，因此适合作为参考书，而不是授课教材。

针对以上问题，本课程在设计的时候就把非标准化考核融入其中，进而实现了"开放式"教学，就是在移动互联网和"互联网 +"的时代背景下，实现学习主体、学习客体、学习载体以及学习环境的开放化。通俗地说，就是"时时可以学习，处处可以学习，人人皆为老师和学生"，从而打破传统学习方式在时间、空间、人方面的局限。

二、本课程中"非标准化"考核的设计和实施

首先，介绍设计上，本课程的教学内容见表 1。

表 1　课程的内容总览表

空间	课程内	总览性介绍：大学四年本科课程体系
	课程外	总览性介绍：大学生双创项目和比赛
时间	过去	IT/计算机历史介绍
	现在	IT/计算机现状点评
	将来	IT/计算机未来发展 / 趋势

从表中可以看出，宏观地看，课程组所设计的教学内容涵盖了 IT 专业发展历史上的空间和时间两个维度，课程实现了科普性和"信息 +"的领域交叉和专业融合。

●科普性：突出 IT 专业知识的趣味性，通过讲解 IT 历史中的"人类群星闪耀"，采用纪传体和编年体相结合的方式，对 IT 历史和发展中的里程碑事件和人物进行介绍，并且提供了大量的科普文章、书籍、视频等。

●"信息 +"的领域交叉和专业融合：突出 IT 专业知识对其他专业的渗透性，通过讲解 IT 知识在其他专业中的应用，对 IT 知识如何交叉应用于其他专业进行了介绍

和分析，并且利用该课程的公选课平台，鼓励来自不同学院和专业的学生通过头脑风暴的形式，实现不同专业的交叉和融合。

其次，在课程考核方面，也体现了"非标准化"的思想，采用了非标准化大学生双创创意和项目报告的形式，具体成绩分配见表 2。

表 2　课程的成绩分配

编号	项目	比例	备注
1	报告 1：科普短文	20%	现场讲解或者课后录制视频
2	报告 2：双创报告	30%	创意申报书；路演和 PPT
3	展现	10%	安排在第一节课
4	课堂讨论	20%	安排在最后一节课
5	作业	20%	《模拟游戏》《硅谷海盗》《社交网络》

三、"0 到 1：IT 发展和大学生双创"的课程特点

经过多年的设计，"0 到 1：IT 发展和大学生双创"围绕着"Open Source Learning"的教学理念，融合了多种教学方法，如探讨式、启发式等，还采用以双创创业和项目为驱动等教育模式。课程具体特点如下：

1）探讨式教学：每节课都针对上一次布置的翻转课题任务安排"Seminar"环节。

2）启发式教学：通过互动讨论，鼓励学生积极发言，随堂讨论。通过头脑风暴，启发学生，从而从不同专业和领域的角度来共建课程知识体系。课程的口号是"我们不只是知识的搬运工，还生产知识"。

3）学生分组、团队合作：由于学生来自不同学院和专业，进行跨学科分组，3–4人一组。

4）翻转课堂：每节课都安排了课外任务，并且提供了资料，如纪录片，TED 讲座视频或者课外参考书，要求分组完成，从而把课堂延展到了课外。

5）双创报告的撰写：要求学生分组跨专业完成一个面向双创的项目申报书，鼓励专业交叉，领域融合。

6）公开演讲环节的设定：课程最后，每组都要参加现场或者课后的路演（自行录制视频），让学生感受路演的整个环境。

四、进一步设想和展望

最近几年的教学实践中，课程组还采用了"Guest lecture"的形式，如邀请一些"互联网+""挑战杯"的获奖学生，走进课堂，现身说法，分析自己的参赛经验和心得，受到了学生的热烈欢迎和积极反馈。所邀请的老师和学生来自四川大学诸多的学生学术型社团，如华西的 PMCA 社团、计算机学院的"SCU Maker"社团等。这些社团也都为四川大学的双创项目和比赛，以及"非标准化"考核和考试做了多种尝试和努力。

另外，课程组也正在自行设计和开发一个专门针对"非标准化"考核和资料共享的网站平台，用于课程资料的发布和共享。其采用了机器学习的知识图谱技术和计算机网络的爬虫技术，从而更好地服务于本课程的实施和运行。

参考文献

[1] 尤瓦尔·赫拉利.人类简史：从动物到上帝 [M]. 林俊宏，译. 北京：中信出版集团，2017.

[2] 吴军.浪潮之巅 [M]. 3版. 北京：中国工信出版集团，人民邮电出版社，2016.

[3] 吴军.硅谷之谜 [M]. 北京：中国工信出版集团，人民邮电出版社，2016.

[4] 吴军.文明之光（精华本）[M]. 北京：中国工信出版集团，人民邮电出版社，2018.

K 考试题目
AOSHI TIMU

按照四川大学"大学生创新创业训练计划"项目申报的模板，
书写一份申报书。

试题说明

　　随着信息技术的发展，特别是近两年"互联网 +"、大数据和人工智能等技术的深度应用，计算机技术已经渗透到了各个领域和专业。围绕着 IT 或者互联网技术在某个领域或者某个问题上的应用设计（有实现更好），按照"Why+What+How"，完成一个项目或者产品的创新创意设计，要求有一定的创新性和应用价值，鼓励突出四川大学的平台优势，如"医学 +"和"信息 +"等。

考试要求

　　请同学们以组为单位：每组不超过 4 个人，鼓励来自不同专业和年级的同学组队。

学生答案

XUESHENG DA'AN

学生答案一

李政浩　生命科学学院　2016141502010 ／ 郑昕然　吴玉章学院　2016141453010
陈思维　电子信息学院　2015141453006

GluLight——
基于智能手机的血糖仪

Why：项目背景

随着时代的发展与进步，人们日常糖摄入量剧增，导致人群中糖尿病比例逐年升高。当下，中国是糖尿病第一大国，这导致中国成为世界血糖仪的第一大市场。市场上常见的血糖仪体积大、重量高且不便于携带。为了应对这种情况，我们希望开发一款基于智能手机的血糖仪，通过耳机串口进行连接，通过手机 APP 控制外设血糖仪。这样的新型血糖仪能够大幅度地减小体积以及重量，同时还可以通过强大的计算能力对用户血糖数据进行分析，以提供更好的饮食建议。

What：项目功能和特点

1. 产品的体积与重量很小，便于携带。
2. 产品成本很低，能够大幅度推广。
3. 产品基于手机 APP 控制，能够很好地记录数据。
4. 产品能够通过云计算提供实用饮食建议。
5. 产品能够通过图形化方式展现血糖波动情况。

How：项目设计

系统主要由硬件端、移动端以及云端组成（图1）。

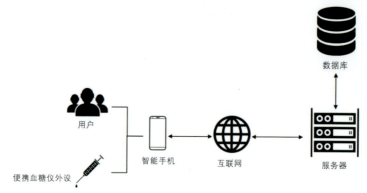

图 1　血糖监测系统架构图

硬件端：能够实时与智能手机相连，完成血糖浓度测定工作。

移动端：手机会通过内置的糖电关系算式计算出本次硬件外设上血液样品中葡萄糖的测量值。

云端：拥有完善的云服务框架以及医疗推送算式。

本系统主要包括数据采集、数据转换与分析、数据统计汇总与数据显示模块（图2）。

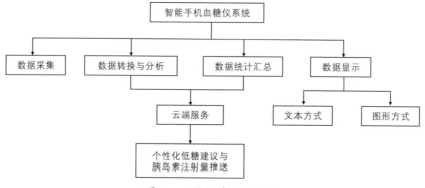

图 2　血糖仪系统功能图

拟定要参加的比赛

已经获得了 2018 年度的大学生创新计划的支持。

拟参加 2019 年"互联网 +"比赛。

学生答案二

徐宏博　计算机学院　　2016141462092 ／ 王廖辉　计算机学院　　2016141451053
荆　渝　电气信息学院　　2016141441205 ／ 周子洪　电子信息学院　　2015141453081
李伟民　华西临床医学院　2016141624018

E-spine：
基于神经网络的脊柱侧凸智慧医疗系统

Why：项目背景

脊柱侧凸是儿童和青少年时期最常见的脊柱畸形，当前国内青少年脊柱侧凸现状不容乐观。目前临床上用于青少年脊柱侧凸的治疗方法并不理想，康复效果不佳。

What：项目功能和特点

本项目研究拟开发一款基于脊柱信息变化的实时采集、动态分析的智能感应矫形衣系统，患者在家中进行运动训练时，脊柱动态变化的信息便通过智能矫形衣采集分析后反馈给医生，医生根据反馈的信息修改治疗方案，实现精准医疗。

精准性：针对患者个体制定最优治疗方案。

实时性：实时反馈患者矫正情况。

远程性：医生能为患者提供远程医疗服务。

How：项目设计

系统主要由三个模块组成：硬件系统模块、APP 端和云端（图 1）。

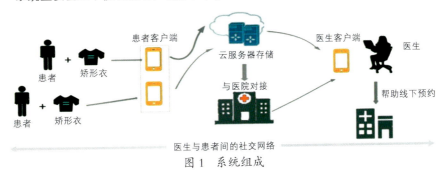

图 1　系统组成

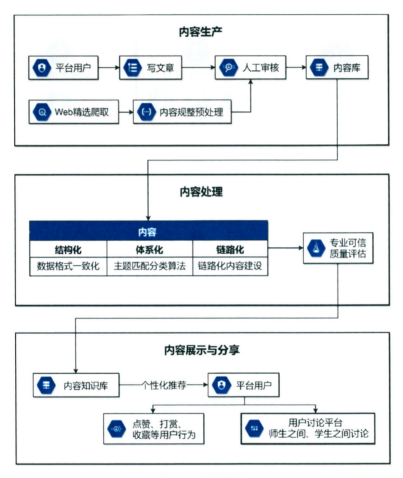

图 2 项目设计图

拟定要参加的比赛

拟参加 2019 年"互联网 +"比赛。

四川大学本科教育创新改革系列

学术引领思维变革

卓越

下册

——2018年四川大学非标准答案考试论文及试题集

主　编／张红伟
副主编／严斌宇
编　委／兰利琼　　李　华
　　　　冉桂琼　　何　玮
　　　　龚小刚　　李　麟
　　　　陆　斌

四川大学出版社

2010 年以来，四川大学不断推进"以学为中心"的教育教学改革，以培养具有创新创业能力、协作精神和社会担当能力的人才为己任。如今，改革理念正以燎原之势在教师和学生之间传播，"全过程考核—非标准答案"考试改革已常态化，任课教师全力支持、主动思考改革的方式方法，精心设计每一场考试、每一道题目，并相互分享经验；全体学生全程参与、脑洞大开、尽情释放，各种奇思妙想激烈碰撞。

不同的考试折射出不同的教学理念，会引导学生以不同的方式学习。如何发挥好考试的"指挥棒"作用？我们需要在"教"与"学"的实践中不断反思、不断探索、不断深化。

四川大学在学业评价考试改革中有哪些经验？任课教师应该如何针对不同课程有效实施全过程考核？非标准答案考试中任课教师如何命题才能激发学生的想象力、分析力和创新思维？如何让学生从"被动学习"转变为"主动学习"？本书收录了四川大学非标准答案考试改革的典型案例，分享了各学院优秀教师"全过程考核—非标准答案"考试改革探索和实践的优秀成果，展示了不同课程非标准答案考试题目，节选了学生的优秀回答，以期广大教育者能从本书中获得启发，从而推动大学教育教学改革，为建设高等教育强国，培养具有全球竞争力的一流人才做出川大贡献。

目录

医科
P001

医科

四川大学
华西基础医学与法医学院

王红仁

教师简介
JIAOSHI JIANJIE

　　王红仁，2005 年毕业于四川大学基础医学专业，2008 年获四川大学病原生物学硕士学位，然后进入中山大学攻读博士学位，在读期间（2010 年 12 月—2011 年 10 月）作为访问学者在美国堪萨斯大学学习。博士毕业后进入四川省人民医院皮肤病性病研究所工作，2013 年进入四川大学华西基础医学与法医学院微生物学教研室担任讲师，从事医学微生物学的教学及相关科研工作。

课程简介
KECHENG JIANJIE

医学微生物学 II

课程号：501107020

　　"医学微生物学"是医学培养课程中一门重要的专业基础课程，是研究病原微生物的形态、结构、生命活动规律以及其与人体关系的一门学科。课程主要涉及与医学有关的病原微生物的生物学特性、致病机制、抗感染免疫、特异性检测方法以及相关感染性疾病的防治措施等。本课程可为学习临床各科的感染性疾病、超敏反应性疾病和肿瘤等奠定重要的理论基础。

　　医学微生物学是生命科学的前沿学科，同时也与其他众多学科（比如生物化学、免疫学等）有着广泛联系。根据医学微生物学的系统性和教学的循序渐进原则，全课程分为绪论、细菌学、病毒学和真菌学 4 部分。绪论主要介绍微生物的基本概念和分类、学科发展史及展望。细菌学、病毒学和真菌学均由总论与各论组成。总论介绍该类微生物的共同特点，主要有形态结构、生长繁殖、遗传变异等生物学特征，致病性和免疫性，以及微生物学检查法和防治原则。各论介绍一些有代表性的、医学上非常重要的微生物。

　　"医学微生物学 II"由理论课和实验课（病原生物学实验的微生物学部分）两部分组成，理论课 32 学时，实验课 16 学时。实验课与理论课配合，使学生掌握医学微生物学的基础理论及常用技术，提高分析问题和解决问题的能力，为今后的工作、学习及研究打下良好的基础。

合理使用非标准答案考试，
切勿流于"科普化"

四川大学华西基础医学与法医学院　王红仁

　　考试是学生学习的"指挥棒"，老师用什么方法和标准考，学生就会用相应的方式去应对。传统的标准答案考试侧重记忆，记忆力好的学生更容易从考试中脱颖而出。为弥补传统的标准答案考试的不足，四川大学在2011年启动了非标准答案考试改革，以灵活性、开放性与探究性的非标准答案考试，培养学生独立思考、综合分析问题的能力[1]。非标准答案考试通常给出充盈的时间，且需查阅、参考各种相关资料，答案往往只有高低之分，而无对错之别。

　　在医学本科教学中，非标准答案考试有助于医学知识体系的构建。许多医学生刚开始学习时比较困惑，很容易陷入"考前突击—死记硬背—考完就忘"的死循环。诚然，医学的学习需要大量记忆，但绝不应该是死记硬背，而是应将各门课程的知识不断糅合、贯穿、沉淀，逐渐形成医学知识体系，以更全面地理解人类健康与疾病。以本人讲授的医学微生物学为例，学生在学习这门课程之前，应该有解剖学、组织胚胎学、生理学、生物化学和免疫学等学科的相关知识。很多学生在学习的过程中，或者欠缺相关知识，或者正在学相关课程，或者学过但已经忘得差不多了，这就需要老师在课堂上讲授时将各学科相关知识串联起来，横向、纵向地穿插，帮助学生全面理解微生物，进而理解微生物与人类的关系，在构建医学知识体系的过程中将医学微生物学这块拼图搭好。本人在以此法教学的过程中，收到不少积极的反馈。但是，仅仅如此是远远不够的，如果考试仍然以传统的标准答案考试为主，学生为了高分必然跟着"指挥棒"走。因此"考"也需要跟着"教"一起改革，用非标准答案考试作为"指挥棒"，让学生的学习方式发生转变。非标准答案考试下，学生必须花更多的时间去对各相关学科知识进行消化和理解，才能完成一份能得高分的答卷。潜移默化之下，学生不断进行系统性学习，构建医学知识体系。这个目标一旦实现，学生便会拥有理解、融会贯通之后的成就感，而非迫于考试压力而不得不死记硬背的痛苦感。

但不得不提的是，非标准答案考试也需要警惕"科普化"。在教学过程中，本人发现，一些学生在做非标准答案试题时，很容易流于表面，止于科普。科普文以生动有趣、浅显易懂的语言传达一些基础知识，有非常积极、正面的作用，但主要面对的是非专业人士。在学习专业课时，相对于较为枯燥、深入的教科书，科普文有助于提升学生的兴趣。但是，专业课的考试不管有没有标准答案，都应该是专业的，否则专业不专，不符合当前教育的目的和社会的需求。因此，对于非标准答案考试的评分，与相关专业知识的契合度和深度必须纳入考量。非标准答案考试的优秀答案多种多样，但其内容必须要有专业知识渗透，换言之，答案的形式可以科普，但是内容必须专业。

非标准答案考试的初衷本是让学生平时多花时间进行学习和思考，避免考前突击。但实际情况是一些学生平时学习压力减低，考前不突击也能及格。这其实是一些学生对非标准答案考试改革的一种误解，他们认为"过程考核中的非标准答案考试应该都能拿高分，期末闭卷考试也不需要再认真复习了"。的确，在对非标准答案给分时，因为没有标准，再加上学生评教系统的潜在作用，对于一些很差的答案，老师往往也很难给出及格线以下的分数。然而在期末闭卷考试中，许多学生的答案和成绩惨不忍睹，这不得不引起警惕。由于过程考核在最终成绩中所占比重越来越大，一些学生的学习压力大大减低，轻轻松松就能及格，这必然会造成所谓的"快乐大学"现象[2]。最终的恶果就是，一些学生毕业时，各门功课都及格了，但专业能力却较差。

要解决这些问题，我认为需要教师、学生、管理者共同努力。首先，教师需要把好考试关。非标准答案考试对学生和教师来说都没有标准答案，因此很难用一个标准去判定出题的优劣和答案的好坏，基本都是任课教师自己进行主观判断。对于一些流于表面的"科普化"答案，任课教师要敢于给出低分，让学生有危机感，这样才能端正其学习态度。其次，对于学生而言，需要深刻认识到非标准答案考试看似简单，实则要求更高，需要花更多的时间去思考和学习。最后，对于管理者而言，在评价教师教学工作时，尽量不要采用分数、及格率等指标，要允许有一些成绩差的同学不及格甚至不能毕业，保证学校毕业的学生都是有实力、"专业"的学生。

非标准答案考试有利于学生进行系统性学习，但是需要合理使用，切勿流于"科普化"。非标准答案考试在最终成绩中所占比重越大，责任越大，更应该肩负起考查能力、检验学习的重任，不能成为"帮助"学生轻松过关的"福利"。

参考文献

［1］唐玉红，周华，朱敏佳，等．生理学非标准化考核与考试的探索与实践［J］.四川生理科学杂志，2017，39（3）：163-165.

［2］肖仕卫．大学生学业合理"增负"的实现路径研究［J］.中国高教研究，2018（10）：93-97.

［3］王叶利．基于创新型人才培养的高校考试改革探索［J］.科学大众·科学教育，2018（11）：164-165.

［4］李慕，文平，付晓．"医学遗传学"课程非标准答案考试改革初探［J］.科教文汇（上局刊），2018（10）：73-74.

考试题目
KAOSHI TIMU

任选一角度，描述人与微生物之间的关系。

试题说明

　　请查阅资料，任选角度，展开想象，撰写一篇关于人和微生物相互关系的小论文，将所学相关知识糅合进去。

- -

考试要求

　　论文不少于 800 字，学期结束之前提交，抄袭者零分，新颖有趣者加分。

学生答案

UESHENG DA'AN

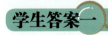

杨骐源　华西口腔医学院　　2016151642112

一个 HBV 的"毒生"

我是一个成年 HBV，在这里活了也有快三个月了。当年同母异酶的兄弟姐妹早就杳无音信，或许是和我一样在一个细胞里躲了起来，又或是几个月前在与免疫系统的那场战役中战死沙场了吧。

我生活的地方被人类称作肝脏，但我并非一定要生活在肝脏。人体那么大，我想去看看，在胰腺细胞、胆管上皮细胞、肾细胞等多种细胞中，HBV 家族都留下过赫赫战功。不过随意进出细胞有极大的风险，所以纵使心中百般向往，我也只能接受待在现在这个地方的现实。我得活着，不仅为了我自己，还为了我战死的亲人，为了 HBV 家族。今天，我等待的时机到了，我像我的祖先那样整装待发，准备将优势基因"开枝散叶"。可是一旦想到将有成百上千的子代继承我光复 HBV 家族的使命，而我却不复存在，或是以另一种形式存在，我又思绪万千。

寻根

我并非从小就在这个肝细胞中生长，我出生在离这里几条血管远的地方，一个肥沃新鲜的肝细胞。听过来人说，我的诞生，更准确地说是我和兄弟姐妹的诞生，并没有惊天动地，一切都按部就班，甚至有些掩人耳目。

那是一个风和日丽的下午，渗透压和 pH 值十分怡人，各种酶的活性也因此得到了提高，宿主细胞的细胞器都有序地工作着。母亲见这是一个好机会，便脱去保护她的衣壳，偷偷潜进了细胞核。那天细胞核中的监察部门玩忽职守（或是能力不济），母亲顺利潜入宿主待修缮、转录的 DNA 中，利用宿主的原料、酶与能量，用自己做模板，转录出了 0.8kb、2.1kb、2.4kb、3.5kb 四种 mRNA。这四种 mRNA 又经过翻译、装配、逆转录等过程，慢慢变成了现在我的模样，这是后话了。我不是唯一的一个子代，母亲用宿主提供的整套工具还合成了我数不胜数的兄弟。

我们玩耍时，一些见多识广的 HBV 告诉我们，现在我们只有核衣壳，应该算作"裸奔"。我们祖先出征时要穿上装备了刺突的包膜，而这个包膜可以从宿主的内质网获得。还有的说我们是顶厉害的病毒，全球有超过 3.5 亿人携带着我们，一旦发病，有极大可能性发展为肝硬化，甚至肝癌。

老人们也爱跟我们提起过去的事情。他们其实也不是第一批攻陷这个宿主肝细胞的人，但对这些八卦却是如数家珍。

据老人们说，以前这块肝脏非常富饶肥沃，远比现在环境优美。我们的祖先在机缘巧合下，进入了宿主体内，顺着血流来到了这处宝地。肝细胞膜在用受体查验了祖先仿制的配体后，内陷将祖先接进细胞内，所有的故事就开始了。至于这个机缘巧合是什么，老人们众说纷纭，莫衷一是。有人猜测祖先在宿主出生时就存在了，是宿主母亲垂直传播的；有人讲是宿主在理发店的时候被刮伤了皮肤，正巧刮刀上有我们 HBV，就通过血液感染了；还有人说宿主可能有过一个患有乙肝的情人，但不知情，在一回巫山云雨后祖先就迁徙到了这里⋯⋯

整装

无忧无虑的时光总是短暂的，蛋白质的准备已就绪，核酸慢慢完成了合成，也到了大家考虑自己前程的时候了。最开始一切都还顺利，但后期因为材料不足和生产中的一些疏忽，一些伙伴变成了残疾病毒，还有一些甚至根本没有至关重要的灵魂——核酸。这些残疾病毒叫作小球形颗粒，他们相依为命时就成了管型颗粒。基本合格的产品被称为 Dane 颗粒，被贴上这个标签意味着过了"成毒礼"，是一个完整的病毒，可以行使感染细胞的权利了。但从此所有行为都由自己负责，离开老家后，生死由命，成败在天。我虽然也属于 Dane 颗粒，但我的外表和大多数 Dane 颗粒有所不同。我羡慕他们那样的蛋白花边，听说他们完全秉承了祖先的 *Pre C* 基因，所以看着就威风神气。而我的蛋白就相形见绌了。

当我还沉浸在这种青春期的小忧愁中时，一场浩劫却慢慢逼近了。

远征

如果那天看看黄历，我可能就会改日出发。不知怎的，那天血液中的抗体（Ab）突然增加，而且正是针对我们的。我看到同胞一个个被结合、拖走，心里充满恐惧却又无能为力。我为难逃一死的同胞忧虑，更为我自己的安全担心。我一路东躲西藏，战战兢兢。

但奇怪的是，那些抗体遇见我并未痛下杀手，很多次我都虎口脱险。这不由得让我思考背后的原因，莫非是我长得辟邪？长相！是了，一定是大部分同胞长得太像祖先，被抗体认了出来。我第一次如此庆幸我拥有变异的 *Pre C* 基因，帮我完成了免疫逃逸。

可是覆巢之下，安有完卵。大量的抗原抗体复合物激活了这个宿主的 Ⅲ 型超敏反应，随后又有大量的细胞毒性 T 淋巴细胞(CTL)攻击我们其他族人的基地，大量肝细胞受损，导致重症肝炎……我流离失所，不知何处才能安身立命。

安顿

最终我还是找到了一处居所，虽然狭窄而穷酸，但总比没有强，我觉得我可以松一口气了。

病毒算不如天算，我万万没有想到我的对手不只是免疫系统。我本想在干扰素阻止我增殖前完成我的历史使命，但细胞内的另一些病毒打乱了我的计划。他们有些企图阻止我感染细胞，有些企图让我毒力减弱，有的甚至想置我于死地……对于这样的病毒，我只能以其病毒之道，还治其病毒之身。

这种现象被人类称为病毒的干扰现象，于我而言，叫作物竞天择更为合适。现在我在这里给你讲故事，你也该知道谁赢了那场生死对决。

诚子

你的诞生，意味着我的消失，虽然我不后悔，但作为过来人，我想给即将出世的你一些忠告。

1. 没有永远的朋友，没有永远的敌人，只有永远的利益。比如人类，他们虽然只是我们繁衍过程中的垫脚石，但你要知道，离开他们我们就不能进行生命活动。所以作为病毒，你不必太毒，以免细胞、组织太快死掉，不利于为你效力。但你也不能软弱，你要具备所有让宿主效劳的资本——就是那些基因和酶，以及能为自己开路的产物或者对策。

2. 不革新就得死。人类自带的免疫系统有严密的部署和超强的记忆力。他们研究的药物有针对我们祖先某些特征进行杀伤的功能。所以如果你墨守成规，等着你的就只有死路一条。

3. 优胜劣汰，适者生存。这个时代是强者的时代，如果能力不济，没有获得足够的繁衍生息的资源，日后就会被淘汰。

4. 大HBV能屈能伸。准种的存在应该让你明白，风水轮流转。你也许是一个好病毒，但时运不济，CTL毁你住所，Ab追着你跑，吞噬细胞恨不得把你碎尸万段，好不容易进入细胞，发现干扰素已经磨刀霍霍——全世界都在针对你。这时候你一定要沉住气，先避一避风头。留得青山在，不愁没柴烧。

5. 居安思危，把握时机。你以后找到的宿主条件再优厚，总有被子子孙孙吃干抹净的一天。老宿主一旦死了，再找新宿主可就不容易了。就算你不为子孙着想，也该有HBV的使命感，感染一个人必然是不够的，要想让HBV家族更加壮大，你一定要记住：传染，传染，再传染！

我们和人类的斗争从未停止，博弈仍在继续。人类技术的发展日新月异，吾儿亦当自强！

学生答案二

朱韵怡　华西临床医学院　　　2017141624059

记一次战前会议

"诸君，我喜欢战争。"

上校，化脓性球菌，病原性球菌（Pyogenic Coccus）带着邪魅的微笑残忍地开口："这次的目标只有四周大，但是，人类总是不可小觑的！此次我们病原性球菌被光荣地托付了前线作战的任务，作为整个自然界地盘最广阔（分布最广泛）的细菌之一的诸君，有没有信心拿下这个人类？"

"有！"

"但是呢，出于种种原因，我们这次只能派出一种菌属分队。"

"上校！我代表我们肠球菌属分队请求参战！"肠球菌属（Lieutenant Enterococcus）一脸正气。这位阳刚（革兰染色阳性）正派的副队长是个典型的肠球菌，个头和身子圆圆的，成双排列，打扮简洁，没有芽胞也没有鞭毛。在场的肠球菌群是优秀的间谍，愚蠢的人类一度认为它们不致病，后来才发现在需氧革兰阳性球菌中它们是仅次于王牌军（葡萄球菌）的医院内感染致病菌。

"嗯，你们确实有不错的防守能力（耐药性）。"

"我看是太过保守了。"一个阴柔冷酷的声音传来，是奈瑟菌属（Lieutenant Neisseria），整个病原性球菌大军中唯一的革兰阴性菌。

"上校，我这次带来了淋病奈瑟菌小队和脑膜炎奈瑟菌小队。前者能发动淋病攻击，后者能带来流行性脑脊髓膜炎，都是英勇的战士！"它左手边站着的淋球菌多为肾形，成对排列，无芽胞和鞭毛而有荚膜和菌毛；右手边的脑膜炎球菌与它的兄弟军相似，排列更随意，单个或成双或 4 个相连排列，新来的（新分离菌株）大多有荚膜和菌毛。

"那也不能只攻不守吧，你们淋球菌得先感染产妇再在新生儿经产道时下手，现在完全来不及了，还有那个脑膜炎球菌，有体液免疫和脑膜炎多糖性疫苗防着，啧，不好下手吧。"这个慵懒的声音属于王牌军之一的链球菌属（Lieutenant Streptococcus）的领队。"看看我的手下，能引起各种化脓性炎症、毒素性疾病及超敏反应性疾病的 A 群链球菌和可引起大叶性肺炎的肺炎链球菌。"指了指一群或球形或椭圆形的、呈链状排列、长短不一的细菌，它的声音不由地带上了得意的意味："这些含 A 抗原的链球菌多为化脓链球菌，相当常见但也相当了不起，是我们链球菌里最勇猛的战士（对人致病作用最强），还有这些，"它转向一群矛头状成双排列的细菌，"肺炎链球菌中的精英，致病物质多达荚膜、肺炎链球菌溶血素、脂磷壁酸和神经氨酸酶四种，3 型肺炎链球菌能产生大量荚膜物质，毒力强，病死率高，实为进攻的不二之选啊！"

"嗯，听起来很完美……"上校点头思索，忽然瞥到一直没出声的葡萄球菌属（Lieutenant Staphylococcus），"我们的王牌军今天为何如此安静？"

葡萄球菌属的领队用一贯优雅的姿态开口道："我敬爱的上校，鉴于我属优秀的将士实在太多，为了不浪费各位的时间来一一介绍它们，我们刚刚花了一点时间做好了一套作战方案。请看——"

该领队让开几步，身后一片身着黄金铠甲的战士出现在众菌眼前。"满城尽带黄金甲——金黄色葡萄球菌，对营养要求不高，抗原种类多，结构复杂，对外界物理攻击（理化因素）抵抗力强，其中精英中的精英小组耐甲氧西林金黄色葡萄球菌已经成为医院感染最常见的致病菌，对青霉素 G 的耐药菌株已达 90% 以上。"

"我们这支队伍有很多进攻方案，最后我们优选出一个最合适的 4S 级方案（烫伤样皮肤综合征，英文缩写为 SSSS）。我们将派出凝固酶阳性的噬菌体 II 组 71 型金黄色葡萄球菌小队，释放生化武器（表皮剥脱毒素），通过其具有的丝氨酸蛋白酶活性，水解表皮颗粒层的细胞间桥小体，引起表皮分离和剥脱性皮炎。预计目标皮肤会出现弥漫性红斑，起皱，继而出现无菌、清亮液体大疱，轻微触碰即破溃，最后表皮上层大片脱落。"该领队优雅的声音似乎不带温度："另外，我们突击小队速度够快（发病急剧），死亡率还是很高的。"

"好！不愧是我们球菌中的王牌！"

"报告上校，其实我们的潜伏小队已经通过一位隔壁床的患者悄悄潜入了。"

"很好，我期待你们的表现！"

END

我选择了微生物对人类致病有害这一角度来写，原因是我小时候得过一次很严重的皮肤病，全身长疱掉皮，一开始还被误诊，差点因此死掉。这是我很小的时候的事了，但我爸妈经常说起这个事，还提到金黄色葡萄球菌，所以我印象很深。但直到这学期学了微生物，一对比，我才知道我得过烫伤样皮肤综合征。我当时就觉得有点奇妙吧，学到了差点害死自己的疾病的微生物知识。用拟人的手法是想显得有趣一点，但好像有点把过程童话化了，细节也处理得不够合理。我本来想写人体如何抵御的，但这个治疗过程和机制没有查到，我也没问清我当年是怎么被治好的。我还有过青霉素过敏史，不能随便用青霉素，所以应该没用青霉素。希望有时间我能再完善这个故事。

苏丽扬　华西基础医学与法医学院　　　2016151612017

肉毒梭菌的自述

各位听众大家好，我是来自厌氧芽胞梭菌属的肉毒梭菌小 A。我是革兰阳性菌，有用来运动的周鞭毛，但是没有荚膜。

我现在正在一个牛肉罐头里。至于我是怎么进来的，这就说来话长了。

众人：那你就长话短说！

现在的听众啊，真的是很没有耐心！之前我一直以网球拍状芽胞的状态待在土壤里，后来这只牛吃草的时候把我吃进去了。它去喝湖泊里的水，又喝进了我的兄弟，就叫他肉毒梭菌小 B 吧。再后来这只牛变成了罐头，你说惨不惨？罐头制造商可能没学过医学微生物学，高压蒸汽 121℃加热了 20 分钟就想杀死所有芽胞。我们有多层厚膜，理化因素不易透入，并且含水量少，蛋白质受热后不易变性，还有 DPA–Ca 能提高酶的稳定性。我们肉毒梭菌是要加热 30 分钟以上才能灭活的。当然，如果罐头制造商当初有撒盐或者加酸，或许我和小 B 就圆寂于此了。

大家知道我们家族都是严格厌氧的，所以这罐头环境可就太适合我了。我就从一个芽胞发育为一个菌体。我就在罐头里安家了。我要感叹一句：牛肉罐头真香！

接下来我将给大家介绍肉毒梭菌的繁殖与新陈代谢。

我先是体积增大，代谢活跃，积累接下来增殖要用到的酶、辅酶和中间代谢产物。当我觉得准备充分了以后，开始以二分裂形式增殖。最繁荣的时候，我复制出了千千万万个我。我还合成了一种外毒素。不过我先产生无毒的前体毒素，等我死亡自溶后它释放出来，它是肉毒毒素的前身。

众人：所以肉毒毒素是一种特殊的外毒素？

没错！它和痢疾志贺菌以及肠产毒素性大肠埃希菌的外毒素一样。

此时有害物质也在不断积累，营养物质也要消耗殆尽了。我和小 B 开始互相抢食厮杀，什么兄弟情，都是假的！不少同胞死了，还有的成了芽胞。

我又变成了芽胞，静待有缘人。接下来我把话筒交给肉毒毒素，下面是它的专场了。

谢谢小 A！你可以安息了！大家好，我暂时还是肉毒毒素前身的形态。我看到有人类打开了这个罐头，我跟着罐头里的牛肉一起被吃进去了。现在我到达了胃。像我们这种毒性第一强的毒素，自然是不怕胃酸和消化酶的。接下来我到达了肠道，前体毒素解离，暴露出我的真身，也就是有毒性的肉毒毒素。我能透过人体的黏膜，所以我和我的兄弟现在已经进入了淋巴循环和血液循环。看！我的旅途终点到了！这里是神经肌肉接头！已知我有两条链，轻链是毒素的活性成分，其实就是个锌肽链内切酶啦，重链可以和胆碱能神经末梢突触前膜的表面受体特异性结合。请问我如何对人体造成损伤？

众人：经过受体介导的内吞，肉毒毒素就进到神经膜里，被细胞膜包裹形成酸性小泡。这时候轻链跨膜进入胞浆，重链作为分子伴侣可以维持轻链的稳定性，并形成离子通道，伴随有二硫键断裂。轻链拮抗钙离子，切割底物蛋白如突触相关膜蛋白、突触融合蛋白1等来抑制突触前膜钙离子介导的乙酰胆碱的释放。突触传递产生障碍，就会导致肌肉松弛性麻痹。这时人体表现为乏力、头痛，继而出现复视、斜视、眼睑下垂等眼肌麻痹症状，接着表现为吞咽、咀嚼困难，口齿不清等咽部肌肉麻痹症状，进而发展到膈肌麻痹、呼吸困难，直至呼吸肌、心肌麻痹而死亡。

这个回答给满分，回答对的同学节目结束后每人来领取肉毒毒素美容针一支。

让我们说回眼歪嘴斜、不能呼吸、心肌麻痹等症状，如果因为这个就让人类闻风丧胆，那我可就太冤了。要知道医疗行业还用我来治疗斜视、面部肌肉痉挛呢。将肉毒毒素注射在眼外肌肌腹处，可导致被注射肌肉暂时性麻痹，肌张力降低，而其拮抗肌张力相对增强，使一对拮抗肌的力量再次达到平衡，以矫正眼位。美容行业还用我来去皱纹和瘦脸，面部皮肤产生皱纹的主要原因之一，是表情肌过度收缩。由于表情肌起或止于皮肤，收缩时引起皱纹，所以肉毒毒素的肌肉松弛作用能产生皮肤除皱的效果。瘦脸是依靠肉毒毒素阻断神经与肌肉的神经冲动，麻痹过于发达的肌肉并使之收缩，使得原本肥厚增生的肌肉缩小。

所以说啊，我们肉毒毒素虽然毒性很强，但只要利用得当，也可以造福人类啊！日常生活中要是怕感染，就注意个人卫生和饮食卫生，有了伤口及时处理，不要舍不得注射血清；低温保存食品，食用前充分加热处理；少吃罐头和密封腌渍食物；冰箱里的蔬菜和肉类趁新鲜赶紧吃，不然我们就不客气了。其实我们和自然界中的微生物都想和人类做好朋友，但是大家都是为了生存嘛，你们不小心的话，我们也只好乘虚而入了。

唐玥玓

四川大学
华西临床医学院 / 华西医院

教师简介
JIAOSHI JIANJIE

　　唐玥玓，四川大学华西医院耳鼻咽喉科主任医师，博士研究生导师，留美博士后，四川省学术和技术带头人，四川省整形美容协会鼻整形分会副会长。1985年留校在耳鼻咽喉科工作三十余年，具有丰富的临床、科研和教学经验，先后负责4项国家自然科学基金课题。近几年先后赴奥地利格拉茨大学、韩国蔚山大学和美国斯坦福大学等进修，学习临床亚专业鼻窦内镜和鼻整形专科。留院以来，积极投身教学工作，担任耳鼻喉本科课程见习、理论课教师，授课深入浅出，富有趣味性，深受同学喜爱。

课程简介
KECHENG JIANJIE

耳鼻咽喉科学（Ⅰ）

课程号：502035020

　　耳鼻咽喉 – 头颈外科学是研究听觉、平衡、嗅觉诸感官与呼吸、吞咽、发音语言诸运动器官的解剖、生理和疾病现象的一门学科。近二十年，耳鼻咽喉科学有了飞速的发展，其基础与临床的范畴进一步扩大，学科内容进一步丰富。

　　四川大学华西医院是国家高级医学人才培养基地和研究型医院。耳鼻咽喉 – 头颈外科在本科教学上做了大量的改革工作，建立和完善了各项管理制度和教学评估制度，取得了显著的成绩。

　　"耳鼻咽喉科学 Ⅰ"主要由理论课和实践课两部分组成。理论课 16 学时，实践课 16 学时。

　　课程将认知教学和技能教学相结合，目标是让学生掌握耳鼻咽喉科常见病、多发病的诊断、治疗及预防，熟悉专科病史采集与查体技能，初步认识专科常用治疗技术。在课堂与实习教学中，我们激发学生对耳鼻咽喉科的兴趣，培养学生良好的医德医风，促进学生进一步形成严谨的临床思维，培养学生医患沟通的技巧。

非标准答案考试让耳鼻咽喉科学
学习充满趣味性

四川大学华西临床医学院 / 华西医院 唐玥玓 邹 剑 周 鹏 陆 涛

耳鼻咽喉科学是医学生的重要临床专业课程之一，其专门研究耳、鼻、咽喉病变的诊断及治疗。随着学科的发展，颅骨、脑部及牙齿以外的头颈部外科领域也被纳入其中。耳鼻咽喉及相关头颈区器官多位于颅颌深处，腔洞狭小曲折，难以直观观察，需要特殊检查或器械才能完成相关疾病的诊治。因此耳鼻咽喉科学对于刚入门的医学生来说存在解剖不熟悉、难观察，疾病病理病因抽象、理解难等困难。虽然重要的五官除了眼以外都涵盖在耳鼻咽喉科学的范畴里，学生也知道这门学科的重要性，但学生普遍觉得课程学习较难。很多院校将耳鼻咽喉科学作为考查学科来考核学生的学习情况。现实情况在一定程度上限制了耳鼻咽喉科学教学的发展。

过去的耳鼻咽喉科学教学主要依靠教师的讲授和学生的见习，这样的教学主要是让学生对耳鼻咽喉科学有一个感性的认识，然而学生并不具备运用知识解决实际问题的能力。诊治疾病的能力主要放到医学研究生阶段或者就业后培养。但医学是一个有机的学科，知识具有系统性，学习时就应该注重解决实际问题能力的培养。人们在课程中应用多媒体、解剖模型等新手段让教学不再那么枯燥，但教学的主体还是教师。简言之，就是教师教什么，学生学什么。学生的主观能动性并没有被充分调动起来，最终的学习效果也不佳。

随着国内外教学研究的深入，非标准答案考试的概念迅速得到推广。一改之前的灌输式教学方式，以基于问题的学习（problem-based learning，PBL）及基于团队的学习（team-based learning，TBL）为主的新颖教学方式应运而生。PBL、TBL 的应用让教学取得了非常可喜的成绩。学生在教学活动中成为主体，通过教师引导进一步修正学习的误区，最终达到教学目标。耳鼻咽喉科学教研室也积极响应学校的号召，结合自身学科特点改革教学方式，让学生在愉快的氛围中学习知识、应用知识、验证知识。2017 年秋季学期的"耳鼻咽喉科学Ⅰ"课程在原有教学条件的基础上对教学结构和考核目标进行了较大的调整。授课教师均由副教授及以上职称教师担任，高年资主治医师担任实践课程带习教师，充分保证教学质量。考试成绩比重仅占 40%，实践成绩占 60%，鼓励学生重视平时实践课程的参与，改变一考定成绩的传统考核方式。实践课程又分为病案讨论和见习，这两部分内容紧跟理论课。授课教师从病例入手让同学们进行讨论，充分利用PBL 这一教学形式，整个过程中留给同学们充足的时间进行讨论，让同学们能及时在实践中巩固所学知识。实践课的评分并无预设标准答案，而是鼓励学生尽量参与。学生只要参与就能获得相应的评分，这样能缓解学生的紧张心理，有利于学生主动参与课程学习。

耳鼻咽喉科学的专科性相对较强，通过增加实践课程的内容，同学们的参与性和积极性都得到极大的提高，增加非标准化评价比重的教学改革取得了预期效果。病案讨论课中授课教师会根据实际情况让同学们分组讨论，在 PBL 的基础上应用了 TBL，让同学们模拟会诊场景，在课堂上模拟日常医疗活动，严肃的教学变得轻松愉快。见习也是针对相应的病例进行，让学生了解耳鼻喉的查体特点、专科检查手段和器械，以及实际医疗活动中患者是如何接受治疗的。通过见习，书本上平面的知识变得立体，新知识和旧知识有机结合，枯燥的学习变得生动有趣。课程结束的非标准化 PPT 制作，进一步让同学们认识到知识的学习主体是自己，而不是教师，引导学生思考如何有效地传递知识，增强自我学习的自信，学生通过小组合作，共同完成作业。从学生提交的 PPT 中可以看出，PPT 的制作经过了前期筹划、素材收集、相互协作等一系列过程。教学改革将非标准化贯穿整个教学过程，让学生的创造性得到发挥，回归学的本质是创新而不是重复记忆。

耳鼻喉教研室将继续推动教学改革，积极增加手术视频、检查操作的比重，适当增加学生自讲内容，不断提升学生积极性，最终探索出适合本科教学的非标准化耳鼻咽喉科学的教学模式。

考试题目
KAOSHI TIMU

请从下面两个命题中任选一个，制作一个 PPT，提交的 PPT 需写明姓名、学号、班级

（第 1 题答题 PPT 不超过 5 张，第 2 题答题 PPT 不超过 8 张，满分 10 分）

1. 如果你选择的专业是耳鼻咽喉科学，那你想成为一名什么样的耳鼻喉科医生？

2. 从所学的耳鼻咽喉科疾病中任选一种疾病，制作一个科普的 PPT（第 2 题可组队答题，上限 5 人）。

试题说明

经过大课讲授和临床见习、病案讨论，学生对耳鼻咽喉科学有了系统的认识，并能初步鉴别常见病。为扩展学生的思维，促进学以致用，提高学生的学习兴趣，我们设计了非标准答案试题，在考察学生对耳鼻喉的认识的同时，也促进教学改革，进一步提高教学质量。题目将未来的从业与教育联系起来，增加了学生的答题兴趣，团队合作也促使学生统筹安排，高质量地完成作业。

考试要求

考试题目共两题，为选做题，目的是不局限同学们的思维。每个问题都是开放性提问，无预设偏向，同学们可参阅相关资料，开卷制作 PPT。

学生答案一

王自琼　华西临床医学院　　1142041102

Otorhinolaryngology doctor in my envision

1st：Be familiar with the delicate anatomy

- fundamental
- extensive reading
- time-consuming and great determination

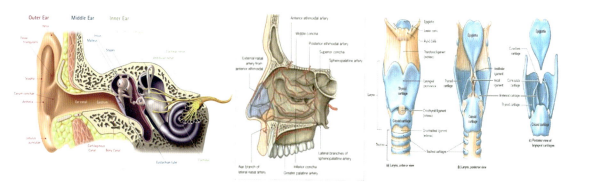

2nd. Be qualified to deal with common clinic cases and always be aware of emergency cases

- Malignant otitis externa
- Acute otitis media
- Acute mastoiditis
- cholesteatoma

- Perichondrial hematoma
- Perichondrial cellulitis
- Bloody otorrhoea
- Skull base fracture

- Foreign body in the ear
- Facial nerve palsy
- Vertigo
- Neoplasm

- Nasal fracture
- Septal hematoma
- Epistaxis
- Nasal foreign body
- Orbital cellulitis
- Sinusitis
- Rhinitis
- Septal deviation
- Nasal tumor

- Acute tonsillitis
- Throat and tracheal foreign body
- Epiglottitis（acute and chronic）
- Acute Laryngitis
- Laryngeal tumor

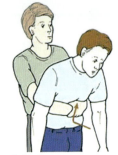

Heimlich maneuver

3rd. Fancy big surgeries of ENT

Head and Neck Oncologic Surgery	facial Plastic and reconstructive surgery*	Otology	Neurotology*	Rhinology and Sinus Surgery	Laryngology and Voice Disorders	Pediatric Otorhinolaryngology*	Sleep Medicine*
Surgical oncology	facial cosmetic surgery	Ear	Middle and inner ear	Sinusitis	Voice disorders	Velopalatine insufficiency	sleep disorders
Microvascular reconstruction	Maxillofacial surgery	Hearing	Temporal bone	Allergy	Phono-surgery	Cleft lip and palate	sleep apnea surgery
Endocrine surgery	Traumatic reconstruction	Balance	Skull base surgery	Anterior skull base	Swallowing disorders	Airway	sleep investigations
Endoscopic Surgery	Craniofacial surgery		Dizziness	Apnea and snoring		Vascular malformations	
			Cochlear implant/BAHA			Cochlear implant/BAHA	

- I favor facial plastic and reconstructive facial surgery most. It's even more interesting than brain surgery.

4th. To cure sometimes, to relieve often, to comfort always

- Doctors usually pretend to start with "I understand that" when talking to patients.The truth is we can never image the pain and desperate until we're suffering from the same misery.

· For those who can not sense the breath，can not hear the sound，can not smell any favor，can not talk，we have no idea how badly their quality of life is affected by these.

· We have heard many stories that patients chasing ENT doctors with hammers in their hands. Bloody and horrible. Medicine is limited and can be compensated by humanitarian care.

· "to cure sometimes，to relieve often，to comfort always" is indeed the bible guiding our practice to provide medical service. Morality may render make skilled doctors more venerable.

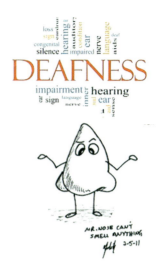

5th. Academic exchange

If you have an apple and I have an apple and we exchange these apples then you and I will still have one apple each. But if you have an idea and I have an idea and we exchange these ideas，then each of us will have two ideas.

——By George Bernard Shaw

· Show experts in the ENT field what I did and learned from them.

· Lead scientific development in one specific domain in ENT.

· Promote our understanding of ENT diseases from their pathogenesis，clinic manifestation，diagnosis，treatment and prognosis to prevention.

· Contribution to healthy and happy life.

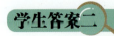

学生答案二

岳钰峰 华西临床医学院 2013181622050

How to become an above-average ENT doctor

Basic knowledge and skills

• Patho-physiology & pathology: Understand mechanisms which are important for the selection of treatment（e.g,inflammatory diseases, rhinitis, etc）.

• Medical record writing: A universal requirement not only for ENT doctors

• Physical examination: Essential for ENT. For example, tuning fork test helps a lot in the diagnosis of hearing loss. Tympanogram can tell the condition of tympanic cavity.

Anatomy

• It's impossible to perform a surgery without making mistakes for a surgeon who does not know anatomy well, just like asking a blind person to sculpture perfectly.

——Galen

• Anatomy of ENT is complicated and is strongly associated with neurology. Function of the 12 cranial nerves is particularly important in this field. to memorise blood supply and innervation accurately is the fundamental requirement for ENT surgeons.

Control complications

Be cautious when choose to operate a surgery. For instance, in terms of deviation of nasal septum, not all patients should be treated with surgery.

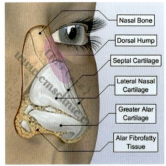

• Potential complications caused by surgery should be taken into consideration. Diseases such as otitis media may also cause serious extra-cranial and intracranial complications, which can be attributed to the close connections of the structures in this region. An ENT doctor should learn to deal with the complications properly as they may lead to serious consequences.

Team spirit

- No matter the operator or assistants，everyone does his own part.
- Foster a sense of responsibility.
- Team work as a whole precisely.

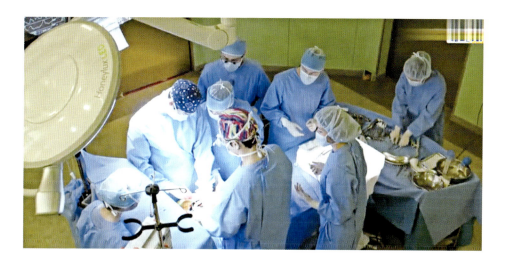

学生答案三

黄淑颖	华西临床医学院	2013181622052
邢　闲	华西临床医学院	2013181622070

小儿气管异物

常见的气管异物种类

- 坚果、果冻
- 玩具
- 零碎物件
  ……

当发生气管异物时孩子的表现

1. 异物进入期

异物进入气管时患者剧烈咳嗽，若异物卡在声门，可能发生极度呼吸困难，抢救不及时患者可能窒息死亡。

2. 安静期

此时可能无症状或只有轻微症状，如咳嗽、轻度呼吸困难。这是因为异物进入了支气管或者小支气管。

3. 刺激与炎症期

异物刺激局部和引发炎症，堵塞支气管，患者出现咳嗽、肺不张、肺气肿等症状。

4. 并发症期

轻者患支气管炎和肺炎，重者可有肺脓肿和脓胸。孩子可出现发热、咳嗽、浓痰、胸口痛、咯血、消瘦等症状。

为什么孩子易发生气管异物

1. 异物本身的特点

坚果如花生、豆子等光滑坚硬，容易被误吸。大块的果冻是最危险的，几分钟之内可以致命。

2. 咽喉反射功能不健全

小儿牙齿发育与咀嚼功能不完善，咽喉反射功能不健全，不易将硬质食物嚼碎，很容易呛入呼吸道。

3. 儿童心理特点

2 岁及以下的儿童喜欢用口腔探索世界，大一点的儿童也喜欢将物体放入口中玩耍，在跑跳、嬉闹时很容易将异物吸入呼吸道。

家长应该做什么

 当孩子出现意识丧失时，应立即开始心肺复苏。

 拨打急救电话或就近送医。

 同时帮助孩子消除气道梗阻。根据孩子的年龄选择不同的方法。

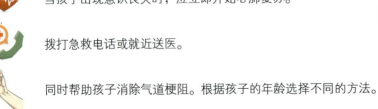

·1岁及以下

①将婴儿脸朝下，头部低于胸部，前臂支撑婴儿，手托住婴儿的头部和下颌部，以支持颈部并避免压迫喉部。用手掌根部在婴儿后背两肩胛之间用力拍背5次。

②随后，将婴儿翻过来，前臂支撑婴儿，手掌托住婴儿的后脑和颈部，用两个手指在胸骨下半部用力快速按压5次。重复以上程序，直至异物清除。

·1岁以上

海姆立克法：站或跪在幼儿身后，手臂从腋下环抱幼儿，一手握拳，拇指侧抵住幼儿腹部肚脐和胸骨下的腹中线位置，另一只手握住握拳的手，向上快速按压幼儿腹部，反复按压直至异物排出。

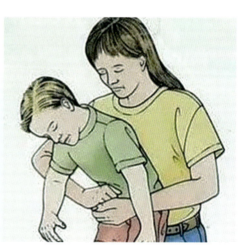

学生答案四

刘广丰　华西基础医学与法医学院　　2015151612014
唐绍凯　华西基础医学与法医学院　　2015151612024

外耳道异物

概述

异物误入耳内引起疾病，常导致耳部疾病以及眩晕、咳嗽等症状，多见于儿童。

病因

- 儿童玩耍时将小物体塞入耳内。
- 成人挖耳／外伤时留有小物体或昆虫侵入。
- 异物分为动物性异物（昆虫等）、植物性
- 异物（谷粒等）和非生物性异物（石子等）。

症状

异物越大，越接近鼓膜，症状越明显。

1. 小而无刺激的异物

小而无刺激的异物不引起症状，部分患儿常以手抓挠患耳。患儿因感染导致疼痛，可伴有哭闹。

2. 豆类等植物性异物

豆类等植物性异物遇水膨胀，阻塞外耳道，可引起耳闷胀感、耳痛及听力减退，可继发外耳道炎。患儿哭闹不止，用手抓挠患耳。

3. 动物性异物

动物性异物爬行骚动，引起剧烈耳痛、噪声。患儿惊恐不安，甚至损伤耳膜。

4. 其他异物

尖锐的异物可损伤鼓膜。异物刺激外耳道、鼓膜时偶尔可引起反射性咳嗽、眩晕。

治疗

程度轻微

未越过外耳道峡部、未嵌于外耳道者，用耵聍钩直接钩出。

活动性昆虫

药物处理外耳道数分钟，将昆虫杀死或麻醉，用镊子取出或冲洗排出。

光滑球形异物

在异物内侧轻轻拨出或刺入较软异物中拉出，采用细而头端带钩的异物钩。

尖锐棱角

耵聍钩轻移，使尖部离开外耳道皮肤，再设法去除，防止损伤外耳道。

异物较大，嵌顿

局麻或全麻下取出异物，必要时行耳内切口。幼儿建议短暂全麻。嵌顿较紧时防损伤。

外耳道继发感染

先抗感染治疗再取异物或先取异物再抗感染治疗。方式根据异物种类而定。

外耳道异物钩出法

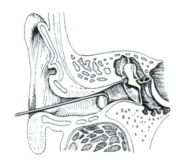
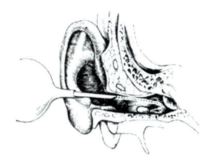

学生答案五

文 舒	华西基础医学与法医学院	2013181622057
雷玲子	华西基础医学与法医学院	2013181622018
朱艳艳	华西基础医学与法医学院	2013181622062

扁桃体自传

我们的一家

腭扁桃体是老大哥，它在口咽两侧腭舌弓与腭咽弓围成的三角形扁桃体窝内。

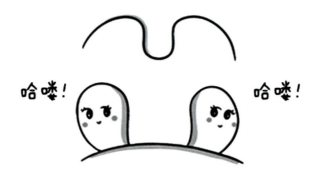

我们住在消化道和呼吸道的交汇处，这里的黏膜里有很多淋巴组织，是接触性抗原引起局部免疫的地方。

| 腭扁桃体 | 咽扁桃体 | 舌扁桃体 |

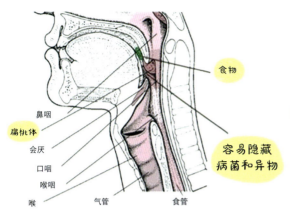

咽部经常接触食物和呼吸的气体，较易隐藏病菌和异物（如溶血性链球菌、葡萄球菌等）。

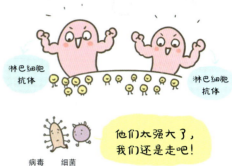

正常情况下，我们产生淋巴细胞和抗体，有抗菌抗病毒的防御功能，上皮完整，黏液腺分泌。这样可以维持身体健康。

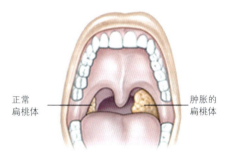

当主人免疫力下降，我在和病毒、细菌作战的过程中也会发炎生病。

急性扁桃体炎

定义

急性扁桃体炎是腭扁桃体的急性非特异性炎症，是很常见的咽部疾病，多发生于儿童及青少年，多发于春秋季节。

病因

主要致病菌：乙型溶血性链球菌。
致病条件：机体免疫力下降。
传播方式：飞沫或直接接触传播。

临床表现

全身症状：发病急，畏寒、发热，伴恶心、乏力、头痛等，小儿症状较重。

局部症状：剧烈咽痛，放射至耳部，伴吞咽困难。

治疗

一般治疗：隔离、休息。

抗生素：为主要疗法，首选青霉素。

局部治疗：含漱液漱口。

手术：有并发症者，在急性炎症消退后行扁桃体切除术。

卡他性炎症症状较轻，一周左右即可恢复健康。

急性化脓性炎症病程长，症状更重，一般需要近两周的时间才能痊愈。

慢性扁桃体炎

病因

急性扁桃体炎反复发作。

扁桃体隐窝引流不畅，窝内细菌、病毒滋生感染。

临床表现

急性扁桃体炎发作史。

患者多无明显自觉症状，可有咽干、发痒、异物感等。

可在颈部摸到球结状硬块。

致病菌和发病机制

主要致病菌：链球菌和葡萄球菌。

发病机制：不明，与反复急性发作及自身变态反应有关。

治疗

非手术治疗：①抗菌药、免疫疗法等；②局部涂药、灌洗等；③增强体质。

手术治疗：扁桃体切除术。

扁桃体炎的预防

增强免疫力

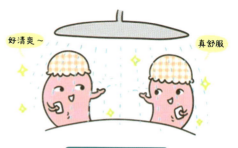

注意口腔卫生

养成良好的饮食习惯

注意季节交替和传染病

李小麟

四川大学
华西临床医学院 / 华西医院

教师简介
JIAOSHI JIANJIE

李小麟，1989 年毕业于华西护理系，1998 年毕业于泰国清迈大学护理学院，护理硕士、教授、硕士生导师。长期从事精神护理、心理护理的科研和教学工作。讲授本科课程"护理心理学""精神科护理学"和"健康评估"及研究生课程"高级护理实践"。热爱教学，主编、参编十余部国家统编教材，被评为 2017 年四川大学优秀授课教师。

课程简介
KECHENG JIANJIE

护理心理学

课程号：502062020

护理心理学是护理学和心理学相结合的学科，它将心理学的理论和技术应用于护理领域，对于广大护理工作者掌握心理学理论和心理护理方法，研究患者心理活动的规律及特点，促进患者早日康复，维护自身心理健康，培养优秀的护理人才发挥了重要作用。

以患者为中心的整体护理倡导人身心与社会环境协调一致的全程护理，强调了心理护理在整体护理中的重要性和作用。社会强烈呼唤温馨、高品质的护理和和谐的医患关系。高水平的心理护理是高品质护理的标志之一，让护理专业学生更好地掌握心理护理理论与技术十分重要。同时，护理工作者自身的心理素质在护理过程中起着重要的作用。因此，护理专业学生在学习心理护理理论和技术的过程中注重自身心理素质的提升十分重要。"护理心理学"以大班上课、小班讨论的形式，将心理护理的理论、技术和自我成长融入其中，通过"理论 + 实践 + 体验"三体整合的教学形式，让学生能够更深入地对心理现象、患者的心理问题进行讨论，并通过角色扮演体验患者的感受和训练实际的心理护理技术。

"理论＋实践＋体验"的小班化
护理心理学教学

四川大学华西临床医学院／华西医院　李小麟　孟　娜

　　高水平的心理护理是高品质护理的标志之一，社会需要具有良好心理素质和高水平心理护理能力的护理人才。"护理心理学"作为护理学生重要的专业课程，在培养护理学生心理素质和心理护理能力方面起着重要作用。

　　为了更好地开展护理心理学教学和达到教学目标，护理心理学课程以大班上课、小班讨论的探究式小班化教学形式，将心理护理的理论、技术和护理学生的心理素质培养融入整个教学过程中，通过"大班理论授课＋小班案例讨论＋翻转课堂＋体验式教学（角色扮演、心理游戏、自我分析、情绪棋盘等）"，使护理心理学课程变得生动有趣，让学生能够更深入地对心理现象、患者的心理问题进行讨论，使学生更好地认识自己、了解自己，更好地进行情绪管理。这对护理学生自身心理素质的培养起着非常重要的作用。在体验式教学中让学生通过角色扮演以护士、患者、观察者等身份感受疾病对患者的影响，好的、不恰当的心理护理对患者的影响等，使其学习和掌握心理护理技能。另外，在考核上，我们打破传统的期末有标准化答案的单一考核模式，采用"阶段小测（三次）+ 非标准答案作业（自我成长分析报告、翻转课堂、学生授课）+ 出勤和参与度 + 期末考核"的综合方案全面地考查学生，避免了传统期末标准化答案考试的单一性。平时的小测让学生掌握重要的知识点，而非标准答案作业则能够更好地让学生将所学理论知识用于实践，培养学生的批判性思维、职业精神、沟通能力等。

护理心理学探究式小班化教学改革的启示：

1. 认真梳理教材和大纲，找准重要内容，结合实际需要，开展多种形式的教学活动。护理心理学课程的设置：大班理论授课、小班案例讨论、翻转课堂、体验式教学（角色扮演、心理游戏、自我分析等）。

2. 体验式教学对护理学生心理素质和心理护理能力的培养起重要作用。在每次的小班案例讨论中穿插多种小的心理游戏，让学生在游戏中体验自身情绪的特点、自己的安全感、对人的信任程度和自信心等，并通过绘制生命线、书写自我成长报告等让学生更好地了解自己和不断完善自己。

3. 角色扮演让学生学会换位思考，更富有同理心和责任感。学生通过扮演护士、患者、家属或观察者等不同角色，体验疾病对患者的影响、恰当和不恰当的心理护理对患者的影响，从而更好地学握和应用心理护理方法。

4. 翻转课堂对培养学生的创新思维和批判性思维有非常好的作用。学生授课成为护理心理学课程考核的内容之一。教师在完成对学生授课的考核后，共同的反馈是同学们带给教师许多惊喜，许多同学的发挥远远超出教师的想象，比如用英语完成全程十分钟授课、小组幽默有趣的配合等。同学们反馈：虽然学生授课做起来费时间、费精力，但是让他们收获了知识，克服了讲课的压力，学习了检索文献的方法。他们通过与其他同学的授课相比较，认识到自己的不足等。可见学生授课这一非标准答案考试督促学生主动积极地学习，这样的学习效果远远好于学生被动聆听的效果。

5. 自我成长分析促进学生认识自我和完善自我。绘制生命线，让成长中零碎的记忆联系起来，静下心来与自己对话，分析自己成长过程中对自己人格形成有影响的人和事，书写非标准答案的自我成长报告等，让学生从自我分析中加深对心理学的理论知识的认识，促进自我完善。心理学认为生活经历中的许多事情会对人的价值观、社会观产生重大影响，但对于大部分学生来说，他们平时不会有意识地自省过往的生活经历，难以发现某些事情对自己产生了影响并且改变了自己的行为，这也是为什么在自我成长分析见习课上部分同学提到曾经发生的事情会止不住地哭泣，即使这件事在别人看来是一件很小的事，比如有的同学因为小时候自己的父母总是夸奖其他小孩而泪流满面。所以，在这一次的自我分析作业中，学生把学到的心理学知识应用于自身，心理得到了重要梳理和成长。学生在这个过程中认真思考的程度决定了他们写出的报告的深度，作业反映了他们独立思考的能力。

> 通过见习课上绘制的自我成长生命线，思考以下 5 个方面的问题（我是谁；我是一个怎样的人；在我的成长中重要的人或事以及它们对我的影响；在人格特征方面我从事护理职业的优势与不足；我对护理职业的期待），并完成一份自我成长分析报告。

试题说明

自我成长分析报告要求学生从心理学的角度重新审视自己的成长经历，从而全面正确地认识自己，理解过往经历对自己的潜在影响，最后对自己产生较客观的认知，培养良好的心理素质，完善自己的人格。学生在认识自我的同时，充分地对专业和自身与专业之间的关系进行反思，明确自身的职业优势，明晰职业发展路径。该题要求学生把心理学的知识和方法应用于自身，使学生在巩固知识的同时学以致用，在以后的学习和工作中根据人格特征扬长避短，对未来的学习和工作有较好的规划。

考试要求

独立完成，严禁抄袭，行文有逻辑，字数 3000 字以上。

舒 晓 华西临床学院 2016141623073

自我成长经历分析及对未来的展望

我是谁？我是一个怎样的人？"舒晓"这两个字代表一个鲜活的生命体。父亲当时给我取这个名字，是希望我将来长成一个明事理又通情达理的人。我呢，姑且是一个三观正，也还算明事理的人。名字的背后不仅仅是父亲对我的期望，更是他年少时光的纪念。这背后的故事源于父亲高中的一位学姐，她名字里有个"晓"字，她亭亭玉立又成绩斐然。于是父亲打趣地跟我讲，在那个时候他就想着以后要给自己的孩子取名叫舒晓。当然，这后来成为我们之间一个有趣的话题。

在小组分享会上我也提到，我的人生走到现在都是些平淡无奇的经历，无大悲也无大喜。我是爱笑的人，个性使然。大一在江安校区的时候，宿舍的楼管阿姨经常问我"为啥天天都这么开心"，辅导员也问我"为啥这么爱笑"，后来室友也问我"都没有难过的事情吗"，于是，从众人的问话中我发现自己是个很快乐的人，还顺便到处散发正能量。我也是爱交朋友的人，更确切地讲，喜欢广交朋友但不喜深交，尤其对于萍水相逢、有缘再见，我是爱得不得了的。当然我也是爱看书的人，总觉得多读经典能修身养性，人生短短几十载，在文字里体验别人的心情、经历，也算是一种成长。书里自有书里的智慧，可惜，我对课本并不这样执着。大概我也是个执拗的人，认准的事情、决定要做的事情很难改变。我性子有点急，大事小事未到一个临界点都极其能忍耐，也还算是个能够宽容体谅他人的大朋友。

努力回想这20年的光景，有没有谁曾经深深地触动过我？答案是否定的。对于我的成长经历该如何写起，我是迷茫又不确定的，这对记性不好的我来说，称得上是一个很大的挑战了。那些看似平淡的日子对我的个性产生了潜移默化的影响。我的父母是很普通的人，我和妹妹小时候打打闹闹，大一些后都懂得彼此的珍贵，四世同堂的大家庭感情紧密，从未有过激烈的矛盾……

父母之间没有华而不实的甜言蜜语，也没有相互隐藏和准备的惊喜。或许只是我的父母没有。

前些日子，朋友问我："你爸爸会给你妈妈准备生日礼物吗？"我模糊不清地回答了这个问题。

爸爸不会给妈妈准备生日礼物和惊喜，甚至在妈妈生日的时候给他自己买过新衣服，他从来都是这样，用现在流行的话来讲叫"直男癌"了，可他也是一个好父亲、好丈夫。他的脑子里好像从来没有过这些浪漫的情怀，装着的全是柴米油盐。每个人表达爱的方式不一样，或者说每个时代表达爱的方式千差万别，有人用嘴，有人用心。

家庭就是爸爸全部的生活和希望了，妈妈更像是他的光芒。下班回家，如果妈妈没在他目光所及之处，他第一句话便是"你妈在哪儿"，然后开始在家里的每个房间喊妈妈的名字。如果她在厨房，他就去厨房跟她说话，有时候是讲自己的事情，有时候是八卦，然后嘻嘻哈哈地从厨房到客厅来找我和妹妹。

印象深刻的是，有一次妈妈没有带手机和同事打麻将去了，爸爸回来没有看到妈妈，就开始跟一切可能认识的人打电话，最后跟同事打电话，通了也只跟妈妈说了一句"下次记得带手机"，而不是"我很担心你"。爸爸很爱妈妈，可是他从来没有说过。有时候爱只能用眼睛去看，也许还只能是别人的眼睛。爸爸回家看到妈妈在，才觉得心安。

爱，大概就是寸目不离的殷切。

父母对之前的感情很坦诚，他们甚至会跟我和妹妹分享他们的初恋，但又嘴上彼此嫌弃。我时常觉得爸爸很多时候"配不上"妈妈，可是他们彼此非常契合。

爱，大概就是彼此愿意为了对方妥协。我很庆幸，我的父母为我营造了良好的家庭氛围，这大概是我开朗乐观、幽默风趣的原因。因为妹妹的存在，我从未感到孤立无援过。

我与妹妹和爸爸妈妈的相处可能与大多数家庭不一样。这是我后来才意识到的。周围的朋友觉得我和父母的交谈内容很"奇怪"。我跟父母分享我感情中的快乐、挫折，每天打电话都有新鲜的事情可以分享……这在他人眼里竟然是不可思议的。尤记得大一的时候，护理导论的老师讲到文化休克，谈起她打电话给刚刚到美国学习的儿子，又问我们会不会嫌父母话多。我当时笑着跟同桌讲，我爸妈觉得我话太多，每次都喊我去喝水。从小，我们之间是父女、母女，更是朋友。我也思考过，为什么我很愿意和我的父母谈我的心里话。

我们家只有客厅有一台电视，三间卧室里没有任何消遣的电子产品。所以客厅理所当然地成为一个"供各种八卦讨论的娱乐场所"。晚饭后，一家四口就在客厅聚在一起看电视。这整个过程其实与电视里的表演毫无关系，爸爸妈妈会分享他们今天在工作中遇到的有趣的事情，偶尔抱怨，我和妹妹也会分享学校里有趣的事情以及一些不敢展露在外的委屈。一家人经常在客厅笑得人仰马翻。我和妹妹都上高中的时候，学校有夜自习，爸爸妈妈就在家门口的马路上等着我和妹妹下课，一家人又趁着街灯回家洗漱，一起泡脚。家，是温暖的存在，我越长大越懂得家是港湾的道理。

上周末口语老师跟我们一起讨论了美国的非主流文化——HIP-HOP（我们国家的主流思想认为这是低俗、无品的）。当时老师问我们愿不愿意接触这些文化，有同学认为这些负面文化侵袭会影响下一代。我也曾经有这样的想法。人和人的交流有时候真的能促成一种思想上的进步。老师也提出了自己的看法，她的意思大概是美国的文化很开放，充斥着各种不和谐的文化，但美国青年一代还是蒸蒸日上，没有就此垮掉——家庭教育才是育人最关键的一步。我被老师一句话点醒，醍醐灌顶，于是这篇成长经历大部分从我的家出发而叙述了。

能称得上我人生中"变故"的，大概就只能是我读"高四"的日子了。我当初并没有觉得苦，后来想起还全是感谢的日子，的的确确改变了我很多。2015年的高考成绩出来，我就内心毫无波澜地接受了回去复读这个既定的事实。很奇怪的是，我内心没有丝毫抗拒、不甘以及那些莫名奇妙的委屈感。才读"高四"的时候，或许是换了一个新的环境，我少言寡语，坐在角落里，每天规规矩矩地学习，该睡觉的时候就回到寝室睡觉。我和同桌的男生一起坐了一周才知道对方的名字，他是腼腆的人，在那个阶段我可能也是，我曾经还以为我会就此变得文静起来，后来的日子又确实证明我想得太多了。我一直跟在父母身边长大，高四突然要求去住读，父母是不放心的，我自己倒是很坦然。一开始住读，我在寝室也是拘谨不安的，大家对我的好奇心让我更想好好地把我自己隔绝于她们的讨论声中。我们就这样彼此默契地沉浸在各自的圈子里，互不冒犯。直到10天后的一个星期天的晚上，我在寝室一边洗着我的臭袜子一边哼着歌。大家突然开始一起唱，末了，又一起狂笑。就是这一唱一笑，我"隐藏"在内心深处的"不正经"彻彻底底被全然释放。一切照旧了，我在寝室很放松，跟小一岁的室友假装是同龄人玩在一起。

武侠小说里总是说有人的地方就有江湖，江湖就是个是非之地。这同样适用于平日里和同学的交往。在"高四"的时候，有一段时间遭人议论，我是觉得很厌烦的，听到了也假装不知道，不可能跟人面红耳赤地争论些什么。我总是提醒自己，多担待、多包容，善良一点吧，面对莫须有的罪状就忍了吧。我和"高四"室友的关系一直都挺好的，包括现在我们毕业两年，6个人在不同的地方，大家平时保持联系，每学期一次的聚会是少不了的。我很讨厌以谣传谣，让当事人根本没有任何辩解的余地。

　　我跟隔壁寝室的两个女孩关系很是要好，她们寝室人少，周六（周日不上课，只上一上午的自习，下午回家）我想着好玩，想去和她们卧谈，于是就大胆地把自己的床铺搬去了隔壁寝室，说要去留宿一晚上。嘻嘻哈哈地别过室友，我开开心心地去隔壁寝室睡觉。当天晚上，我们三个人的的确确很开心地深夜卧谈，第二天齐刷刷地起晚，匆匆忙忙赶到教室，但心情依然很美妙。然后我迅速投入了新的一天的战斗中，下课铃声一响，我无意就听见前排的人小声讲话，大概内容是我和室友吵架然后搬出去了，还向我室友求证有没有这回事，室友否认，他还以为我们在演戏。这是我第一次深陷这种莫名其妙的"舆论"漩涡中，我觉得可笑又奇怪。肆意揣测并且深信不疑，这大概是另一种形式的心理满足吧。事情就这样慢慢地传来传去，我自是懒得去辩解，规规矩矩把自己的床铺搬回自己的寝室，又和室友一起吃了几天饭（平时都是和妹妹一起吃饭，我们在一个学校上高中），风言风语就消匿在我的耳边了。

　　"高四"这一年，时间好像很赶着往前走，我以为尤其漫长又煎熬的岁月很快就到头了。整个5月我都是生着病度过的，天天喝中药，妈妈就在我午休的时候把药送过来，还顺带着一大包大白兔奶糖，像是在哄着我喝药。有时候是爸爸在我下晚自习的时候把药送过来，没有大白兔奶糖，我也乖乖把药全都喝掉。临近高考的日子，我的心态是"我认真对待了，结果就顺其自然吧"。

　　算不上一个多好的结果，但确实没有枉顾我"高四"一年的认真学习。朋友常常问我高中三年不好好读书，偏要读个"高四"，以前天天劝我好好上学，说破嘴皮都是枉然，怎么现在就一下想通透了。不为什么，人活到每个阶段都有想尽力做好的事情，我那三年可能就是想给自己放个大长假，大长假的代价我也付出了。到后来，我甚至觉得不经历这个"高四"，我的人生不完整，说笑了。

　　很喜欢龙应台《亲爱的安德烈》里那一段她对孩子的嘱托："孩子，我要求你读书用功，不是因为我要你跟别人比成绩，而是因为我希望你将来拥有选择的权利，选择有意义、有时间的工作而不是被迫谋生。当你的工作在你的心中有意义，你就有成就感。当你的工作给你时间，不剥夺你的生活，你就有尊严。成就感和尊严给你带来快乐。"我的父亲也说过类似的话：要我好好读书，不是要我大富大贵，生活得安稳比奔波总是好的。

　　作为护士，或多或少都会在工作中获得成就感，那份尊重就全然随缘了。护理学是为人的健康服务，集自然科学和社会科学于一体的综合性应用学科。护士是一个高强度、高压力、高风险的职业，直接服务于患者。随着社会的发展和进步，护士在满足患者的健康需求中扮演着重要角色，护理职业对护士的要求也越来越高，不仅要求具有良好的职业道德素质，还要有良好的心理素质。我的个性在这份工作中的优势：①天生的乐观派，对压力的化解有特别的方式。②我还算勤劳吧，今年寒假在当地妇幼保健院见习了两周，每天准时上下班，尽管是以个人的名义去医院见习，也丝毫没有懈怠这份工作。③好学，临床上不懂的会问老师，如果有自己的想法也会提出来。我的个性在这份工作中的劣势：①平时是一个比较粗心的人，于是就很担心在将来的工作中出现差错，以至于我每次去临床见习都小心翼翼。②感性，容易有挫败感，寒假在当地妇幼保健院见习的时候，看到一些家属之间的相处方式很感慨。③我本身是害怕的，我怕自己犯错误，枉顾了他人的性命。④我怕我在这份工作中无法找到成就感。话又讲回来，哪有人天生就适合这个职业，不过都是熟能生巧罢了。

我要尽心尽力走好当下的每一步，这些都是未来的伏笔。我对医学专业的好感，缘于家里有慢性病遗传史，我想多读一点书，可以更好地照顾家里人。我不是多有野心的人，尽力往前走，再往前走，走到实在无法向前走的那一步。从内心来讲，我挺想考研的，至少现在有很强的决心，周末也在修英语的二专业，笑称把二专业上成了补习班。二专业老师在开课第一天跟我们讲了一句话："英语好不是一个多大的优势，英语不好是一个很短的短板。"的确是这样，我一直都挺想去当国际志愿者的，由于英语水平有限，每次都不得不暗暗放弃。我也不是一个有长远计划的人，喜欢水到渠成，与其过分地苛求自己，倒不如保持良好的心态，积极地迎接新的一天。我上学期每天给自己订个小目标，把每天要做的事情写在纸上，完成就画一个勾，每天都在收获成就感。这学期我心里想着今天做什么，做好就心安理得地睡觉。我有时候其实挺焦虑的，比如这次放假回家，我把机能学实验原理、病例、反思日记、成长经历都快写完了，然后又要开始准备平时测验、期末考试。虽然我有条不紊地进行着，但还是忍不住焦虑，总觉得时间不够用，总觉得自己永远准备不好。

现在就认真上课吧，大三认真准备大创，争取能够拿一个好的奖项，学校的比赛也多参加，综测加分不加分都在其次，锻炼自己才是最重要的。尽全力考研究生，慢性病管理和护理教育都是我目前比较喜欢的方向，在之后的日子，我也挺想考教师资格证、药剂师证……一步步来，最能吃苦的年纪就好好吃苦，好好成长，长成自己以前希望的样子，加油吧。幸运什么的，不存在的，努力才是硬道理。以很鼓励人心的一句话作为结尾吧："也许你要早上七点起床，晚上十二点睡觉，日复一日，踽踽独行。但只要你笃定而动情地活着，即使生不逢时，你人生最坏的结果，也只是大器晚成。"

学生答案二

杨　静　华西临床医学院　　2016141623076

自我成长分析报告

我是谁

　　我叫杨静，重庆人，出生于1998年5月25日，今年19岁，是四川大学大二年级的一名护理专业学生。我的个人标签很简单，就是学生，从小学到初中，从高中到大学，到现在。好像不管我曾经的人生多么起起伏伏，但是读书这条路我倒是一直坚持走了下去，当然，我的家人、亲戚在这方面对我有巨大影响。从我刚开始读书到现在，我想到的最大的变化就是梦想，梦想人人都有，可我想想自己的梦想，发现自己的梦想变化挺大的：小学的时候，想当老师，想当科学家；初高中的时候想学经济，做财务管理；现在，我的梦想变成了平淡地生活。不是自己没有上进心，只是等你慢慢长大之后，才会发现平平淡淡的生活才是最难得的。人都是多变的吧。

我是一个怎样的人

　　我是一个怎样的人？要是突然让我回答这个问题，我想我肯定不能立即回答，我自己本就比较多变，而人本身就是一个复杂的组合体，我只能用事例或者在某一个方面举例论证来回答你。

　　我认为自己是一个比较随和的人。比如说，在生活中，我是一个比较随和、没有主见的人，和别人一起出去吃饭，我就很少发表意见，去哪儿吃，吃什么，我都不会做决定，会想很多，担心自己的决定不适合别人……我的生活并没有过得特别细致，所以一般在生活上我会依从大家的意见。

　　在学习方面，我是一个比较固执、很容易钻牛角尖的人。我从小住在亲戚家，我是在教师家庭长大的孩子，从小就被教育要好好读书，慢慢地我发现自己对学习越来越重视，这导致我在学习方面比较固执己见，比如和同学一起讨论题目时，有可能我是错的，但是在我没意识到自己究竟错在哪儿之前，我是一定不会跟着别人的思路走的，我会"死磕到底"。

　　在学生工作方面，我比较有自己的想法，还有点强势。在大一的时候，我担任班级团支书，做学生工作的时候，我特别强势，既伤了班里面同学的心，又让自己生闷气。后来听了朋友的一些话，和朋友交谈了之后，我想了很多，也在学生工作方面沉寂了一学期。而后我有幸在这学期担任学院学生会副主席一职。我学会了多方收集意见，总结经验，等准备工作做完之后再做决定，不再一时冲动犯错而不自知，勇于承认错误，及时改正和总结。我觉得我在学生工作方面可以做得更好。

在其他方面，我又是一个比较敏感、自卑的人。一些跟我不太熟悉的同学觉得我有时候比较凶，上台演讲或者做展示的时候我表现得不太紧张，觉得我好厉害。其实不是这样的，对于上台展示、在公众面前做演讲，我一直都是拒绝的，特别怕。但是当我没有办法逃避，得硬着头皮上的时候，我会在脑海里演练无数遍自己上台时的场景，思考用怎样的语气、怎样说才最好。所以，我觉得自己挺没有自信心的，有自卑的心理。

总而言之，要是遇到别人问我你是一个怎样的人，我还真不能一下就说出个所以然来。要想认识一个人，我们就得花时间、精力去了解、接触他，这样才能在各方面对其有一个全面的认识。

我成长过程中的重要的人或事对自己的影响

我想按照从小到大的时间顺序来说几个印象深刻的事情。小时候有一件事是我记忆最深刻的，那就是我的脚受伤。当时我爸爸带着我出去玩儿，因为路途不远，所以爸爸就骑着单车带我。当时我觉得好玩儿，就坐在单车后面两只脚一摇一摆的，结果把脚卡住了。当时自己是没有感觉到疼痛的，等家里人把我的脚取出来之后，突然自己就被吓哭了，后来去医院消毒治疗的时候，就记得特别疼。我想，可能是因为那次自己被吓着了，所以印象特别深刻吧。

在我六岁那年，发生了一件影响我以及我的家庭一生的事——我的父母离异了。当时我最深的记忆就是家里人都说你妈已经"跑"了，你妈不要你了，之后很长的时间里我一直被这句话困扰着，当时最大的感受就是自己被所有人抛弃了。我从宠我的父母身边来到了相对陌生的爷爷奶奶家，从外地回到了重庆……他们就一直跟我说你妈和你爸离婚了，你以后只有爸爸了，当时自己特别想知道为什么，觉得特别难受和无助。这件事对我的打击可以说非常大，当时我觉得周围所有人都在取笑我或者可怜我，本来还不错的家庭一夕之间变得支离破碎，爸爸也被迫承担了所有的责任和压力。当时的我真的没有办法相信这些事，活泼开朗的我好像突然之间不见了，自卑和无助围绕着我。我突然意识到没有什么东西是绝对的，当时我特别想长大，想逃离这个家。我想，这件事在我的心里埋下了自卑的种子，也成为我难以愈合的伤口，或许永远都不会愈合。如今，我已不求这件事有任何的转机或者补救措施了，我只能在慢慢长大的过程中学会去接受和消化这件事。虽然到现在为止，它仍然影响着我的生活、我的心理，但我不会主动去想这些事，努力过好现在的生活。

因为父母离异，我从小学开始就成了留守儿童，一直寄宿在我的姑妈家或者回爷爷奶奶家。我姑妈一家都是教师，孩子都是在姑妈家接受教育的，值得庆幸的就是我们家虽然家境一直不好，但是孩子的教养还不错。因为有姑妈，我才能够坚持学习，坚持读书，不然，我还真不敢想自己会变成怎样的一个人。我的自理能力特别强，从初中开始我就慢慢适应了寄宿生活，也慢慢学会了一个人生活。高中的时候，我还是读寄宿学校，只有周末才回家，但是姑妈一家周末又有自己的事要忙，所以那个时候，每周末回家，偌大的家里只有自己一个人，回家之后，自己要准备吃的，到了晚上我把自己关在一间屋子里，上厕所都不敢走过去，要打开所有的灯。那时候真的是挺难熬的，我在学校的时候特别想回家，可是回了家发现还是一个人，就特别难受。现在自己转头回去看那段时间，我发现自己真的是在那段时间里成长了很多，学会了自律，学会了安排自己的生活，学会了做计划，学会了怎样让自己一个人过上不错的生活。现在我家的人都说，比较庆幸的是经历了这么多事，我和我弟弟都没有长"歪"，至少拥有一个相对完整的人生。或许一个人生活有时候会很难受，特别难熬，但是当我回头看的时候，我还是很开心自己能挺过那段时间，并且过得还不错。

成年之后，最有感触的一件事发生在我高考结束的那个暑假。姑妈全家出去旅游了，而我因为在准备考驾照，所以一个人在家生活了两个月。早上教练来接我去驾校，下午才回来，基本上晚上和吃饭都是自己安排，记忆最深刻的是自己由于饮食不规律，胃发炎进了医院。我这才意识到平常应该多吃蔬菜，在之后的时间里，我一天或者两天最少吃一次蔬菜。这次经历真的让我一辈子记住这个教训。

总的来说，我现在一点也不觉得生活有多么不公平，人的一生经历的事情太多了，但不管大事小事，只要能在这件事中学会一些东西，我想就是值得的。

从人格特征分析我从事护理职业的优势与不足

从学习护理专业开始，我们就已经与临床工作紧密相连。从大一到现在，我多次参加临床见习并学习相关课程。针对现在已有的临床经历和我自己的人格特征，我觉得我的优势和不足是非常明显的。

我的优势：第一，我内心比较柔软，容易感动。我记得有一次去烧伤科见习，看见患者有大面积烫伤、电烧伤等，看见患者无助地躺在床上，我心里真的挺难受的。从我的人格特征分析我觉得我是比较适合与患者接触的，我很容易心疼患者，会在日常护理方面更加关注患者的感受和体验。第二，我是一个比较细心的人，我曾经在寒假去医院当志愿者。在当志愿者期间，我接触配药、输液等过程，我在已有经验的基础上更加全面地护理患者。第三，我在掌握大局方面有一些心得，我想这能使我在长时间护理中不至于出错，能够在患者的病理过程和心理过程方面，有一个整体的总结与反思，有利于之后护理工作的开展。

当然，有利就有弊，任何事物都具有双面性。我也有以下不足之处：第一，我在紧张繁忙的工作中容易烦躁。如果有多个患者同时向我提出护理要求，我可能会因为自己不能同时操作而感到烦躁，如果患者家属催促的话，我可能会发火，变得特别急躁，然后就有可能忙中出错。第二，我对于一些外伤严重的患者有排斥心理，比如对于严重车祸的患者，我可能不能正确面对他们的病情，更不能做到井然有序地采取有效的护理措施。

我对护士职业的期待

直到高考填志愿之前，我都没有想过会在医院工作，因为我本身不太能接受一些坏的现象或者不好的场景，我的心情会很容易受到影响。但是从学这个专业开始，我就以对患者及家属认真负责的态度在努力学习。要让我谈对以后护士职业的期待的话，我想有以下几点：

第一，我希望以后护士在自己的专科方面有一定的处方权。我觉得护士也要有自己的临床思维，不要只是遵医嘱执行一些操作。对于患者来说，护士是最能说得上话的，护士职业相对固定，长期待在一个科室里，对于自己科室的患者病情、用药以及治疗有一定的经验和知识积累。因此，我认为护士在自己的专科方面可以有一定的处方权。

第二，我希望护士职业不一定只存在于医院这种特定的环境，比如我们可以开设专门护理老年人等特殊人群的专业护理职业。这样既增加了护士的就业方向，也能使特殊人群在发生疾病或者意外之前得到周全的照顾，减少就医。

第三，我希望护士在医院工作中的权利等能够得到保障。我希望在强调医护工作者的职业操守的同时，建立医护工作者的保障制度。产生医患矛盾，我们要找到解决办法，不要伤害工作人员的心。

总的来说，每个人对护士职业的期待不同。我主要想到的就是以上三点。既然选择了这个专业，即将从事这份工作，我就会尽最大的努力去克服自己的缺点，努力完善自己的临床技能与相关的知识储备，在不久的将来，为护理事业献出自己的一份力。

彭文涛

四川大学
华西临床医学院／华西第二医院

教师简介
JIAOSHI JIANJIE

彭文涛，2010 年毕业于清华大学北京协和医学院，获医学博士学位。担任中华护理学会儿科专业委员会副主任委员、四川省护理学会儿科专业委员会主任委员。主持和参与二十余项国家自然科学基金项目、省部级科研项目及校级教改项目。

课程简介
KECHENG JIANJIE

护理专业英语

课程号：502069020

"护理专业英语"为护理专业基础课。通过本课程的学习，学生可以掌握护理学基本英语词汇和常用护理学英语词素，了解护理学英语术语的构词特点，熟悉护理专业英语常用句型，独立阅读和查阅医学英语文献，加强英语的沟通与表达能力的训练。本课程注重科学性、实用性、可读性和听说读写译能力的培养，兼顾基础英语向专业应用英语的过渡。护理专业英语共讲授 32 学时。

基于建构主义理论打造护理专业英语课程高效课堂

四川大学华西临床医学院 / 华西第二医院　彭文涛

随着全球化进程的加快，知识与人才的跨国交流日趋频繁。从护理专业角度来讲，国际护理学术交流、涉外医疗机构的建立都对护理专业学生的英语水平有了更高的要求，这就为护理专业英语教学提出了新挑战。作为护理专业学生的重要专业课程之一，"护理专业英语"的教学内容涉及基础护理学、内外科护理学、妇产科护理学等诸多专业知识，且医学英语词汇难度大、专业性强，对学生的听说读写能力均有较高要求。因此，学生对该课程的普遍评价是"课程太难""内容太多"，甚至产生抵触心理，采用传统灌输式教学很难满足学生需求。

建构主义（constructivism）是认知理论的一个分支。该理论认为，知识不是通过教师传授得到，而是学习者在一定的情景中（社会文化背景），借助其他人（包括教师和学习伙伴）的帮助，利用必要的学习资料，通过意义建构的方式而获得。情境、协作、会话和意义建构是学习环境中的四大要素。学生在教师的帮助下通过一系列的收集信息、合作学习、小组讨论等活动掌握基础知识，并利用所学的东西解决现实问题。在学习过程中，学生是知识的建构者，教师不再像以前那样给学生传递知识，而是转变为支持者、引导者和友好学习环境的提供者。教师为学生提供富有个人意义的学习经验，由学生自己从中建构知识。建构主义这一教育思潮向传统教学理论和学习理论提出了挑战，被称为"革新传统教学的理论基础"。

"护理专业英语"课程开设在本科三年级，此时学生已经具有一定的专业课基础知识和思维能力。我们在建构主义理论指导下建设护理专业英语课程高效课堂。首先，创设与主题相关的、可能真实的情景，布置翻转课堂、情景模拟、剧本编写等任务。其次，设计协作与会话，课下自主学习、团队协作与课上小组讨论及汇报相结合，增强语言内容的真实性及语言教学的主动性、灵活性、趣味性和多样性，使学生在情境中进行交际性、灵活性操练，努力达到创造性地运用所学语言知识进行交流的目的。教师根据学生各个阶段的不同需求及时指导，帮助学生消除盲目性和随意性，使学生的无意识变成有意识，"要我学"的外在要求内化为"我要学"的内在需求，逐步提高学生的自主学习意识和能力。例如，在本学期第四次翻转课堂，教师让学生自己编写剧本、自己出演。其中一个小组的题目是"pain assessment"，小组成员编写了一个胆囊结石案例，护士在疼痛评估的过程中运用了数字评定量表，耐心地为患者进行解释和评估，还结合体格检查（如"墨菲征检查"等）对患者进行诊断。小组同学自学疼痛的缓解方式，扮演护士的同学指导扮演患者的同学深呼吸，采用音乐疗法等方法缓解疼痛。学生在剧本的编写和表演中自学了相关知识，并通过表演的方式加深对知识的理解和掌握。此外，教师在课上指导学生在阅读课本与相关资料的基础上绘制思维导图，培养学生的创新能力与归纳总结能力。在考核方面，我们打破了以往单纯依靠期末考试来检验学生学习成果的模式，对课程学习考核根据建构主义理论进行相应设计，加大了过程考核所占比例（随堂测试、平时表现、小组作业及汇报等）。小组汇报采用 team-based learning（TBL）评价表进行考核。

授人以鱼不如授人以渔。基于建构主义理论的护理专业英语高效课堂不仅注重发挥学生的主体性、主动性和自主性，而且进一步提高了学生分析问题和解决实际问题的能力，培养了学生的创新思维和团队协作能力。

K 考试题目
KAOSHI TIMU

题目一

疼痛评估的情景模拟。

试题说明

根据课本和文献内容编写一个护患之间关于疼痛评估的临床情景对话。

考试要求

要求模拟时至少使用一种疼痛评估工具，并填写文献中的疼痛评估表格，现场演示。小组课堂情景模拟时间为 10 分钟。

题目二

焦虑评估的情景模拟。

试题说明

根据课本和文献内容编写一个护患之间关于焦虑评估的临床情景对话。

考试要求

要求制订缓解焦虑的措施，现场演示。小组课堂情景模拟时间为 10 分钟。

学生答案
UESHENG DA'AN

题目一

学生答案

杨　彪	华西临床医学院	2015141623067
杨秀丽	华西临床医学院	2015141623068
杨雁涵	华西临床医学院	2015141623069
杨依依	华西临床医学院	2015141623070
木丽都尔·哈德尔	华西临床医学院	2015141623036
闫郑伟	华西临床医学院	2015141623066

情景模拟剧本：疼痛评估

护士：女士，您好！请问您现在感觉怎么样？

患者：我感到有些疼痛。

护士：请问是哪里痛？

患者：我的背很痛。

护士：能描述一下疼痛的性质吗？比如是持续的还是间歇交替的，是刺痛、钝痛还是刀刮样痛？

患者：嗯，间歇的，钝痛。

Nurse：Hello madam. How are you feeling now？

Patient：I feel some pain.

Nurse：Where is the pain?

Patient：I have a bad back.

Nurse：Can you describe the nature of the pain? Whether it is continuous or intermittent？Is it stinging，dull pain，or knife scratching?

Patient：Well，intermittent，dull pain.

护士：请问您最近睡眠怎么样？

患者：不太好，我有时会感到难以入睡。

护士：有使用一些药物来帮助睡眠吗？

患者：从来没有。

护士：嗯，那您有被疼醒过吗？

患者：有时候，不太多，虽然有时入睡困难，但是我睡着之后就不太容易醒了，哈哈。

护士：那您有采取过什么帮助睡眠的方法吗？

患者：嗯，很多，比如睡前喝一杯牛奶，听一些安静的音乐，让自己放松。它们很有帮助。

Nurse：How have you been sleeping lately?

Patient：Not so well. Sometimes I find it difficult to fall asleep.

Nurse：Have you used some medications to help with your sleep？

Patient：Never.

Nurse：Um，Have you ever woken up？

Patient：Sometimes，not very often，although sometimes it's difficult to fall asleep. It's not easy for me to wake up after sleeping，haha.

Nurse：Have you done anything to help with your sleep

Patient：Well，a lot. Such as drinking a glass of milk before bed，listening to some peaceful music and trying to relax myself. They are very helpful.

护士：您现在平均每晚睡几个小时呢？

患者：大概 5 个小时。

护士：请问您现在使用什么止痛药呢？

患者：口服药布洛芬。

护士：每天都要吃吗？

患者：嗯，每天饭后服用一片。

护士：您从什么时候开始吃的呢？

患者：三天前。

护士：最后一次吃是什么时候？

患者：昨天晚饭后。

护士：之前有吃过别的药吗？

患者：没有。

Nurse：How many hours do you sleep per night?

Patient：About five hours.

Nurse：What kind of pain medication do you use now?

Patient： Oral administration of ibuprofen.

Nurse：Do you take it every drug?

Patient：Well，I will take one tablet after meals every day.

Nurse：When did you start the drug?

Patient：Three days ago.

Nurse：When did you take ibuprofen for the last time?

Patient：After dinner yesterday.

Nurse：Have you taken any other medicine before?

Patient：No.

护士：让我们现在评估一下您疼痛的强度，可以吗？看这个表，它是采用面部表情来表达疼痛程度，从左到右有六张面部表情，最左边的脸表示无痛，依次表示疼痛越来越重严，直至最右边的脸表示极度疼痛。现在请您选出最能描述自己疼痛的脸。

患者：让我想想……第二个。

护士：您最痛的时候大概是哪个脸呢？

患者：第三个。

护士：最轻的时候呢？

患者：第一个。

Nurse：Can we evaluate the intensity of your pain now? Look at this picture. It uses faces to express the pain. From left to right，there are six facial expressions. The face on the left is painless，the pain is getting worse toward the right，until the right side of the face shows extreme pain.

Now please choose the face that can best describe your pain

Patient：Well，let me see，the second

Nurse：What was the most painful time for you ?

Patient：The third one.

Nurse：How about the lightest time?

Patient：The first one.

护士：您疼痛的时候有什么伴随症状吗？比如头痛、出汗、心悸之类的。

患者：很疼的时候会出汗。

护士：您觉得是什么诱发了疼痛？比如天气变化、长时间站立、压力、运动之类的。

患者：我感觉疼痛与压力、休息有关系。我压力大和很劳累的时候就特别容易痛。还有情绪不好的时候，比如一生气就会痛。

Nurse：Are there any accompanying symptoms? Such as headache or heart palpitation?

Patient：Sometimes it hurts to sweat.

Nurse：Have you ever felt something that can cause the pain? Like changes in the weather，standing for a long time，stress，exercise or something else?

Patient：I feel that my pain is related to stress and rest. When I'm stressed and tired，it's particulary painful. Besides，when I am in a bad mood such as being angry, I will feel painful.

护士：您采取过哪些缓解疼痛的方法？比如转移注意力，看电视、打游戏之类的。

患者：我会听音乐，学习一些放松技巧或休息一下，这样会使我感觉好些。

Nurse：Are there any ways to relieve the pain? For example，to distract by watching TV playing games or something like that.

Patient：I will listen to music，use some relaxation techniques，or have a rest. It will make me feel better.

护士：好的，谢谢您的配合！

患者：也辛苦您了！

Nurse：Ok，thank you for your cooperation.

Patient：Thank you for your attention too.

题目二

学生答案

赵春霞	华西临床医学院	2015141623076
赵红艳	华西临床医学院	2015141623077
赵江昱	华西临床医学院	2015141623078
周　航	华西临床医学院	2015141623079
周　吉	华西临床医学院	2015141623080
杨梦莹	华西临床医学院	2014141623061

情景模拟剧本：A fainted student

Character role：student-Zhou Li

aunt-

doctor-

nurse-

aside-

Aside：A student named Zhou Li was getting up late for reviewing professional English in the previous night. And after three minutes of washing, he ran downstairs for breakfast, and suddenly fainted...

The first act

Zhou was waking up in a hospital bed.

Zhou：Why should I be in the hospital? I have to review my professional English, and I will take the exam in three days. Nurse, nurse, I want to leave the hospital. (At this point, Zhou Ji was very nervous.)

Aunt Zhao：What's wrong with you, young man?

Zhou：I ran so fast and fainted, and I have been here since I woke up.

Aunt Zhao：Ah...So do you have a heart disease? My brother collapsed suddenly because of a heart attack, and went to the hospital to have installed a pacemaker (起搏器）, but eventually he passed away.I think you'd better check it out.

Zhou（his body trembles and becomes more and more nervous，breathing faster）

Aside：After hearing Aunt Zhao's story，Zhou Ji becomes more nervous and worried if he also had a heart problem，and started talking to himself. At this time，the doctor came in.

The second act

Zhou：What's the matter with me，doctor? Is there a problem in my heart? Do I need an operation fo install pacemaker?

Aside：The doctor hasn't been able to speak yet.

Zhou（Anxiously）：I still have to take an examination. I'm only 20 years old，and I never want the operation fo install a pacemaker.

Doctor：Take it easy. Your reports haven't come out yet.

Aside：The doctor shook his head and and left the ward. He told the situation to the nurse，and the nurse came to the ward.

The third act

Aside：Facing this anxious patient，Nurse Zhao will make an assessment for him.

Nurse：Hi，I am your nurse. How do your feel now?

Zhou：I wonder which disease I have got，and if I need a permanent pacemaker?

Nurse：The report has not come in yet. Why do you have this idea?

Zhou：Because the an aunt has told me that his brother had also fainted and was found to have a heart problem and died after having installed a pacemaker. （silence）

Nurse：Don't think too much. Have you been under a pressure recently?

Zhou：I have been busy preparing my professional English. I think it's very difficult.

I'm so afraid of the exam that I can't eat and sleep well for these days. Just by thinking of the exam，I can fell nervous.

Nurse: I think you're a little anxious. Let's fill out this scale first.

Aside: At this time, the nurse gives a anxiety scale to the patient. (The result will be shown by a PowerPoint as moderate anxiety)

Nurse: You have a moderate anxiety. Now follow me. Take a deep breath, and relax yourself. (after a time)

Nurse: Do you feeling any better now? listen to me, your fainting may be due to you recent pressure and lacking of sleeping. You should ask your doctor If you have any question and never just guess. Don't scare yourself by your own.

Zhou: But I can't sleep when I think of the exam. I have no escape. (Be slowly relaxed)

Nurse: There is nothing to worry about your health is more important than your scores. When you are nervous you can listen to music, or talk to your parents and friends.

Believe in yourself and never give up.

Aside: The doctor suddenly comes in at the moment.

The fourth act

Aside: The doctor came in suddenly

Doctor: Hey buddy, you need to pay more attention to your body. You fainted this time because of overwork and lack of blood supply to your brain. Take more rest. Otherwise, even an American pacemaker can't save you. (laugh)

Zhou: (He breathed a sigh of relief) Thank you, I will pay more attention to have a rest and learn to control my emotions. If I need a pacemaker in the future, remember to install me a homemade pacemaker. (laugh)

The end.

焦虑自评量表（SAS）

焦虑是一种比较普遍的精神体验，长期存在焦虑反应的人易发展为焦虑症。本量表包含 20 个项目，分为 4 级评分。请您仔细阅读以下内容，根据最近一星期的情况如实回答。

填表说明：所有题目均共用答案，请在选项下画"√"，每题限选一个答案。

姓名　　xxx　　　　　　性别：男　√　　　女

	没有或很少时间	小部分时间	相当多时间	绝大部分或全部时间
1. 我觉得比平时容易紧张或着急				√
2. 我无缘无故感到害怕		√		
3. 我容易心里烦乱或感到惊恐			√	
4. 我觉得我可能要发疯	√			
*5. 我觉得一切都很好	√			
6. 我手脚发抖打颤			√	
7. 我因为头痛、颈痛和背痛而苦恼	√			
8. 我觉得容易衰弱和疲乏			√	
*9. 我觉得心平气和，并且容易安静地坐着	√			
10. 我觉得心跳得很快		√		
11. 我因为一阵阵头晕而苦恼			√	
12. 我有晕倒发作，或觉得要晕倒似的				√
*13. 我吸气和呼气都感到很容易				√
14. 我的手脚麻木和刺痛		√		
15. 我因为胃痛和消化不良而苦恼	√			
16. 我常常要小便			√	
*17. 我的手脚常常是干燥温暖的	√			
18. 我脸红发热			√	
*19. 我容易入睡并且一夜睡得很好	√			
20. 我做恶梦		√		

评分标准：正向计分题按 1、2、3、4 计分，反向计分题（标注 * 的题目题号：5、9、13、17、19）按 4、3、2、1 计分。总分乘以 1.25 取整数，即得标准分。低于 50 分者为正常，50~60 分者为轻度焦虑，61~70 分者为中度焦虑，70 分以上者为重度焦虑。

xxx 同学的总分是 54，54 × 1.25 = 67.5，所以标准分为 67 分，属于中度焦虑（moderate anxiety）。

蒋 献

四川大学
华西临床医学院 / 华西医院

教师简介
JIAOSHI JIANJIE

　　蒋献，博士，主任医师／教授，博士研究生导师，四川省学术和技术带头人。现于中华医学会皮肤科分会、中国医师协会皮肤科医师分会、中国中西医结合学会皮肤性病专业等多个学术机构任职。担任卫健委化妆品皮肤病诊断机构、卫健委化妆品人体安全性和功效检验机构专家。从事临床医疗、教学和科研工作二十余年，承担国家自然科学基金项目、教育部留学人员科研基金项目及省部级科研项目等。发表论文八十余篇，其中 SCI 论文二十余篇。获第四届中国皮肤科"优秀中青年医师奖"。

课程简介
KECHENG JIANJIE

皮肤病与性病学

课程号：5021330l0

　　皮肤性病学（dermatovenereology）包括皮肤病学（dermatology）和性病学（venereology）。皮肤病学是研究皮肤、附属器及相关疾病的科学，内容包括正常皮肤及附属器的结构与功能以及疾病的病因、发病机制、临床表现、诊断方法、治疗、预防。性病学是研究性传播疾病的科学。皮肤性病学是一门涉及面广、整体性强的临床应用学科。2008 年"皮肤病与性病学"被评为院级精品课程。"皮肤病与性病学"衍生出的慕课"美容化妆品赏析与应用"获得 2016 年度中国大学慕课杰出贡献奖。

　　"皮肤病与性病学"课程由理论课及见习课两部分构成。理论课共 16 学时，见习课为 8 学时。理论课与见习课相结合，加深学生对皮肤性病科常见病、多发病的诊断与防治的理解，使学生掌握常见皮肤病的病理学改变，培养实验室检查结果判读能力。在课堂及实践教学中，我们培养学生良好的医风医德，引导其树立人文关爱意识，培养其与皮肤性病诊疗相关的交流沟通技巧，促进其独立思考和团队合作能力。

谈非标准答案考试在皮肤病与性病学教研室的开展及应用体会

四川大学华西临床医学院/华西医院　温蓬飞　蒋　献

皮肤病与性病学是直观性强、以形态学的判断为主要诊断手段的临床学科，病种繁多，临床表现复杂，需要在大量的对皮损形态的观察中获得对疾病的认识和诊断。同时，该学科需要扎实的内外科、急诊科、精神科、人文医学等作为支撑，因此强调将书本所学应用于临床。皮肤病与性病学教研室在原有标准答案考试模式的背景下设计出非标准答案考试模式，通过以临床实例为基础的教学内容，以疾病的讲授或案例分析为先导，引导学生思考，不断促进学生运用所学知识分析问题。

非标准答案考试是不同于传统考试模式的新形式，更加适用于应用能力的培养（不仅包括知识点的获取，还包括临床实际应用）。该模式大大激发了学生的自主学习热情，响应了"以学为中心"的学习模式，将枯燥的理论知识与临床相结合，鼓励多种答案，激发了学生的创造力，在原本的板凳课堂的基础上，以实际临床场景出题，让学生在老师的引导下自主向前，并且使学生提前熟悉复杂多变的临床场景，以便于学生今后独立应对。

皮肤病与性病学教研室所设计的非标准答案考试：模拟实际临床场景，引导学生查阅相关文献及法规，对此展开分析讨论，设计出可行方案，由 3~5 人组成一个小组，每组有一位组长，组内各自分工，最终成果以 PPT 或 WORD 的方式呈现。

1. 在实施中非标准答案考试主要具有以下特点

（1）充分调动学生自主学习、主动研究的积极性，以学生"学"为主，而非以教师"教"为主，改变了单纯的知识灌输教学模式，使学生在学习过程中自己发现问题、解决问题。教师成为该活动的组织者、监督者和引导者，学生才是学习的主体和核心。这一模式可减少抄袭、替考等作弊行为。

（2）锻炼分工协作的能力，培养表达能力，这对于学生来说非常重要。学生可以根据自己的兴趣、习惯来准备资料、学习和理解消化。例如，在本次非标准答案考试中，部分学生擅长文献查阅及英文翻译，并将其融入"皮肤病与性病学"课程的学习中，更高效地获取课本外的知识。部分学生利用自身严谨缜密的逻辑思维将课本上的知识与文献检索所获知识整合并设计成完整的诊疗过程，在该过程中学生巩固了课本知识，并融合了国内外该领域内最前沿的研究成果，获得了更加丰富的知识，且印象深刻。最后，擅长表达及展示的同学，将以上成果通过 PPT 或者 WORD 的方式生动地呈现给大家。

（3）促进交流，加强互相学习。由于非标准答案考试是分组进行的，因此组间同学在各自汇报过程中表现出极大的兴趣，他们以比较、学习、反思的形式进行考试后的再学习，这就体现出非标准答案考试的优势，使学生为了兴趣而学习。

（4）教学成果可即时展现，有利于教学模式实现动态改进。非标准答案考试有利于任课教师及时、客观地掌握学生的学习情况，对教学进行动态调整。

2. 在实施非标准答案考试中存在以下问题

（1）非标准答案考试的成功实施建立在学生具有一定专业基础、存在自主学习能力的基础上。因此对于积极性不高、消极，或者具有严重的其他专业倾向性的学生，较宽松的组内协作模式容易导致蒙混过关的现象出现，这种学生可能更适合标准化考试模式。

（2）部分大学三年级的本科生对专业知识的了解有限，难以掌握知识难点，更不懂得通过自学以明确知识要点。

实践教学是一个不断学习和探索的系统工程。皮肤病与性病学教研室不断尝试和改进教学方式和方法，现已获得初步成果。非标准答案考试在实践教学过程中不但成功引导学生自主学习，而且提高了其临床实践能力，并确保了专业理论知识的掌握。但是，不同学生的自主学习能力、约束力存在差异，如何提高教学质量还需要进一步的探讨。

K 考试题目

AOSHI TIMU

● ● ● 题目一 ● ● ●

患者，男，28 岁，3 个月前我院诊断为非淋球菌性尿道炎，经正规治疗后反复检查无异常，但患者多次来皮肤性病科门诊就诊，自觉尿频、尿痛等不适。作为接诊医生，你该如何处理？

试题说明

我们在皮肤性病科门诊常常遇到一些性病恐惧症的患者。课堂及书本的知识更加关注皮肤疾病，对心理因素导致的疾病涉及较少。正确认识性病恐惧症是必要的，对医学生而言更是如此。只有正确认识性病恐惧症，医生才能正确对待患者，减轻其心理问题。

临床实践相对于书本而言，更加复杂多变，不仅需要扎实的医学知识和操作技能，而且需要敏捷地预判可能出现的各种情况，并给出相应的解决方案。本试题很好地体现了这一点，激发了学生的学习热情，让学生提前进行复杂的临床情景演练，以便学生能够独立应对多变的临床情景。

考试要求

请根据以下实际临床场景查阅相关文献及法规，对此展开分析讨论，设计出可行方案。由 3~5 人组成一个小组，每组有一位组长，组内各自分工，最终成果可以 PPT、WORD 的方式呈现。

题目二

患者，女，35 岁，在某商场购买护肤品，用后面部出现皮肤红斑、脱屑、瘙痒。患者因面部皮疹到门诊就诊，并带上可疑护肤品到医院要求医生开具病情证明以便要求商场赔偿。针对患者的诉求，首诊医生该如何处理？

试题说明

医学美容近年来成为大家关注的热点，但不当或盲目地美容导致皮肤病越来越多。课堂及书本的知识更加关注皮肤病，对医学美容涉及较少。正确认识医学美容是必要的，对医学生而言更是如此。只有正确认识医学美容，医生才能正确对待患者，同时传播正确的医学美容知识。

临床实践相对于书本而言，更加复杂多变，需要扎实的医学知识和操作技能，要求敏捷地预判可能出现的各种情况，并给出相应的解决方案。本试题激发了学生的学习热情，让学生提前进行复杂的临床情景演练，以便学生能够独立应对多变的临床情景。

考试要求

请根据以下实际临床场景查阅相关文献及法规，对此展开分析讨论，设计出可行方案。由 3~5 人组成一个小组，每组有一位组长，组内各自分工，最终成果可以 PPT、WORD 的方式呈现。

学生答案
UESHENG DA'AN

题目一

学生答案一

付琳茹	华西临床医学院	2015151621034
何知航	华西临床医学院	2015151621044
黄千千	华西临床医学院	2015151621052
史岚枒	华西临床医学院	2015151621113
王妤	华西临床医学院	2015151621138
靳艺	华西临床医学院	2015151621060

一、明确诊断

有无非淋球菌性尿道炎（病理性非淋球菌性尿道炎或者心理性非淋球菌性尿道炎）。

（一）病史

【现病史】

（1）仔细询问患者的症状。

1）尿频的次数、昼夜间变化。

2）尿痛的程度、频率、性质，有无加重或缓解因素。

3）有无其他症状，如尿道周围皮损、瘙痒等。

（2）3 个月前进行非淋球菌性尿道炎正规治疗后，有无自行使用其他药物，有无异常性行为或其他病原接触史。

（3）病情是否受季节、气候、饮食、睡眠、环境、职业、精神状态的影响。

【过去史】

（1）3 个月以前是否有过尿频、尿痛等异常感受。

（2）过去有无泌尿系统疾病。

（3）询问过敏史（是否为"过敏体质"）。

【个人史】

（1）职业、家庭经济条件、居住条件等。

（2）个人接触史。

（3）有无冶游史（3个月前）、配偶健康状况。

【家族史】

（1）家族中有无类似表现的患者，尤其是配偶。

（2）子女健康状况。

（二）查体

【视诊】

（1）常见尿道口红肿及尿道分泌物（多为尿道口轻度红肿，分泌物稀薄、量少，为浆液性分泌物或脓性分泌物）。

（2）反复衣原体感染的顽固性病例，尿道口周围一圈隆起，常呈唇样红肿，带有光泽，不易消退。

（3）念珠菌感染的顽固性病例，尿道口可呈漏斗状扩张，暗红色，带有少许鳞屑。

（4）支原体及滴虫感染的病例，尿道口红肿不明显。

【触诊】

（1）用手挤压尿道口时可见分泌物溢出。

（2）单纯疱疹病毒感染者可触及腹股沟淋巴结肿大，并有压痛。

心理性非淋球菌性尿道炎则无上述明显体征。

（三）实验室检查

（1）由于淋病与非淋球菌性尿道炎常并存，二者容易混淆，且患者多次复查无异常，故进行如下实验室检查以确定是否为淋病。

1）急性淋球菌性尿道炎涂片检查：取患者尿道分泌物或宫颈分泌物，做革兰染色，在多形核白细胞内找到革兰阴性双球菌。

2）尿液微生物培养，确定是否有淋球菌。

（2）由于非淋球菌性尿道炎可能并发前列腺炎，故进行以下实验室检查以确定是否有前列腺炎。

1）前列腺液（EPS）常规检查：如果前列腺液的白细胞数量 >10 个/视野，就高度疑为前列腺炎。若前列腺液中发现含有脂肪的巨噬细胞，基本可确诊为前列腺炎。

2）尿常规分析及尿沉渣检查：尿常规分析及尿沉渣检查可用于判断是否存在尿路感染，是诊断前列腺炎的辅助方法。

3）病原学检查：常用两杯法或四杯法。这些方法尤其适用于抗生素治疗之前。

收集尿液之前嘱患者多饮水，包皮过长者应将包皮上翻。清洗阴茎头、尿道口后，让患者排尿并收集尿液 10ml。患者继续排尿约 200ml 后收集中段尿 10ml。之后患者停止排尿，做前列腺按摩并收集前列腺液。最后再次收集尿液 10ml。对各标本分别做镜检和培养，通过比较标本的病原体数量，鉴别患者是否有前列腺炎或尿道炎。

二、治疗

（一）尿道炎的治疗

【病原治疗】

（1）非淋球菌性尿道炎：

1）衣原体、支原体对不同抗菌药物的敏感性有很大的差异，目前多采用广谱抗生素疗法。

2）在治疗中应强调夫妻（性伴）同步治疗，防止"乒乓式传染"。

3）可任选以下任一处方中的一种药物进行治疗。

• 处方 1：四环素类。

四环素 0.5g，一天四次，7 ～ 10 天；

多西环素（强力霉素）0.1g，一天两次，7 ～ 10 天；

米诺环素（美满霉素）0.1g，一天两次，首次 0.2g，7 ～ 10 天。

• 处方 2：大环内酯类。

红霉素 0.5g，一天四次，7 ～ 10 天；

交沙霉素 0.4g，一天三次，7 ～ 10 天；

罗红霉素 0.3g，一天四次，7 天；

克拉霉素 250 ～ 500mg，一天两次，7 ～ 10 天；

阿奇霉素 1g，顿服，必要时 2 天后加服一次。

• 处方 3：氟喹诺酮类。

环丙沙星 0.5g，一天两次，14 天；

氧氟沙星 0.2g，一天两次，14 天；

培氟沙星 0.2g，一天两次，14 天。

• 处方 4：抗结核药。

利福平 0.3 g，早晨空腹服 1 次，14 天；

利福定 150mg，早晨空腹服 1 次，14 天。

·处方 5：青霉素类。

阿莫西林 0.5g，一天三次，14 天。

4）注意事项：非淋球菌性尿道炎的治疗较淋病困难，首选药物应为四环素类，其次为大环内酯类，再次为氟喹诺酮类。患者的性伴也要接受预防性治疗。40% 的非淋球菌性尿道炎没有任何症状，所以不但要治疗患者，还应治疗性伴。孕妇可用红霉素或阿莫西林治疗。沙眼衣原体尿道炎复发患者再次治疗时，应将疗程延长至 4 ~ 6 周。如果患者反复发作，则应注意有无合并症如慢性前列腺炎。治疗非淋球菌性尿道炎时不能滥用抗菌药物，如绝大多数青霉素类药物对衣原体、支原体均无效，一般不用，磺胺类对衣原体有效而对支原体无效。

（2）淋球菌性尿道炎：

1）早诊断，早治疗。

2）及时、足量、规则用药，同时治疗性伴。

3）治疗后随访复查，注意有无合并其他性传播疾病。

4）处方可选用以下任一药物，多用单剂治疗。

·处方 1：头孢菌素类。

头孢曲松 1.0g，肌内注射或静脉注射；

头孢呋辛 1.5g，肌内注射或静脉注射；

头孢西丁 2g，肌内注射或静脉注射，可加服丙磺舒 1 g；

头孢噻肟 500mg，肌内注射或静脉注射，可加服丙磺舒 1 g；

头孢他啶 1.0g，肌内注射或静脉注射；

头孢唑肟 0.5g，肌内注射或静脉注射；

头孢替坦 1.0g，肌内注射；

头孢克肟 200mg，顿服；

头孢泊肟酯 200mg，顿服；

头孢呋辛 1.0g，顿服。

·处方 2：喹诺酮类。

诺氟沙星 800mg，顿服；

氧氟沙星 400 ~ 600mg，顿服；

环丙沙星 500mg，顿服。

·处方 3：氨基糖苷类。

大观霉素 2.0g 1 次肌内注射；

阿米卡星 0.4g 1 次肌内注射。

·处方 4：大环内酯类。

阿奇霉素 1.0g ，顿服；

克拉霉素 500mg ，一天两次，7 ~ 10 天。

·处方 5：四环素类。

米诺环素（美满霉素）首剂 300mg ，以后每 12 小时 100mg 服用至总量 1g；

多西环素（强力霉素）100mg ，一天两次，7 天。

·处方 6：孕妇处方。

头孢曲松 250mg 1 次肌内注射；

头孢噻肟 500mg 1 次肌内注射；

大观霉素 2.0g 1 次肌内注射。

·处方 7：儿童处方。

头孢曲松 125mg 1 次肌内注射；

头孢噻肟 25mg/kg 肌内注射，每 12 小时 1 次，共 2 次；

大观霉素 40mg/kg 1 次肌内注射。

5）注意事项：上述处方均可治疗淋球菌性尿道炎。若效果不佳，可更换另一种药物，必要时可以联合用药。治疗淋病以一次性足量为佳。急性淋球菌性尿道炎无合并症者，单次大剂量药物治疗治愈率可达95%。须注意我国存在的过量、超时用药问题。

【对症治疗】

（1）去除诱发非特异性尿道炎的各种因素，如尿道口梗阻、邻近器官炎症等。

（2）注意性生活卫生，及时治疗感冒，疲劳后注意休息等。

（3）急性期应多饮水。

（二）心理性非淋球菌性尿道炎（实验室检查无病原体）的治疗

医护人员应当向患者解释检查结果的意义，说明 3 个月前非淋球菌性尿道炎经正规治疗后已痊愈，缓解患者的担忧心理，进行心理疏导。

医护人员必须尊重患者，不能疏远及歧视，应和其他疾病患者一视同仁，主动关心患者的疾病和痛苦，要慎重、恰当、耐心、温和并严守隐私，不泄漏患者的隐私和任意宣扬，使患者有安全感。

一是热情、真诚地对待患者。尊重患者，建立良好的医患关系，使患者以乐观的态度来面对问题。

二是适当进行健康教育，消除患者的恐惧心理。由于患者可能对非淋球菌性尿道炎一知半解，心存恐惧和怀疑，所以应耐心解释，对前期的治疗措施进行肯定，缓解患者的紧张和焦虑。

患者心理与社会因素相联系。男性非淋球菌性尿道炎多与嫖娼或婚外性行为有关，而这些现象为我国法律所禁止，但社会上又确实存在这些不良现象。因此一旦染上非淋球菌性尿道炎，则可能遭到社会及家人的歧视和排斥，造成人际关系紧张和就业困难，加重患者的精神负担。患者的恐惧感来源于对性病的错误认识，担心非淋球菌性尿道炎难以治愈。患者可能有过一两次冶游史，怀疑自己染上了非淋球菌性尿道炎，或所患非淋球菌性尿道炎已愈，却将一些与非淋球菌性尿道炎无关的症状视为非淋球菌性尿道炎特有的症状。

对有心理障碍者进行心理调适，能明显降低患者的心理障碍发生率，减轻患者的精神负担。在对非淋球菌性尿道炎患者进行病原体治疗的同时，还应注意患者是否出现心理问题并给予心理调适，以体现现代治疗的生物－心理－社会医学模式。可对患者心理障碍程度进行量化，采取有效的干预调适措施，在常规治疗的基础上加用健康教育和心理干预，可明显降低患者的抑郁程度，提高其依从性和满意度。

参考资料

［1］吴维莲. 健康教育联合心理干预对门诊性病患者焦虑情绪及治疗依从性的影响研究［J］.中国医学创新，2016，13（31）：77-80.

［2］杜德荣，郭庆，刘汝青.性病疑病症患者的心理分析及心理综合疗法研究［J］.岭南皮肤性病科杂志，2007，14（4）：211-214.

［3］李高兰.性病患者常见心理问题与防治对策［J］.中国性科学，2005,14（9）：35-36.

［4］蔡碧珊.性病患者常见的心理障碍及护理［J］.岭南皮肤性病科杂志，2004,11（2）：193-194.

［5］曹育春,冯少慧.已婚男性性病患者心理障碍与调适初步探讨［J］.医学与社会，2002，15（5）：50-52.

学生答案二

许乃馨	华西临床医学院	2014141494056
李 笑	华西临床医学院	2015151621072
樊逸菲	华西临床医学院	2015151621029
冯子嫣	华西临床医学院	2015151621032
丁 阳	华西临床医学院	2015151621021
陈誉天	华西临床医学院	2015151621016

详细询问病史

详细询问患者这次尿痛、尿频的起病时间以及随时间变化的情况，诱因，尿痛的程度、加重及缓解的情况，是否有多尿、夜尿的现象及程度；详细询问有无腰痛、肾区疼痛的情况，就医经过，有无服用药物治疗等；详细询问性接触史与配偶感染史、是否有与淋病患者公用物品史。

综合病情，鉴别诊断

1. 急性膀胱炎：主要表现为尿频、尿急、尿痛等膀胱刺激症状。但膀胱炎患者主要以排尿终末疼痛为主。

2. 急性肾盂肾炎：主要表现为突发性尿频、尿急、尿痛等尿路刺激症状，常伴腰痛及畏寒、发热等症状。体检有肾区叩击痛。尿液常规检查有脓细胞。

3. 急性前列腺炎：表现为尿频、尿急与尿痛。但前列腺炎患者有会阴部不适、排尿困难及发热等。直肠指检发现前列腺增大伴压痛。

4. 淋球菌性尿道炎：表现为尿频、尿急与尿痛，尿道口亦有红肿，有稀薄或脓性分泌物。患者常有不洁性交史。尿道分泌物涂片检查见淋球菌，可明确诊断。

5. 膀胱结核：表现为尿频、尿急、尿痛，尿中发现脓细胞。常有泌尿系统结核病史，且尿中可发现抗酸杆菌。

6. 慢性肾盂肾炎：

（1）肾盂肾炎反复发作或迁延不愈，病程达半年以上。

（2）临床上有尿路刺激症状。

（3）尿白细胞计数增高，尿细菌培养阳性，持续性肾小管功能损害。

（4）X 线检查显示肾盂肾盏变形，肾脏表面凹凸不平，双肾大小不等，可明确诊断。

7. 肾结石：

（1）本病多有肾绞痛、血尿。

（2）尿常规检查发现红细胞增多（阳性）。

（3）肾脏超声检查、静脉肾盂造影检查发现结石影，可明确诊断。

8. 肾结核：

（1）本病由结核杆菌引起尿路感染，症状、体征、尿改变可与慢性肾盂肾炎相似。

（2）本病多有肾外结核及结核中毒症状，有明显而持久的尿路刺激症状。

（3）尿沉渣检查可找到抗酸杆菌，尿培养结核杆菌阳性可确诊。

（4）静脉肾盂造影检查见虫蚀样缺损。

9. 慢性肾炎：

（1）可有急性肾炎史。

（2）水肿，蛋白尿较多，血浆白蛋白浓度明显降低。

（3）尿培养结果为阴性。

（4）肾脏 X 线检查显示两侧肾脏同样缩小。

10. 急腹症：

（1）尿路刺激症状不典型。

（2）仅有发热、腹痛。

（3）腰痛者应与急性胆囊炎、胰腺炎、腹膜炎、阑尾炎等鉴别。

实验室检查

1. 由于淋病与非淋球菌性尿道炎常并存，二者容易混淆，且患者多次复查无异常，故进行如下实验室检查以确定是否为淋病。

（1）急性淋球菌性尿道炎涂片检查：取患者尿道分泌物或宫颈分泌物，做革兰染色，在多形核白细胞内找到革兰阴性双球菌。

（2）通过尿液微生物培养，确定是否有淋球菌。

2. 由于非淋球菌性尿道炎可能并发前列腺炎，故进行以下实验室检查以确定是否有前列腺炎。

（1）前列腺液（EPS）常规检查：如果前列腺液的白细胞数量 >10 个 / 视野，就高度疑为前列腺炎，特别是当前列腺液中发现含有脂肪的巨噬细胞时，基本可确诊前列腺炎。

（2）尿常规分析及尿沉渣检查：尿常规分析及尿沉渣检查可用于判断是否存在尿路感染，是诊断前列腺炎的辅助方法。

（3）病原学检查：常用两杯法或四杯法。这些方法宜在抗生素治疗之前使用。具体方法：收集尿液以前嘱患者多饮水，包皮过长者应将包皮上翻。清洗阴茎头、尿道口后，让患者排尿并收集尿液10ml，继续排尿约200ml后收集中段尿10ml，之后停止排尿，做前列腺按摩并收集前列腺液，最后再次收集尿液10ml。对各标本分别做镜检和培养，通过比较标本病原体数量，可鉴别患者是患否有前列腺炎或尿道炎。

治疗

1. 就诊科室：泌尿外科。

2. 治疗方针：主要采用药物治疗。新一代合成抗菌药喹诺酮类不但对衣原体、支原体有效，对淋球菌也很有效。中药治疗以清热解毒、利湿通淋为主，辅以补肾固本、活血化瘀、扶正祛邪的药物。

3. 药物治疗：目前已有不少菌株对四环素、强力霉素、红霉素产生耐药。

（1）对无并发症的感染，可用下列任一方案：

1）四环素，500mg 口服，1 次 /6 小时，7 天。

2）强力霉素，100mg 口服，2 次 / 天，7 天。

3）氧氟沙星，200mg 口服，2 次 / 天，7 天。

4）二甲胺四环素，100mg 口服，2 次 / 天，10 天。

5）阿奇霉素，1g 顿服，1 次 / 天。

（2）反复感染者需要较长的疗程（21~28 天）或采用 3 种药物（阿奇霉素、强力霉素和甲硝唑）联合治疗。

（3）混合感染的治疗：衣原体常与淋球菌构成混合感染，因此治疗必须针对二者所引发的尿道炎和淋病。这两类药物不能用于对其耐药的淋球菌感染的治疗。对于淋病，应选用头孢曲松钠或大观霉素针剂，或口服喹诺酮类（如环丙沙星等）。

4. 日常护理：

（1）患者未治愈前不得与任何人发生性关系。

（2）预防感染。

（3）患者应专用浴盆、浴巾，内裤要经常煮沸消毒。

5. 饮食调理：宜多食用鸡蛋、鱼、瘦肉以及新鲜蔬菜和水果，少食海鲜。

6. 注意事项：

（1）洁身自爱，根除性混乱现象。

（2）到正规医院检查、治疗，避免误诊、误治。

（3）早发现、早治疗，避免并发症 。

（4）坚持规则、全程治疗，不要自行停药或增减药物。

（5）性伴应同时诊治。

（6）治疗期间避免性生活。

（7）治疗期间避免饮酒及进食辛辣刺激食物。

（8）注意消毒隔离。内衣裤要勤烫洗，不要与家人的混在一起洗。

（9）检查是否合并其他性病，如淋病、梅毒、艾滋病等。

（10）最好等完全治愈后再考虑结婚、怀孕，并咨询专科医生。

X 学生答案
UESHENG DA'AN

● ● ● 题目二 ● ● ●

学生答案一

刑 闲	华西临床医学院	2013181622070
黄淑颖	华西临床医学院	2013181622052
任宏虹	华西临床医学院	2013181622056
宋艳林	华西临床医学院	2013181622035
郭玲宏	华西临床医学院	2013181622051

完善病史

现病史

· 初发病损的形态、部位、时间，与使用美容产品的时间、部位是否相关。

· 病情演变、阴性症状、诊治经过。

· 患者近期的皮肤状况、精神状态、休息状况。

个人史

· 患者是否属于过敏体质。

· 有否服食海鲜、某些药物或接触外界环境因素（如花粉）。

· 近期精神状态及休息情况。

· 近期身体是否处于高激素水平。

易感因素

· 使用美容产品期间气候状况如何，有无暴晒史。

· 有无皮肤病患者接触史。

使用情况

· 近期是否更换美容产品。

· 有无交叉使用或同时使用其他美容产品。

· 化妆品的使用程序、手法、用量、频率是否得当。

检查

1. 体格检查

 疹型、分布、排列情况、大小、形态、颜色、界限。

 硬度,浸润程度,局部温度,有无压痛、波动。

2. 辅助检查:应用试验(重新使用该化妆品看是否发生反应)

 有无脱屑、皮内出血。

 分泌物有无特殊臭味。

斑贴试验

根据被试验产品决定观察时间,如洗面奶、面膜等即洗类产品为 4 小时,其余为 48 小时。

反复开放应用试验

斑贴试验阴性时可采用本试验。本试验适用于变应原浓度低、皮肤反应弱的化妆品皮炎的检测。

诊断

诊断原则　　有明确的化妆品接触史,并根据发病部位、皮疹形态,必要时通过皮肤斑贴试验进行综合分析而诊断,但需要排除非化妆品引起的接触性皮炎。

**刺激性
接触性
皮炎**

- 有明确的化妆品接触史，且接触后较快出现皮炎改变。
- 皮损局限于接触部位，界限清楚。
- 在同样条件下，一般接触较多者发病。
- 常表现为急性或亚急性皮炎，有程度不等的红斑、丘疹、水肿、水疱；破溃后可有糜烂、渗液、结痂；自觉局部皮损瘙痒、灼热或疼痛；皮损严重程度和接触物的浓度、接触时间有明显联系。
- 发生在口唇黏膜时可有干燥、脱屑，局部刺痒或灼痛。

**变应性
接触性
皮炎**

- 有明确使用或多次使用化妆品史，并有一定的潜伏期。
- 在使用同一种化妆品的人群中，仅有少数人发病。
- 原发部位局限于接触部位，但可向周围或远隔部位扩散。
- 皮损形态多样，患者自觉瘙痒，可表现为皮炎、红斑鳞屑、头面部红肿、眼周皮炎伴发结膜炎、手掌手指汗疱疹以及接触性荨麻疹。
- 口唇黏膜可表现为红肿、渗出、结痂、糜烂等，病程较长时可有浸润、增厚等慢性皮炎改变。
- 皮损常迁延不愈。
- 斑贴试验常获阳性结果。
- 排除其他非化妆品接触因素所致病变。
- 斑贴试验结果阴性者，必要时可做反复开放应用试验。

初步诊断：化妆品刺激性接触性皮炎。

（参考：《化妆品皮肤病诊断标准及处理原则》GB 17149.1—1997。）

处理

处理原则 >> 及时清除皮肤上残留的化妆品 >> 停用可疑化妆品 >> 按皮炎-湿疹的治疗原则对症治疗

1. 一般治疗

（1）忌搔抓：搔抓可使皮肤不断遭受机械性刺激而破损，甚至引起感染。

（2）忌热水烫洗：热水烫洗使皮肤红肿加重，渗透液增多，加重病情。

（3）忌用肥皂洗：碱性大的肥皂对皮肤有化学性刺激，可使皮炎、湿疹加重。

（4）忌刺激性食物：辣椒、酒、浓茶、咖啡等刺激性食物可使瘙痒加重，容易使皮炎加重或复发，应禁忌。

2. 药物治疗

（1）内治以止痒、脱敏为主。可内服抗过敏药物，如扑尔敏。

（2）局部外治：

1）出现红斑、水肿、水疱时，先用3%硼酸液做冷湿敷，然后外涂氧化锌油。

2）仅有轻度的灼痛、刺痒时，外涂硅霜或维生素 B_6 霜。

3）慢性皮炎，除用硅霜、维生素 D_6 霜外，可配合氧化锌软膏和黑豆馏油软膏。

4）痤疮型皮炎，外涂复方硫磺洗剂或 5% ~ 10% 过氧化苯甲酰霜剂。

（数据来源：国家食品药品监督管理总局化妆品行政许可检验机构，http://app1.sfda.gov.cn/datasearch/face3/base.jsp?tableId=108&tableName=TABLE108&title=%E5%8C%96%E5%A6%86%E5%93%81%E8%A1%8C%E6%94%BF%E8%AE%B8%E5%8F%AF%E6%A3%80%E9%AA%8C%E6%9C%BA%E6%9E%84&bcId=1414032727966679344681283623477。）

学生答案二

文　舒	华西临床医学院	2013181622057
费　媛	华西临床医学院	2013181622059
朱艳艳	华西临床医学院	2013181622062
雷玲子	华西临床医学院	2013181622018
杨艳菲	华西临床医学院	2013181622023

疾病诊断及治疗

1. 主诉：皮肤红斑、脱屑、瘙痒及持续时间。

2. 现病史：诱发原因，前驱症状，初发皮损性质、部位、数目、分布、扩展顺序及变化规律，伴随的局部及全身症状，诊治经过，是否自行用药及药物名称、剂量，有无日光照射及食物、药物、花粉等接触史。

3. 既往史：曾患疾病，其诊治情况及疗效、过敏史等。

4. 个人史：居住环境、职业、饮食习惯、婚姻生育史、月经史等。

5. 家族史：亲属有无类似疾病、有无近亲结婚等。

6. 体格检查：

（1）皮损部位、解剖部位、对称情况。

（2）皮损边界是否整齐清楚。

（3）皮疹特点。

（4）皮疹大小、颜色、厚度。

（5）皮疹孤立或融合。

（6）玻片压疹、鳞屑刮除、皮肤划痕试验。

7. 辅助检查：皮肤组织病理学检查，必要时进行实验室检查（斑贴试验）。

8. 诊断：是否为接触性皮炎。

9. 鉴别诊断：与系统性红斑狼疮相鉴别。

10. 治疗：

（1）寻找病因，迅速脱离接触物，积极对症处理。

（2）停用所有护肤品、化妆品，保持面部清洁，作息规律，饮食清淡。

（3）对因治疗：系统药物治疗（抗组胺药或糖皮质激素）、外用药物治疗（炉甘石洗剂）。

相关法律法规

1.《中华人民共和国消费者权益保护法》第三十九条：消费者和经营者发生消费者权益争议的，可以通过下列途径解决。

（1）与经营者协商和解。

（2）请求消费者协会或者依法成立的其他调解组织调解。

（3）向有关行政部门投诉。

（4）根据与经营者达成的仲裁协议提请仲裁机构仲裁（患者需申请法律文件并到有资质的相关仲裁机构进行仲裁）。

（5）向人民法院提起诉讼。

2.诊断证明书管理规定（2014年4月修订）：

（1）诊断证明书是重要的法律依据。

（2）出具诊断证明书的人员应为具有主治医师及以上职称、在本医疗机构注册的执业医师。医师不得出具与自己执业范围无关或者与执业类别不相符的医学证明文件。

（3）医师必须亲自诊查患者后方可出具诊断证明书。诊断证明书应客观、全面，每项诊断都应具备科学的、客观的诊断依据，并与病历中记载的病情和检查结果相符，主要处理意见应在病历中记载备查。

（4）医师开具的诊断证明书、休假证明，其日期应填写就诊当日，当日盖章有效。

（5）诊断证明书、休假证明只提供患者的疾病诊断和是否需要病休以及时间或医疗建议，不得出现疗养、免夜班等非临床医学治疗内容，不应提及与医疗不相关的其他处理意见，如陪护、护理等级、金额等。

（6）医师只能出具在本医疗机构死亡患者的死亡证明文件，医师未经特殊授权不得出具劳动能力、伤残程度及职业病等专用诊断证明文件。凡涉及司法办案需要的证明，以及用于因病退休，伤害、残疾、工伤、劳动鉴定，保险索赔，办理低保等的特殊诊断证明，由当事人或家属持公检法、交通管理、劳动保障等相关部门的介绍信，经医务部或门诊部审核后，由相应科室医师按照相关规定开具诊断证明书。

（7）不得开具需要由鉴定部门出具的诊断证明书，如无病、精神正常、部分或全部丧失劳动能力等。

（8）门诊医师开具的诊断证明书必须由本科室主任审核盖章，内、外科返聘专家开具的诊断证明书由门诊内、外科主任审核盖章，门诊诊断证明书到门诊部加盖公章。

（9）诊断证明书应加盖医院专用印章方有效，负责加盖公章的部门应严格按照规定审核、把关、登记、保存。

（10）诊断证明书严禁涂改、伪造、弄虚作假，开具诊断证明书的医师须承担相应的法律责任。

处理方式和建议

1. 开具本次医嘱。

2. 向患者说明诊断证明书的作用（可能无法律效力）。

3. 向患者说明保留证据的重要性以及不进行疾病治疗的后果。

4. 建议患者自主寻求法律帮助，并按照法律程序合法维权。

5. 开具诊断证明书，并向患者说明后续盖章等程序。

---

xx 医院门诊诊断证明书

姓名：xxx　　　　　性别：女　　　　　年龄：35 岁

科别：皮肤科　　　　　　　　就诊日期：2017 年 12 月 12 日

诊断：接触性皮炎？

患者于 2017 年 12 月 12 日于我院门诊部就诊，已告知患者：药物干预可能改变皮肤病进展，无法提供皮肤损伤的证据；若不治疗可能影响病情缓解，甚至加重病情。特此证明。

医师：XX（医疗单位盖章有效）

学生答案三

谭家兴　华西临床医学院　　2013181622067
胡元媛　华西临床医学院　　2013181622068
付庆毓　华西临床医学院　　2013181622014
杨雨静　华西临床医学院　　1042043047

观察病灶皮肤的皮损类型

　　仔细观察患者有无接触性皮炎、口唇炎、光敏感作用、疱疹、粉刺等，以明确诊断。判断是何种皮损、是否有可能是化妆品过敏造成的，食物性过敏、环境性过敏、药物性过敏、换季性皮肤敏感、神经性皮炎、荨麻疹等其他皮肤病，系统性红斑狼疮、猩红热等内在疾病导致的皮肤红斑、脱屑、瘙痒，同时评估患者皮损的严重程度以决定后续的治疗方案。

详询病史

　　仔细询问患者这次皮损的起病时间、部位，以及皮损随时间变化的情况、诱因、加重及缓解的情况、其他部位有无类似情况、之前有无类似情况、有无就医、有无服用药物治疗等。针对化妆品，询问是何种化妆品、有无相关合格证书、化妆品的相关成分（是否有以及为何种重金属、香料、防腐剂）、皮损与使用化妆品的关系、化妆品的使用方法、每次使用化妆品的量、涂抹的部位、家人朋友有无用过同款化妆品以及是否出现过类似的症状；除了皮损外，有无发热、咳嗽、咳痰、哮喘、关节疼痛等其他相关内科疾病症状；过去史，着重强调过敏经历，以及是否为敏感体质（是否有如下情况：是医师诊断的敏感体质或有家族性的过敏史；用到酸类保养品，如果酸，会有刺痛感；喝酒或长时间处在不通风的室内，皮肤就发红、发热；会有冬季痒，外油内干肤质，出油量大但皮肤却看起来没光泽；皮肤很薄，一晒就发红，没泛红时隐约透出青色血管等）；个人史，着重强调患者居住的环境、职业，有无其他容易导致过敏或者皮损的因素；家族史，着重强调父母、兄弟姐妹有无类似经历。

　　进行全面查体（考虑门诊实际情况可以适当就简）以及对相关部位进行专科查体，看其他部位皮肤（如双上肢、躯干、双下肢）的情况。如果有必要，可以安排相关实验室检查。

综合病情，鉴别诊断

鉴别皮肤症状为原发症状还是继发症状。

原发症状需与食物性过敏、环境性过敏、药物性过敏、换季性皮肤敏感、神经性皮炎、荨麻疹等相鉴别。

继发症状需与系统性红斑狼疮、猩红热鉴别。

如果患者确实是因为使用化妆品出现前述不适症状，又排除了化妆品的质量问题，那么要考虑：①在原有皮炎症状的基础上使用化妆品；②交叉使用几种化妆品；③使用劣质化妆品；④没有正确使用化妆品（功效型化妆品一般在包装上有禁忌和提示说明）。

同时再次确定患者到底属于刺激性接触性皮炎还是变应性接触性皮炎。刺激性接触性皮炎和变应性接触性皮炎的鉴别要点：

1. 刺激性接触性皮炎有明确的化妆品接触史，且接触后较快出现皮炎改变；皮损局限于接触部位，界限清楚；在同样的条件下，一般接触较多者发病；常表现为急性或亚急性皮炎，有不同程度的丘疹、水肿、水疱，破溃后可有糜烂、渗液、结痂；患者自觉局部皮损瘙痒、灼热或疼痛；皮损严重程度和接触物的浓度、接触时间有明显的关系；去除病因后很快痊愈；必须排除其他非化妆品接触因素所致病变（如接触酸、碱导致的接触性皮炎）。

2. 变应性接触性皮炎有明确使用或多次使用化妆品史，并有一定的潜伏期；在使用同一种化妆品的人群中，仅有少数人发病；原发部位局限于接触部位，但可向周围或远隔部位扩散；皮损形态多样，患者自觉瘙痒，可表现为皮炎、红斑鳞屑、头面部红肿、眼周皮炎伴发结膜炎、手掌手指汗疱疹以及接触性荨麻疹；皮损常迁延不愈；斑贴试验常获阳性结果；排除其他非化妆品接触因素所致病变（如接触油漆、橡胶等所致的接触性皮炎）。

与患者沟通，安抚情绪，明确患者此次前来的目的

明确告知患者少数群体体质特殊，可能对大多数人不敏感的物品产生不良反应，但并不代表这些物品是劣质物品。举例芒果、鸡蛋过敏进行说明。

如果患者要求医生开具病情证明以便要求商家赔偿。建议患者：

1. 行斑贴试验：斑贴试验用于化妆品过敏的确定和过敏原的检测。这一方法一方

面可以明确患者是否是因为这个化妆品过敏，提供可靠的证据；另一方面过敏患者也可获得如何选择适合的化妆品的建议，预防过敏再次发生。应用规范的斑贴试验器材进行人体皮肤斑贴试验，依据斑贴试验结果进行主观评价，并对结果进行统计分析，鉴定过敏原及过敏程度。斑贴试验阳性者可诊断为化妆品接触性皮炎，斑贴试验阴性者应结合病史、临床表现全面分析。当然，如果患者是特别想索赔的那种人，还可以建议她行香料检测以及防腐剂检测。在治疗前，让患者拍照，保留原始证据。

2. 寻求专业法律服务，结合《中华人民共和国消费者权益保护法》《化妆品卫生监督条例实施细则》《化妆品卫生监督条例》寻求合理合法的解决途径。

拟定后续治疗方案

1. 告知患者停止使用所有的化妆品。先控制病情，一般来说1~2天症状就会消除，除非病因不能被及时发现，或者又在使用其他的化妆品，这样就会发生交叉过敏，皮炎反复发作或转化为慢性，迁延不愈。用凉蒸馏水、湿棉或温和洗净产品，不要用纤维海绵、厚绒毛巾或表面粗糙的用具，否则只会更加刺激皮肤。

2. 根据患者的病情服用抗过敏药物，如氯雷他定、西替利嗪等，外用糖皮质激素、3%硼酸溶液联合超声雾化冷疗等。

3. 如果患者是过敏体质，最好的办法就是进行脱敏治疗，从根本上改善过敏体质。

4. 化妆品过敏的另外一个重要原因是皮肤的外在保护层——角质层受到破坏。当皮肤被化妆品损伤后，给皮肤及时补充胶原蛋白是增强皮肤抗过敏能力的关键。可以使用含胶原蛋白的产品。

5. 排除体内毒素，激活受损部位细胞的毒素自我代谢和屏障功能。接触到刺激物和致敏物，会诱发人体产生大量自由基，人体每天接触到的汽车尾气等有可能加重化妆品的过敏症状，使毒素越积越多。而皮肤黏膜中的深层毒素只有通过内服产品激活细胞对毒素的自我代谢功能，方能真正排净。

6. 日常生活中，应注意饮食清淡，且多样化，避免偏食及刺激性食物，摄入适量的水，蛋白质，富含B族维生素的谷类、稻类及维生素C含量丰富的水果、蔬菜等，可促进新陈代谢。

7. 洗脸的水温度不宜过高，保持面部清洁，防止毛孔堵塞，同时避免清洁过度，切忌用手搔抓，保持充足睡眠，尽量避免接触可疑的致病因素（如花粉、冷空气等）。光敏患者外出做好防护工作，打伞或抹防晒霜，化妆品过敏者一旦出现瘙痒、红斑等症状，应立即停用化妆品，并尽快到医院就诊，寻求专业帮助。

8.更换新化妆品时，一定要先做皮肤测试。斑贴试验有助于判断过敏原。针对过敏体质患者，应选择抗过敏舒缓型化妆品，最好不含香料成分。

进行健康宣教

1.勿使用过期化妆品或频繁更换化妆品。

2.皮肤过敏者，使用前最好做皮肤过敏测试或者在皮肤科医生建议下使用化妆品。

3.美容院自制化妆品勿用。

4.如果发现化妆品皮炎，应该到正规医院的皮肤科及时就诊。化妆品皮肤不良反应是多种因素导致的结果，既与化妆品质量有关，也与其添加的有毒物质或违规药品有关，还与消费者使用不当和过敏体质有关。因此，寻求专业的帮助对恢复健康很有用。

上报不良反应事件

如果证实患者的症状的确与使用化妆品相关，则需向化妆品不良反应事件监测中心及时汇报并建立病案档案以备查询。

参考资料

［1］李领娥.化妆品皮炎离你有多远［J］.中医健康养生，2015（12）：64-65.

［2］刘丽娟，陈惠荣，葛新红，等.化妆品接触性皮炎78例临床分析［J］.宁夏医科大学学报，2015，37（7）：838-840.

［3］李传茂，刘培，高红军，等.化妆品过敏原因及检测［J］.广东化工，2015，42（6）：106-107.

［4］蔡永莲.化妆品过敏原［A］//中国中西医结合学会皮肤性病专业委员会.2013全国中西医结合皮肤性病学术年会论文汇编［C］.中国中西医结合学会皮肤性病专业委员会，2013.

［5］徐永凤.化妆品引起过敏的化学成分分析［J］.中国石油和化工标准与质量，2012，33（16）：223.

［6］李巍，张卓.化妆品过敏患者健康教育的实践与思考［J］.中国美容医学，2012，21（6）：1047-1048.

［7］朱晓敏，张晓军，何韶衡.化妆品过敏原皮肤斑贴试验的临床研究［J］.安徽理工大学学报（自然科学版），2012，32（1）：77-80.

［8］朱晓敏.化妆品中致接触性皮炎的过敏原调查分析［A］//中华医学会变态反应学分会.中华医学会2009年全国变态反应学术会议论文汇编［C］.中华医学会变态反应学分会，2009.

［9］陈晶晶.化妆品接触性皮炎的临床和斑贴试验研究［D］.西安：第四军医大学，2008.

［10］刘玮.化妆品过敏及其诊断问题［A］//中国中西医结合学会.首届国际中西医结合变态反应学术会议暨全国中西医结合变态反应第三次学术会议资料汇编［C］.中国中西医结合学会，2007.

［11］程艳，董益阳，王超，等.化妆品过敏的检测和评价［J］.卫生研究，2006（6）：811-813.

［12］毛文慧，李邻峰，路雪艳.化妆品皮炎的分类及临床表现［J］.中国麻风皮肤病杂志，2006，22（3）：229-231.

［13］化妆品过敏的治疗［J］.内蒙古林业，1990（11）：39.

四川大学
华西临床医学院 / 华西医院

王华楠

教师简介
JIAOSHI JIANJIE

王华楠，讲师，从事中医、中西医结合教育及临床工作近20年，积极探索理论教学和实践教学，创新综合院校/西医院校中医学教改方法，承担多项校级、院级教改课题，发表多篇教改论文。

课程简介
KECHENG JIANJIE

中医学（Ⅰ）

课程号：502222040

中医学是世界科学史上具有独特理论体系和临床疗效优势的一门自然科学，在现代医学技术高度发展的今天，仍显示出蓬勃的生命力和独特的魅力。中医药治疗、保健在我国当今的医疗体系中占有很重要的地位。通过本课程的学习，学生需掌握中医学的基本理论，包括中医学的发展史及其基本特点、中医学基本思维方法、阴阳五行学说、脏腑理论（藏象）、气血津液理论、病因病机、四诊、辨证、防治原则、中药概述、方剂概述、经络针灸概述等，以及中医学四诊、辨证论治等诊治疾病的基本方法。在课堂及实践教学中，教师融合多元教改方法，在历史背景、文化基础、临床实践、中西比较、学科现代研究进展等方面进行多元知识汇通，科学构建基础中医学知识结构体系，促进独立思考和团队合作、创新能力。

体验中医，学习中医

四川大学华西临床医学院 / 华西医院　王华楠

　　中医学是世界科学史上具有独特理论体系和临床疗效优势的一门自然科学，在现代医学技术高度发展的今天，其显示出蓬勃的生命力和独特的魅力。中医药治疗、保健在我国当今的医疗体系中占有很重要的地位。

　　但中医学抽象的阴阳五行、脏腑学说等理论，在现代医学理论体系的包围下，显得晦涩难懂。究其根本原因，中医理论是建立在中国传统文化体系上的，易学、阴阳学、五行学、儒学、道学、墨学甚至兵学都或多或少地成为中医理论的一部分。即使从现代自然科学的角度来看，中医也包含了生物节律学、社会学、植物学、动物学、地质学、人体学、哲学等知识。

　　面对如此磅礴浩瀚的传统文化和自然科学基础，学生应从何入手，点滴积累，构建对中医学的理解？

　　中医学在中国这片古老辽阔的土地上萌芽、发展并成熟，是人们长期以来基于实践经验上的总结与升华。

　　体验指学习者亲自参与或置身某种情景（场合），通过感受、体验来认识事物。从体验认知的角度来看，中医学理论的形成与古人在实践中对身体与外界互动的体验密切相关。

　　其中，最为重要的体验是自然规律对人类生产活动、人体健康与疾病的影响。例如，基于自然气候的农耕生产体验中，春夏秋冬的转换都是不以人类意志为转移的客观现象，人类需要顺应自然规律来进行农耕生产，维持人类的生存与繁衍。在年复一年的实践、体验、探索中，先辈发现自然环境与人体的疾病和健康息息相关。《素问·金匮真言论》说："故春善病鼽衄，仲夏善病胸胁，长夏善病洞泄寒中，秋善病风疟，冬善病痹厥。"《灵枢·顺气一日分为四时》说："夫百病者，多以旦慧、昼安、夕加、夜甚……朝则人气始生，病气衰，故旦慧；日中人气长，长则胜邪，故安；夕则人气始衰，邪气始生，故加；夜半人气入脏，邪气独居于身，故甚也。"《素问·异法方宜论》说："东方之域……其民皆黑色疏理。其病皆为痈疡，其治宜砭石。……西方者……其民华食而脂肥，故邪不能伤其形体，其病生于内，其治宜毒药。……北方者……其民乐野处而乳食，脏寒生满病，其治宜灸焫。……南方者……其民嗜酸而食胕，故其民皆致理而赤色，其病挛痹，其治宜微针。……中央者……其民食杂而不劳，其病多痿厥寒热，其治宜导引按跷。"

　　上述经典理论告诉我们，先辈在实践中总结出四时、地域对人体健康的影响，从而通过自省反思提出顺应自然、养生防病的总则。《灵枢·本神》指出："智者之养生也，必顺四时而适寒暑，和喜怒而安居处，节阴阳而调刚柔，如是僻邪不至，长生久视。"《吕氏春秋·尽数》指出："天生阴阳寒暑燥湿，四时之化，万物之变，莫不为利，莫不为害。圣人察阴阳之宜，辨万物之利，以便生，故精神安乎形，而寿长焉。"

　　体验学习是最基本的学习形式，指学习者在反复实践中内省体察，全身心地参与，通过不自觉或自觉地内省而把握自己的行为，认识外在世界。

　　体验式教学：在教学过程中创设问题情景、实践情景，学习过程被置于各种虚拟的或真实的实践情景之中，使学生完完全全地参与学习过程，让学生有思考、探索的时间和机会，使其通过实践和体验来认知事物，建构知识体系。

　　在"中医学"课程教学中，在课堂内外，教师除了通过中医经典的医案来帮助学生理解理论知识，还设置了一些传统文学经典中的中医案例。例如，同学们在清代小说家吴敬梓的《范进中举》里，在《红楼梦》第四十四回"变生不测凤姐泼醋，喜出望外平儿理妆"里，体验社会地位、人际关系带来的人物情志变化对人体脏腑病证的影响及中医情志疗法。

我们也做了多年调查，发现大学生普遍存在睡眠不足、记忆力下降、注意力不集中、精神不振、焦虑、痤疮、胃肠功能紊乱、便秘等健康问题。高相关因素有作息时间不规律、熬夜、缺乏运动、饮食不规律、压力大、情绪调节差等。基于调查，在课程后期，我们引导同学们在自己的日常生活、工作、学习中觉察自己的身体状态，探索身体状态与中医理论病因病机、脏腑学说等的相关性，在这个过程中让学生积极体验和运用中医学理论，调整自己的生活、学习方式，达到改善身体状态的目的。通过这样的从理论到自身实践的完整体验，学生能够更好地理解、运用中医学知识。

同学们在学习中医学的过程中，能够边学习边体会天地阴阳之规律，了解如何调整生活、学习状态，适应自然规律，减少健康问题。

考试题目

依据中医学理论，根据自己的体质（身体）状况规划自己的饮食起居。

试题说明

答案可以以文字、图表等方式呈现。

考试要求

1. 根据中医学理论，学以致用，进行自我体质辨证。

2. 根据辨证结果，指导自己的饮食起居，充分进行自我评价后，纠正或改善自我不良生活习惯。

3. 灵活不死板。每个学生的体质不同，因此答案因人而异，不能刻板地参照别人的答案。

4. 将中医学的内容融入生活，认识到中医学并非枯燥乏味的学科，而是与个人、家人的学习、工作、生活息息相关的，实用且有趣的一门学科。

X 学生答案
UESHENG DA'AN

学生答案一

华雨薇　华西临床医学院　　2015141624041

第 X 回　华姑娘郁结不知源，某夫人论病解忧患

一日，华西太医署荷花池旁。

"华姑娘，近来有什么烦心之事吗？怎么小几月未见，这样无精打采？"

"夫人好，您看起来倒是气色红润，神采奕奕。"

"快别提我了，说说你，若是真有什么病痛，该趁早请个大夫来，好生开个方子治治才是。"

"倒也不是什么顽疾，只是近来不知怎么的，总觉着精神不振，稍稍活动人便疲乏倦怠得紧。"

"姑娘饭吃得如何呢？"

"有时好了，有时又坏了，饭后总是腹部胀痛，但半个钟头便能自己缓解了去。"

"大便还正常吗？"

"不好，总是便不成形，滞涩不畅。"

"依我之见，姑娘这多半是操劳过甚、情志不舒所致的肝郁脾虚之症。这五脏之中肝属木，喜条达舒畅，最恶抑郁，若是肝气郁滞，则会横逆犯脾，使得脾失健运。脾的运化、升清功能受阻，消化吸收功能因之失常，致水谷不能运化，气血也便无源生化，自然会有神疲乏力之象。"

"是了，近来医馆课业繁忙，我一门心思揣摩医理，其他都顾不及，对身体调理难免疏忽大意了。"

"是呀，你素来体健，今次一见令我如此吃惊。学业固然重要，但身体健康更是不可忽视呐！"

"依夫人所见，我这病症可有调理的方子？"

"我倒是真有个方子，叫作'逍遥散'。专治肝郁血虚脾弱之证。要那柴胡、白芍、当归、茯苓、白术各一两，炙甘草半两。每服两钱，水一大盏，加烧生姜一块、薄荷少许，同煎至七分，去滓热服。"

"这真是极好的。我听说夫人尤擅食疗滋补之道？"

"哪里，小有经验罢了。姑娘可日里多食山药、红糖、花生、猪肚、莲子等健脾之物。喝些当归山楂茶、胡桃芝麻饮，也对身体有些助益。"

"多谢夫人。"

"话虽如此，所谓'人之所病病疾多，而医之所病病道少'，还是应重调理、重防范。强身健体方为正道。你平日里应格外注意饮食有节，少食辛辣之物，不要贪凉饮冷。最重要的是不应总深居简出，应多加运动，纾解心中郁结，时吸新鲜空气才是。"

"谨遵夫人教诲，我受益良多。"

学生答案二

王　彤　华西临床医学院　　2015151621132

自从高三毕业以来，由于过量饮酒以及饮食不规律，我身体出现了很多毛病。借这个机会，我对自己进行反思并对以后进行规划。

每次吃完东西，不管吃的什么、吃多少，我都会有腹胀感以及嗳气，从而导致没有食欲，精神很差。原因应该是脾失健运，导致消化吸收功能失常，精、气、血、津液无化生之源，并且脾脏升清功能失常，导致精神很差。由于脾合胃，脾失健运导致胃失通降，影响食欲，浊气在上、在中，引起口臭以及脘腹胀闷。辨证为脾气虚证以及胃热炽盛证。此外，有可能还有点肾阴虚，导致心烦意乱、潮热等症状。

以后我要注意合理饮食，吃具有补脾益气、醒脾开胃作用的食品，如粳米、粟子、山药、红枣、胡萝卜、马铃薯、香菇等；因为是脾气虚证，所以要吃具有补脾作用的食物，应吃性平味甘或甘温的食物；忌吃性寒凉、易损伤脾的食物，味厚滋腻、容易阻碍脾运化的食物……

可以对大都、太白等穴位进行针法治疗，配合早睡早起、适当锻炼、规律饮食，我相信我的病症很快就可以缓解。

学生答案三

朱师禹　华西临床医学院　　2015151621203

一、身体状况辨证分析

（一）身体状况分析

1. 晨起困顿，身体乏重。

2. 容易乏倦，空调房畏寒。

3. 大便不成形、稀溏、黏滞、排泄不畅。

（二）辨证

1. 八纲辨证：神倦乏力属阴证，肢体乏力、大便稀溏属表里夹杂，畏寒属寒证、虚证。

2.脏腑辨证：纳少，大便稀溏，头身困重，属寒湿困脾证。寒湿内盛，脾阳受困，运化失司。

二、生活饮食规划（见表格）

时间	计划	备注	中医学原理
6:00	起床	切忌赖床，晨起工作学习	寅卯二时，对应3~7点，为肝气生发、少阳之气生发之时，此时起床，使人精力充沛
7:30 12:00 18:30	早饭 午饭 晚饭	适当食用薏米、冬瓜、山药、苹果、鲫鱼、猪肚等食材制作的食物	薏米、冬瓜为祛湿类食物，山药、苹果、鲫鱼、猪肚为健脾类食物
20:00	运动	运动以出汗为目的，慢跑、力量运动相结合，防止关节损伤	湿气及表，汗而发之
22:00	睡觉	切忌熬夜，工作学习早完成	亥、子、丑三时，对应21点至第二天3点，为肾封阳气之时，此时睡觉，为第二天活动贮存精气
少待空调房		尽量不使用空调解暑降温，而使用风扇、自然风降温	空调冷气为寒邪，长期在空调房中，容易外感风寒，不利于体内湿气宣发

三、中药方剂的应用

（一）祛湿药物

1.芳香化湿药气味芳香、性偏温燥热，适用于脾为湿困、运化失常的病证。本类药物有挥发性，入煎剂宜后下。常用药物有广藿香、苍术。

2.利水渗湿药的主要作用为渗泄水湿、通利小便，用于治疗水湿内停的病证，不适用本病例。

藿香　　　　　　　　　　苍术

3.利湿退黄药的主要作用为清利湿热，用于治疗湿热黄疸证，不适用本病例。

（二）祛湿方剂

祛湿方剂分为5类：①芳香化湿剂，适用于外感风寒、内伤湿滞证；②苦温燥湿剂，适用于湿困脾胃证；③淡渗利湿剂，适用于水湿停留水肿证；④清热祛湿剂，适用于湿热俱盛或湿从热化证；⑤温阳化湿剂，适用于湿从寒化、阳不化水证。

寒湿困脾证应使用苦温燥湿剂，以平胃散为代表方。平胃散：苍术12g、厚朴9g、陈皮6g、炙甘草3g，共为细末，每次6~9g，生姜、大枣煎汤送服，或作汤剂，加姜枣水煎服，有燥湿运脾、行气和胃的功用。

万 智

四川大学
华西临床医学院 / 华西医院

教师简介
JIAOSHI JIANJIE

万智，医学博士，主任医师，硕士生导师。现任四川大学华西医院急诊科党支部书记兼副主任，是中华医学会急诊医学分会复苏学组委员、中国医师协会胸痛专业委员会委员、中国胸痛中心核查专家。2008 年在美国南加州大学 Weil 重症医学研究院研修访学。主持和参与国家自然科学基金项目和科技部精准医学项目。参编专著和教材十余部，发表 SCI/Medline 论文二十余篇。曾获美国心脏协会授予的青年研究者奖，多次获"四川大学优秀教学奖"，2017 年获四川大学"星火校友奖教金"二等奖和"十佳医德奖"。参与教学项目，获四川省教学成果一等奖和四川大学教学成果一等奖。

课程简介
KECHENG JIANJIE

急诊医学（Emergency Medicine）

课程号：502353020

急诊医学是临床医学二级学科，包括对所有急性病、急性伤和慢性病急性发作的评估和诊治，也包括对群体急性伤病事件和突发公共卫生事件的早期应对和管理。

本课程为四川大学五年级国际医学生所设计，旨在帮助其建立急救医疗体系的概念，培育快速分拣和评估—抢救—再评估—再处置的急救理念，掌握常见急危重症的早期甄别与救治原则，形成急诊急救的整体观和全局观，学会在多病例群体救治和单病例的多疾病救治中充分合理运用医疗资源，最大限度地为患者提供高品质的急救服务。

本课程共 26 学时，内容涵盖分拣、创伤、中毒、脏器和生命支持等方面。授课形式包括课堂讲授、视频观看、模拟演示、案例讨论以及临床体验。考核形式包括课程结束后的期末试卷考试和课程进行中的形成性测评。试卷考试聚焦学生标准知识点的掌握情况；形成性测评通过读书报告、病案分析、模拟视频录制等方式评价学生的分析和综合思考能力。

非标准答案考试
——以考促学，让学生爱上急救

四川大学华西临床医学院 / 华西医院　万　智

　　标准化考试作为现代教育制度和考评的重要构成部分，其本质是对测评对象的某方面素养、能力进行评估和测量。考试的核心在于标准化，强调答案的排他性，着重于对学生的客观知识点的考查。这样的考试方法对于促进学生认知和掌握基础知识有一定的推动作用。

　　但在高等教育中，我们不仅需要提升学生对知识的认知能力，让学生认识客观知识的普遍性和权威性，更应该培养学生对知识的批判质疑和整合创新能力，让学生认识现有知识的不确定性、开放性和动态生成性。高等医学教育是精英化的高等职业教育，强调培养高质量、专业化的卫生服务人才。由于服务对象是具有社会属性和个体差异的人，而疾病本身的发生和发展具有动态演变过程，且不同疾病在不同人群和个体中可能组合、叠加和相互影响，医疗服务本身无法被完全标准化，因此医学教育也就无法完全以标准化的方式按部就班地进行。换个角度思考，高等医学教育培养的医学人才在未来的医疗服务实践中，每一次为患者群体或个体做出临床决策都将是一场前所未有的实战考试。这样的考试是未知答案的、开放的、因时因地因人而变的，无法做到标准化。那么，医学生在学习成长过程中的考试和考核越接近临床真实世界，就越有利于他们未来从医学生向医生转变。因此，实施以思考、整合、应变、创新能力为测评目标的非标准答案考试将实现对学生的多维度评估，有力地弥补标准化考试的不足，这也是对学生胜任力提升的正向引导和激励。

我们在留学生的"急诊医学"（Emergency Medicine）这门课程中，尝试以非标准答案与标准答案并进的考试方式来评价学生的学习效果。标准答案考试主要采取期末笔试或线上客观题考试的方式，考试成绩占总成绩的40%。非标准答案考试主要采取课后测评的形式，成绩占总成绩的60%，教师在每次课堂讲授后抛出一个临床问题，同学们以解决问题为目的进行课后复习、查阅文献、独立思考、团队讨论等，最终以情景模拟视频录制、读书报告、病案分析报告等形式提交考试答案。在这个过程中，考试不仅仅是获得成绩的方法，更重要的是成为促进学生自主学习的手段，以及学生自我提升、"爱我所学"的桥梁。

以高级创伤生命支持（ATLS）这部分内容的考试为例：教师在课堂讲解了ATLS的目标、流程和方法后，要求学生自主设计创伤情景，以10人为团队组织开展ATLS，并录制该过程，最终提交视频。学生在课后考试过程中发挥了极大的自主性。在情景的设计上，高坠伤、车祸伤、地震伤、爆炸伤等都有涉及；在事发点的选择上，街道、校园、工地、野外等都有；在角色分工上，医护、路人、警察、消防员都有；在流程安排上，拣伤分类、院前急救、途中转运、院内救护全程跟踪都涉及；在急救方法的运用上，止血、包扎、固定、搬运统统上场。这5~10分钟的视频是一场以问题为导向的非标准答案考试，既检验了学生对ATLS基本知识的掌握情况，又考查了学生的个人急救技能、现场救援思维、组织协调能力和团队协作能力。从前期设计、模拟演练到视频拍摄和后期剪辑，整个过程既有学生的独立思考，又凝聚他们的团队智慧，是一次课后的TBL实践。这既是一次考试，也是一次自主深度学习。教师抛出的问题只是一个"引子",重点是让学生去发现 ATLS 过程中可能遇到的大大小小的问题并自主解决,唤起学生的学习兴趣。最后,教师的点评像火把一样,点燃学生再学习的热情。

在这门留学生课程的考试改革中,我们对非标准答案考试的探索是一次以考促学的有益尝试,也为未来进一步学考结合奠定了基础。

考试题目

AOSHI TIMU

ATLS 处理流程实景演练。

试题说明

创伤事件在生活中的发生率很高，国际上目前有统一的标准化急救处理流程，即高级创伤生命支持，简称 ATLS。ATLS 包括下列主要内容：（1）快速并准确地评估创伤患者病情；（2）按优先顺序对创伤患者进行复苏和稳定生命体征的操作和急救；（3）确定哪些患者超出了本医疗机构或医生处理的能力，尽快转诊；（4）合理安排创伤患者的院内转运；（5）在创伤患者评估、复苏和转运过程中保证质量。该部分内容实践性强，单纯的理论理解印象不深刻，如果以团队合作为基础，自行设计情景，演示全过程，将会加深学生对 ATLS 的记忆和理解，并且拍摄和后期的制作过程也能促进学生团队精神的培养。

考试要求

学生以 10 人为 1 个小组，自行设定情景，地点不限，包括校园、大街和医院等场所，拍摄一个简短的创伤急救视频，重点突出 ATLS 的处理流程。注意拍摄过程中保证自身的安全。

学生答案为视频，为免侵权，未放入。

谭惠文 / 左　川 / 李春雨

四川大学
华西临床医学院 / 华西医院

教师团队简介
JIAOSHI TUANDUI JIANJIE

谭惠文，四川大学华西临床医学院内科学／诊断学教研室讲师，四川大学华西医院内分泌代谢科主治医师，美国斯坦福大学医学院内分泌代谢／老年病学中心联合培养博士，中国高等教育学会医学教育专业委员会诊断学分会青年委员，四川大学留学生"内科学"课程负责人。被评为 2017 年内科教学先进个人。担任中共中央组织部第九批援疆干部（克拉玛依市人民医院），新疆维吾尔自治区克拉玛依市人民医院内分泌代谢中心主任。

左川，医学博士，副教授，四川大学华西临床医学院诊断学、留学生"内科学"、留学生"诊断学"课程负责人，全国高等医学教育学会临床医学教育研究会诊断学分会委员，国家医学考试命题专家。在国内外期刊发表论文三十余篇，多篇被 SCI 收录。参编《诊断学》及相关多媒体教材等。

李春雨，四川大学华西临床医学院内科学／诊断学教研室助教，四川大学华西临床医学院神经内科博士后。

课程简介
KECHENG JIANJIE

Internal Medicine I

课程号：502365060

内科学是一门重要的临床医学学科，是临床医学各科的基础学科，其所述内容在临床医学的理论和实践中具有普遍意义，是学习和掌握其他临床学科的重要基础。其教学任务是使学生掌握内科常见病、多发病的病因、发病机制、临床表现、诊断和防治的基本知识、基本理论和实践技能。

留学生"内科学"是针对海外留学生开设的一门以全英文形式授课的临床医学课程。课程主要由理论讲授和临床实践两部分组成，其中临床实践课程穿插了小组讨论以及 PBL 和 TBL 等种学习形式，用以加深有关临床基本理论的理解，重点是培养学生的分析判断能力，使学生在学习中逐步形成缜密的科研思维，为今后的工作、学习及研究打下良好的基础。

改革留学生考试制度以提升教学质量

四川大学华西临床医学院 / 华西医院　谭惠文　左　川　李春雨

随着我国医学教育国际化程度的提高，越来越多的东南亚、中东及北非学生选择来华留学。目前医学专业的留学生增长速度很快[1]。留学生教育不仅仅是我国教育国际化的重要组成部分，也是我国对外文化交流和合作的重要窗口[2]。留学生教育既可扩大中国文化传播、促进国际交流，又可拉动本国经济、振兴科技事业。因此，培养临床医学留学生已成为我校提高和更新教育理念、提升教育管理和师资队伍素质以及发挥医学教育国际影响力的重要途径。

四川大学华西临床医学院从 20 世纪 90 年代末开始对外招收留学生，迄今留学生已有十余届。内科学 / 诊断学教研室承担了留学生理论课和实践课的教学任务。"内科学"是基础医学过渡到临床医学的桥梁课程，是一门实践性很强的学科。我们在对留学生开展内科学教学实践的探索过程中积累了一些经验，在临床教学实践中收到良好的效果。如何才能更好地完成留学生内科学的教学值得深入探讨。本文就留学生"内科学"课程的考试形式浅谈近年来的一些体会。

大学是培养人才的地方,选拔人才的方法和标准十分重要。但是,历来学校实际上只把书面考试成绩作为挑选人才、衡量智力的标准,这一做法值得深入探讨。从人才的结构和素质上讲,人才不仅要有记忆力和前人的知识,还要有创造力、想象力、逻辑思维力、理解力、观察力以及实验技能等[3]。而一张书面试卷显然不能全面反映这些内容。国际著名物理学家李政道曾说:"考试考得好不好是一个技术问题,反应快的人可能考得好点。"

为了更好地考核同学们的学习情况,同时响应学校提出的教学及考试改革号召,我们对留学生"内科学"课程考试进行了改革。我们将考试形式多样化,并且大幅度降低期末考试成绩所占比例,从而综合评估学生的学习状况。我们将期末成绩占比调至50%,增设了网络测试、课后测试以及非标准答案考试等,以减轻学生期末考试负担,更加全面地考核学生多方面的能力。非标准答案考试受到了师生的一致好评。

非标准答案考试是我校教学改革的一大创举,打破了"标准答案,60分及格"的传统考试模式。临床医学是一门实践性很强的学科,临床疾病种类众多,发病机制、临床表现不一,诊断、治疗与预防的途径也是多种多样,并无绝对的标准答案。部分考试采用非标准答案,增加了学习的趣味性,激发了同学们的学习热情,让学生更好地学以致用,同时也有利于学生职业素质的培养及职业规划。

在本学年的工作中,我们以海报比赛形式,对本学期学习的重难点部分——心血管系统进行了考核,督促同学们深入而全面地了解相关领域知识;同时通过小组协作的形式,极大地促进了同学们之间的交流沟通,增强了班级团结和凝聚力。而海报制作则激发大家的创造力,为平时过多的记忆学习增添了更多的趣味性。最后,以比赛为载体的考核方式较传统考试更为宽松,且更容易激发同学们的学习兴趣和创造力。经过此次的非标准答案考试,我们充分激发了同学们的自主学习热情,使他们在相对宽松自主的环境中逐步掌握了本学期学习的重难点。非标准答案考试受到了同学们的一致好评。

参考文献:

［1］吴彬江，冯振卿，王心如. 医学留学生教学改革的规则与展望［J］. 南京医科大学学报（社会科学版），2007，26（3）：81-84.

［2］赵云，刘爱华，胡风琴，等. 临床医学留学生教学及管理探索［J］. 医学教育探索，2007，6（9）：850-851.

［3］吕卓人，文历阳. 应该高度重视教材建设科学规律的研究［J］. 中华医学教育杂志，2006，26（3）：59-61.

考试题目

KAOSHI TIMU

Poster Design Contest

试题 说明

1. 立足于学习的知识性和趣味性特点，针对本学期所学的知识，我们开展了海报制作比赛，旨在鼓励同学们进一步深入查阅资料进行学习，并总结该学期所学的内容。

2. 比赛以小组为单位，采用组长负责制。学生在规定时间内自主选题、设计，并通过团队协作，共同完成海报。

考试 要求

• Hypertension and heart disease are global health concerns.

• Utilize what you have learned this semester, to create a poster related to hypertension and heart disease in intern ship group.

• The poster framework is not limited, the content should be closely related to the theme, and requires newly-reported materials and a clear thinking.

学生答案

学生答案一

Chamath Gaveshaka	华西临床医学院	2014521620090
Thivanka Weerasinghe	华西临床医学院	2014521620080
Chaudi Nawka	华西临床医学院	2014521620092
Heshani Hettige	华西临床医学院	2014521620084
Kethanee Hansamali	华西临床医学院	2014521620085
Saritha Herath	华西临床医学院	2014521620089
Sahani Silva	华西临床医学院	2014521620077
Niveka Brahmendran	华西临床医学院	2014521620086
Nethmi Dulange	华西临床医学院	2014521620079
Dilruk Tirimanna	华西临床医学院	2014521620081
Archopiyan Ganeshan	华西临床医学院	2014521620088
Shadri Azzeez	华西临床医学院	2014521620078
Shashen Rajapaksha	华西临床医学院	2014521620082
Hasitha Pathirana	华西临床医学院	2014521620091

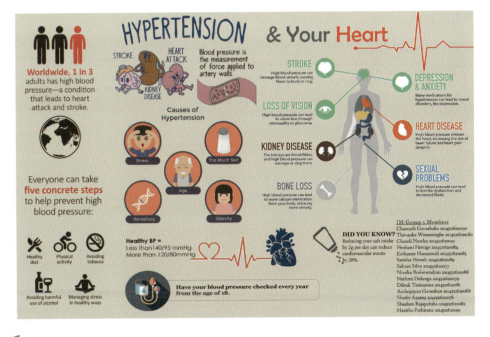

学生答案二

Iiyanage Jithma Ranmini Perera	华西临床医学院	2014521620093
Iftikar Ilham Ssadik	华西临床医学院	2014521620096
Dileep Ashique Salam	华西临床医学院	2014521620099
Rahul Kumar	华西临床医学院	2014521620100
Abheysundera Eranga Harshika	华西临床医学院	2014521620106
Ravichandrathas Senthurathas	华西临床医学院	2014521620107
Chiahsuan Tsauo	华西临床医学院	2014521620108
Dasari Lakshmi Naga Sai Sivani	华西临床医学院	2014521620109
Batskhemlang Iangrai	华西临床医学院	2014521620110
Dathrang Sullivan Lyngdoh Sawkmie	华西临床医学院	2014521620112
Sun Selani Sumie	华西临床医学院	2014521620113
Mayuri Krishna	华西临床医学院	2014521620115
Vegesina Likisha	华西临床医学院	2014521620118
Matarage Lakmalee Maduwanthi	华西临床医学院	2014521620119

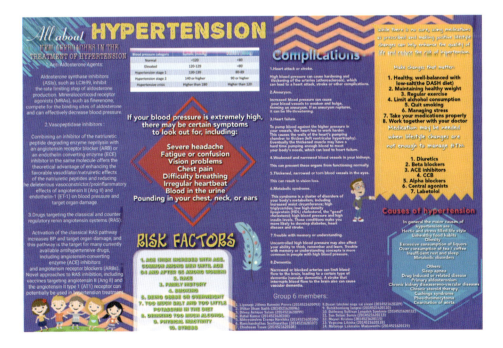

罗碧如

四川大学
华西临床医学院／华西第二医院

教师简介
JAOSHI JIANJIE

罗碧如，护理学硕士，健康教育学博士，主任护师，博士生导师，四川大学临床医学院妇产儿护理教研室主任，四川大学华西第二医院护理部主任，中华护理学会妇产科专委会副主任委员，中国妇幼保健协会助产分会副主任委员兼助产科研学组主任委员，人民卫生出版社教材指导委员会常委、助产教材副主任委员，四川省护理学会副理事长，四川省卫生厅学术技术带头人，*Journal of International Nursing* 及《中华现代护理杂志》等杂志审稿专家。发表论文 100 余篇，其中 SCI 收录 15 篇；主编及参编教材、专著 24 部；主持及参与各类课题 20 余项。

郭秀静，护理学硕士，循证医学博士，主管护师，中华护理学会妇科护理专委会青年委员，中国中药协会女性生殖健康药物研究专业委员会委员，四川省预防医学会生殖健康分会委员，四川大学华西第二医院妇科副护士长，《中国实用护理杂志》《护理学杂志》外审编委。发表论文五十余篇，其中 SCI 五篇，参编教材及专著九部，承担及参与各类课题七项。

课程简介
KECHENG JIANJIE

母婴护理学

课程号：502393020

"母婴护理学"课程本着"以家庭为中心"的原则，重视健康教育，突出三个整体：孕产妇、新生儿及家庭成员为一个整体，孕前、孕期、产时、产后为一个整体，社区—医院—社区循环过程为一个整体。内容包括女性生殖系统解剖与生理、生理及病理妊娠、分娩、产褥期的护理、计划生育妇女的护理以及母婴常用的护理、诊疗技术。除了基础理论、基本知识和基本技能，本课程还注重专业方面新理论、新技术、新理念的普及，突出了课程的基础性与先进性。通过学习，学生能运用护理程序，对孕产妇的生理、心理、社会及疾病等方面进行全面评估，实施整体护理。

"母婴护理学"为专业主干课程，学分 2 分，共 32 学时，其中讲授 24 学时，见习 6 学时，讨论 2 学时。见习、讨论与理论课配合，可加深学生对母婴护理相关基本理论的理解，提高学生分析问题和解决问题的能力。我们在教学过程中采取了翻转课堂、情景模拟、小组答辩、制作思维导图等多种方式，充分调动了学生的学习积极性，提升了学生的临床思维能力、沟通表达能力，同时也在小组协作中培养学生的团结协作精神，让学生充分体会到学习的乐趣，在日常考试中学习到课堂之外的很多知识。

非标准答案考试
——放飞护生的临床思维

四川大学华西临床医学院 / 华西第二医院　罗碧如　郭秀静

"活到老，学到老，考到老。" 这是我们医务工作者的真实写照。护理学是一门综合性应用学科，既是一门自然学科，也是一门社会学科，还是一门人文学科。护理专业的学生不但要掌握医学基本知识，还要能够将知识融会贯通，运用所学知识解决临床所遇到的问题。

还记得当年在医学院读书的时候，我学习很努力，期末考试时更是熬夜背书，最后成绩当然也非常优秀。然而，到临床实习后，我却总是遭受打击。那些成绩比我差的学生为什么在临床工作中就比我更灵活呢？我当时并不明白。后来，研究生毕业后我留校工作了，也遇到了很多跟我当年一样的学生，学习成绩在班上数一数二，但临床思维并不强，甚至比其他同学差。相反，那些临床思维活跃的学生并不一定是班上的三好学生。我慢慢懂得了单纯知识点的掌握并不代表临床思维能力的习得，对于护理人来说，在掌握了医学基本知识的基础上，培养临床思维能力是非常重要的，因为我们所服务的对象是人，是带有复杂病情的人。对于怎样解决患者的问题，我们的答案并非是唯一的、标准的。

非标准答案考试恰恰就是破除"高分低能"积弊、培养学生综合运用知识能力的一种方法。继 2015 年原四川大学校长谢和平院士做出了题为"改革教学方法和开展非标准答案考试的做法与打算"的交流发言后，非标准答案考试已逐渐在各个学院铺开，并取得了一定的成效。

非标准答案考试不仅仅在期末的时候对学生进行理论考核，而且从开课到期末构成一个动态的考核过程。这就要求改变传统的"以教为主"的教学形式，转化为"以学为主"，学生是整个教学过程的主角，根据学生在教学过程中的表现对其进行评定。"母婴护理学"课程开展了非标准答案考试改革后，我们在教学过程中采取了翻转课堂、情景模拟、小组答辩、制作思维导图等多种方式，充分调动了学生的学习积极性，提升了学生的临床思维能力、沟通表达能力，同时也在小组协作中培养了团结协作精神，让学生充分体会到了学习的乐趣，也使学生在日常考试中学习到了课堂之外的很多知识。

这种全程的考核方式降低了期末考试占比，增加了过程考核占比，有效杜绝了学生逃课现象，并提高了学生的课堂参与率，让学生的学习过程变得更有意义。同时，平日的有效课堂让学生变得更加自信，学生不再惧怕期末考试，也不必为了期末考试而临时抱佛脚。

护理学是一门实践性很强的学科，护生毕业后面临的是一个个病情复杂的患者，他们要为患者提出正确的护理决策，为患者提供整体护理，就一定要具有极强的临床思维能力，若只是停留在知识点的简单记忆层面，是完全不够的。因此，为了培养合格的护生，必须要注重其临床思维能力的培养，而在专业课程中设置非标准答案考试是有效的手段之一。

K 考试题目
KAOSHI TIMU

创建孕期保健思维导图。

试题说明

每 4~7 人为一组，设立组长 1 名，组织讨论并完成思维导图。

考试要求

1. 主题：把最大的主题体现在整张纸的中心；思维导图把主题以大分支的形式体现出来，一个主题一个大分支，有多少个主题，就会有多少个大分支；每个主题的内容再一次归纳展开。

2. 内容。

（1）小组讨论：将繁杂的孕期保健内容进行归纳总结，以思维导图的形式呈现，便于同学们理解和记忆。

（2）运用小插图或者代码：小插图不但可以强化对每一个关键词的记忆，同时也突出关键词要表达的意思，而且还可以节省大量的记录空间。可使用代码，比如厘米可以用 cm 来代表，可以用代码的尽量用代码。

（3）只写关键词，并且要写在线条的上方：思维导图的记录用的全都是关键词，这些关键词代表着信息的重点内容。

学生答案

葛修凤	四川大学临床医学院	2016141623037
邱诗械	四川大学临床医学院	2016141623041
吕 萌	四川大学临床医学院	2016141623029
赵 聪	四川大学临床医学院	2016141623033

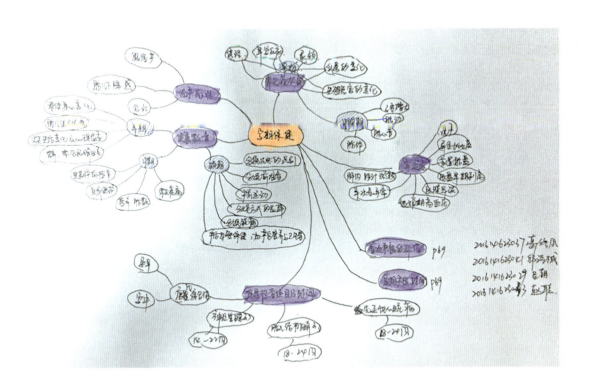

胡晓林

四川大学
华西临床医学院 / 华西医院

教师简介
JIAOSHI JIANJIE

　　胡晓林，博士，副主任护师，硕士研究生导师，四川省学术技术带头人后备人选，中华护理学会社区专委会青委会副主任委员。在美国凯斯西储大学进行博士联合培养和博士后研究，并在克里夫兰诊所做访问学者。毕业留院后担任护理专业本科、研究生等多层次学生的理论和实践教学工作。获护理学院青年教师英语讲课比赛二等奖、科技部万名科学使者进社区突出贡献奖等，被评为四川省首届新时代健康卫士。近年来，以第一作者在专业核心期刊发表学术论文三十篇，以第一作者发表 SCI 论文十四篇，并在护理学世界顶级期刊 *IJONS* 发表第一作者论文，作为负责人主持国家自然基金项目等纵向课题十余项，副主编和参编学术专著三部，有发明专利一项。

课程简介
KECHENG JIANJIE

护理学基础 -2 ／护理学基础 -4

课程号：502479040 ／ 502067010

　　"护理学基础"是护理专业课程体系中最基本、最重要的课程之一，是护理学科的基础，也是护生学习临床专业课程必备的前期课程，为临床各专科护理提供必要的基础知识和基本技能，在护理学科教育教学中发挥着重要作用。作为护理专业学生重要的专业基础课和必修课，"护理学基础"一直是我校护理专业重点建设和打造的核心课程。2006 年，该课程获评国家级精品课程。"护理学基础 -2"由理论教学及实践教学组成。理论教学 38 学时，实践教学 38 学时（含操作示范教学）。作为护理学科的主干核心课程，"护理学基础"的基本任务是使学生树立整体护理的观念，掌握护理学的基本理论知识和基本操作技能，并将所学的知识和技能灵活地运用于临床护理实践中，具有良好的护理道德，树立人文关爱意识，具有良好的交流沟通技巧，形成一定的临床批判式思维和团队合作能力，为今后的护理学习、工作及研究奠定坚实的基础。

非标准答案考试模式在"护理学基础"
课程改革中的实践和应用

四川大学华西临床医学院 / 华西医院

胡晓林　张凤英　冯先琼　刘春娟　邱楚谨　杜馨雯

　　"护理学基础"是护理专业课程体系中最基本、最重要的课程之一，是护理学科的基础，也是护生学习临床专业课程的必备前期课程，为临床各专科护理提供必要的基础知识和基本技能，在护理学科教育教学中发挥着重要作用。作为护理专业学生重要的专业基础课和必修课，"护理学基础"一直是我校护理专业重点建设和打造的核心课程，早在2006年该课程就获评国家级精品课程。一直以来，我校积极将非标准答案考试模式应用于该课程的教学及实践中。以下是具体做法。

1 "护理学基础"课程非标准答案考试改革实施的必要性

　　开展护"理学基础"非标准答案考试改革主要基于以下原因：①前期的教学实践提示该课程有必要开展非标准答案考试。在前期教学中我们发现，单一的理论闭卷考试导致对标准答案的死记硬背，不利于知识的掌握、吸收和应用，且考试后学生对所学内容遗忘较快，不仅影响教学效果，而且降低学生学习的积极性和主动性。②"护理学基础"实践教学适合开展非标准答案考试改革。"护理学基础"是一门实践性很强的课程，其基本任务是使学生将所学的知识和技能灵活地运用于临床护理实践中。但临床环境具有复杂、多样和动态变化的特点，疾病种类众多，发病机制、临床表现各不相同，诊断、治疗、护理与预防的途径也是多种多样的，并无绝对的标准答案。因此，必须根据具体环境和条件，因地制宜地寻求最佳的护理方案。非标准答案考试顺应了护理学科这一发展趋势。

2 考试改革的具体举措

2.1 由传统的教学模式逐渐过渡到高水平互动式教学模式

2.1.1 优化实践教学比例和形式。"护理学基础"是一门实践性很强的课程，其实践教学质量直接关系到学生的临床实际工作能力。因此，本课程实践教学与理论教学设计的学时相当，理论教学与实践教学的比例达到1∶1。同时，通过实验室的练习、临床见习和到病房观摩学习等方式优化和丰富实践教学形式，以保证学生有足够的机会进行技能训练并接触临床环境。我们将专业知识、技能与临床情景有机结合，从而提高学生将理论应用于实践的能力，并培养学生的爱伤观念，提高其团队协作能力、人际交往能力、发现和解决问题的能力，激发学生主动学习的兴趣。

2.1.2 积极开展小班化和小组式教学。为提高教学效果，在进行护理操作示教理论授课、实验室教学和临床见习时，我们将学生分成若干小组，每组5或6人，由专门的带教老师负责实验室教学和临床见习的指导；同时，加强集体备课，以保证各小组间教学内容和教学质量的一致性。通过开展小班化和小组式教学，培养学生自主学习、独立思考的习惯，为实施非标准答案考试创造有利的教学和实践环境。

2.1.3 采取灵活多样的教学组织形式及教学方法。根据课程特点和学生的情况，我们采用理论教学和实践教学相结合的教学方法。理论教学在传统课堂讲授的基础上引入"小班探究式教学"。通过学生讨论与提问加强与学生的互动交流，同时增加案例教学、PBL、混合式学习等新兴教学方法，增强学生的主动性和参与性。实践教学中我们将实验室教学和临床见习相结合，采用教师示教、学生实践、学生角色扮演、情景模拟、讨论与提问、学生反思总结等教学方法加强互动，增加学生将理论应用于实践的能力、发现和解决问题的能力。此外，通过建立QQ群、微信学习群及课程中心互动平台等方式，实现"线上教学"和"线下讨论课"相结合，全方位提升学生的学习兴趣和教学效果。

2.2 推进非标准答案考试，强化形成性评价

课程采用形成性评价和终结性评价相结合的方式，实现"过程考核"与"期末考试"并重，重视整个学习过程中的学生投入与参与，同时实施课程非标准答案考试，综合评价每位学生在整个学习过程中的基本知识掌握情况以及临床综合能力。学生的课程成绩评定也不再仅依赖单一的期末理论考试，而是贯穿于学生学习的全过程。具体包括期末理论测试（40%）、课堂和临床见习表现（10%）、随堂测试（5%）、临床反思日记（5%）和阶段性操作考核（40%）。

2.2.1 考查学科基础知识和基本技能。学科基础知识的考查主要通过理论测试和随堂测试完成。理论测试主要以选择题、填空题、简答和案例分析题为主，考查学生学科基础知识掌握的情况。此外，在教学过程中通过"问卷星"开展 1 或 2 次随堂测试，考查学生对已授课内容的掌握程度，并对考核进行现场反馈，促进师生互动讨论。

2.2.2 考查学生临床护理综合能力及团队合作能力。①课堂表现：由课堂授课教师根据课堂考勤、课堂纪律、讨论与互动等方面的情况来评价学生的课堂表现和参与效果。②临床实践考核：由临床带教老师根据学生在见习过程中的职业素养和实践能力进行考核，主要包括职业态度、着装仪表、协作精神、沟通交流等方面。③阶段性操作考核：选取本学期涉及的 6 项核心基础护理技术，由学生在考试当天随机抽取一项操作项目进行考试，由 2 位授课教师根据各项操作评分标准进行评价，并将信息及时反馈给学生，以利于学生对学习过程中存在的问题进行修正，帮助其总结和提高。

2.2.3 考查学生的创新意识和评判性思维能力。通过康奈尔笔记法融入临床反思日记来考查学生的创新意识和评判性思维能力。临床反思日记是近年来护理教育较为流行的一种方法，能帮助学生主动地进行职业情感、态度、价值观的自我体验和反省等。同时，教师通过阅读临床反思日记可以了解学生的内心世界，促使自身教学理念提升，实现教学相长。康奈尔笔记法是诞生于美国康奈尔大学的一种笔记法。该方法不是简单地要求学生记录教师讲授的知识点，而是强调从课内到课外将 5R 步骤（记录、简化、背诵、思考和复习）逐步落实。该方法在临床教学中已显示出较好的效果，是临床教学的有效补充，可有效训练学生的临床思维能力及理解能力。在临床实践中，复杂多变的临床环境需要学生在短时间内及时记住各种纷繁复杂的知识点，同时还要对知识进行消化、反思和再吸收。本课程将康奈尔笔记法与临床反思日记相结合，能有效加强学生对所学知识的记忆和理解，培养学生独立思考、自主学习的能力和创新思维，以帮助学生更好地培养医学临床思维，提高临床技能。

综上，虽然我们就"护理学基础"课程对非标准答案考试进行积极探索，取得了一些成效，但是任何教学改革都不是一蹴而就的，后续还需不断创新和改进，进一步加强课堂教学手段的多元化改革，充分调动学生参与课堂学习讨论的积极性，并不断丰富和完善课程考试评价方案，以考试评价为导向，在培养学生的独立思考能力、批判精神和创新思维的同时，促进教师教学方法和质量的提升，真正实现教学和教研相长。

K 考试题目
AOSHI TIMU

临床见习反思日记。

试题说明

　　要求学生从临床见习过程中的所感、所学、所思、所想、所见、所闻、所做以及所惑等方面书写至少5篇临床见习反思日记，每篇不少于500字。

考试要求

　　临床反思日记采用康奈尔笔记法（见下图）。"笔记栏"用于记录见习的过程及主要内容，"问题/线索栏"用于记录在见习过程中发现的问题或注意事项等，"总结栏"用于对本次见习整体情况进行总结归纳。

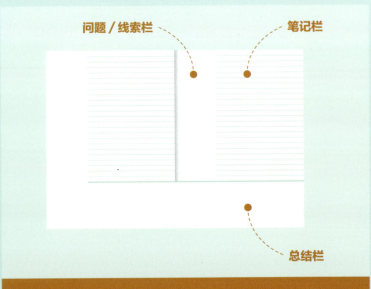

一页分为三部分：问题/线索栏、笔记栏、总结栏

学生答案

XUESHENG DA'AN

学生答案一

陈 茜 华西临床医学院 2016141623060

Cues:

在实际操作过程中我出现了以下问题：

1. 血压计的布袋缠绕出现错误。

2. 测量的血压与实际值相差太大。

3. 操作结束后使用过的口罩装入两侧口袋（没有扔治疗垃圾的垃圾桶时最好装入左上侧口袋）。

在实际操作过程中小伙伴出现过的问题（我也可能会出现的问题）：

1. 接触过患者的听诊器顺手放进了血压计中。

2. 工作服接触到地面。

3. 接触过患者的手接触胸表。

4. 接触过患者的手扶眼镜和摸脸。

主题：生命体征的测量 日期：3 月 16 日

Notes:

1. 操作前、中、后查对患者姓名和腕带上的住院号。

2. 体温(T)：(1)测量体温前应询问患者：①有没有运动；②有没有喝开水；③腋窝有没有汗液。(2)测量时间一般为 7~10 分钟。

3. 脉搏（P）和呼吸（R）。(1)测呼吸时女性看胸部，男性看腹部。(2)一般患者测量 30 秒，特殊患者测量 60 秒。

4. 血压。(1)测量血压之前最好向患者询问他多数情况下的血压情况，防止操作不熟练导致测量值与实际值相差太大。如果患者有高血压，要注意防止其坠床。(2)操作前还应询问患者有没有使用降压药、肾上腺有无问题等。(3)血压计使用后需要进行消毒。

Summary:

在见习过程中，我出现了很多问题，在测量血压时问题最多，由于水银柱下放时速度太快，使所听数值与实际值相差太大，虽然测量前询问了患者大多数情况下的血压值，但还是坚持自己所听到的数值，不过这是错误的。这其中存在主观因素也存在客观因素。主观因素是自己不够熟练，听音不准；客观因素是患者太过热情，一直和我讲话，在一定程度上影响了我的操作。在临床操作不熟练的情况下最好避免与患者聊得太多，可使用以下话语停止对话："婆婆，你可以等到我操作完再向我反映情况吗？你讲话会影响血压的测量哦。"下放水银柱的速度应合理控制，多练习做到合理匀速。另外，由于使用的血压计不一定是同一款式，操作前还应该多熟悉血压计的使用方法。其他小伙伴所犯的错误也要铭记，避免自己在操作时也犯同样的错误。

操作均要查对，评估环境，整理着装：

1. 操作环境安全、舒适、整洁、空气流通、光线充足、温度适宜。

2. 经检查所有用物均安全有效，可以使用。

学生答案

UESHENG DA'AN

学生答案二

王 晶　华西临床医学院　　2016141623006

关键词	课程过程和内容（3月9日见习反思日记）。
课前准备	身为小组组长，在课程开始前应该提醒组员需准备的东西以及上课时间，以免大家丢三落四或者迟到。
仪容、仪表的要求	"前不遮眉，侧不掩耳，后不搭肩"是基本的仪表要求，除此之外，白大褂应该清洁无污染，扣好每一颗扣子，指甲应提前修剪好，穿白色鞋子。
劳动纪律	应遵守守时原则，按时或提前到指定地点，以免耽误课程。
治疗室简介	第1治疗室：用于配药或存放部分药物。（1）抢救车：由总务护士负责监管，保证抢救车随时处于待用的状态，且保证里面的物资充足而处于有效期限内。（2）毒麻药：双人双锁，领取药品需带着用过的药剂瓶兑换，以保证药品确实用于患者。（3）冰箱：药物有保存温度，以防药物失效或者变质导致患者身体的损伤，需存于冰箱。 第2治疗室：用于存放医疗垃圾和简易推车。（1）垃圾分类：利器盒、化疗废弃物、可回收物品、生活垃圾等。（2）手卫生：1）接触患者前；2）接触患者后；3）进行无菌操作前；4）体液暴露后；5）接触患者周围环境后。七步洗手法：内、外、夹、弓、大、立、腕。
生命体征的临床测量	过程：（1）与患者沟通：核对患者信息，向患者自我介绍并说明测量的目的与原因，询问患者在操作前是否想去卫生间（如果是，在其出去时先进行另一位患者的检查，以节省时间）。（2）洗手。（3）量血压：确认衣服松紧适度，以免影响数据的准确性。保证三点一线（心脏、绑带、血压计），将绑带置于肘窝以上2~3cm肱动脉处后，检查绑带的松紧程度。测完后，告诉患者数据并根据其结果建议患者相应改善饮食或其他生活习惯，最后记得为患者拉好衣服或被子。（4）量体温：为了省时，可以在量血压的同时量体温。如果测得患者的体温不正常，应用水银体温计再测一次，如果仍然不正常，应及时告知医生采取相应措施。（5）测呼吸：为了省时，可以在量血压的同时测呼吸。为了避免患者因为紧张而导致呼吸频率异常，应假装测量脉搏，数30秒。在绑有绑带的一侧进行的话，会影响计数的准确性，因此在对侧进行。（6）测脉搏：在量血压时，用电子血压计测量，若无电子血压计，应该通过桡动脉测量。（7）洗手。（8）记录数据。 注意点：进行操作前摆好患者的体位，并拉起床档以防患者跌落；过程连贯，达到节省时间的目的；注意操作前后要洗手；注意数据的记录。

总　　结：记熟理论知识并能够灵活运用，各个单独的过程连接起来应该一气呵成，节时省力。每一个动作都应准确迅速，并且时时不忘人文关怀。心中有底才能不慌不忙，有序进行。

自我总结：不足：（1）忘记与带教老师提前联系，致使小组成员的准备不充分；（2）忘记提前与小组成员联系，使部分成员找不到上课地点而迟到；（3）准备不充分，整个操作流程不是非常顺畅；（4）太过于紧张，给患者带来不专业的印象。

优点：敢为人先，虽然紧张，但是依然率先认真完成操作。

谷 波

四川大学
华西临床医学院 / 华西医院

教师简介

JAOSHI JIANJIE

　　谷波，华西医院内科副科护士长，护理管理硕士，副教授，四川省内科护理专委会委员，四川省护理信息专委会副主任委员。发表学术论文三十余篇，主编、参编书籍 7 部，负责及参研课题 7 项。多年来从事护理本科多个课程的教学与管理工作，爱岗敬业、严谨求实，深受学生爱戴。荣获 2018 年临床医学院"我心目中最喜爱的教师"称号。

课程简介

ECHENG JIANJIE

成人护理 -3

课程号：502597040

　　"成人护理"是医学护理专业的核心课程之一，是重要的专业课和必修课。课程打破原有"内科护理学""外科护理学""妇科护理学""耳鼻喉护理学""眼科护理学""皮肤科护理学""口腔护理学""传染病护理学"等的框架结构，对教学内容进行有机重组。我们以器官系统疾病的护理为线索进行教学，既讲授基本理论、基础知识与技能，也注重临床护理的实践内容和研究发展趋势，有助于启发学生思考、培养学生临床护理思维及联系基础知识的能力。

　　我们对护理教学的各方面积极进行探索和实践，对护生进行形成性评价。教学目的在于从认知、技能、职业素养等方面，帮助学生掌握以器官系统为中心的各疾病的评估、分析、护理、研究等，并且在课堂及实践中培养学生良好的医德医风，引导其树立人文关爱意识，为学生的医学生涯做好铺垫。

　　"成人护理理"论教学与临床实践的比例为 2：1，理论教学与临床实践间隔时间短、保持动态一致性，通过临床实践与实际病例使学生加深对理论的认识，并将理论应用到实际病例中。我们不仅培养学生的知识运用能力、发现和解决临床问题的能力，还培养学生观察病情的能力、临床批判性思维能力，为其今后的学习与工作奠定坚实的基础。

"以器官系统为中心"模式的
"成人护理"过程性考核的改革

四川大学华西临床医学院／华西医院　谷　波

　　"成人护理"是医学护理专业的核心主干课程之一，是重要的专业课和必修课。课程打破原有"内科护理学""外科护理学""妇科护理学""耳鼻喉护理学""眼科护理学""皮肤科护理学""口腔护理学""传染病护理学"等的框架结构，基于"以器官系统为中心"模式（organ system based curriculum model，OSBCM），对原有的教学内容进行有机重组，以不同器官系统疾病患者的护理为线索进行教学。它是护生学习临床知识及专科技能的基石，其教学质量优秀与否会直接影响护生以后在工作中观察病情、运用知识等能力的强弱。因此，提升"成人护理"的教学质量十分重要。目前教学改革是促进教学质量提升的有效手段，而过程性考核的改革是核心环节之一。

　　"成人护理"课程的教学是以器官系统为中心，每个系统涉及范围广，例如消化系统由上至下就包含以往教学过程中的口腔、消化内科、胃肠外科、肝胆外科等内容。这样的系统包含多个不同方向的知识点，知识覆盖面广，专业性强，单一的终结性的考核方式已不能满足教学的需要，而应该采用多点、多面、多方位的丰富的考核方式来考核教学成果。因此，本课程自开设以来均采用过程性考核，虽然在一定程度上避免了期末考试"一锤定音"的情况，但以往的考核评价依旧偏重期末，仍然存在课堂及临床实习参与度不足、学生教学满意度欠佳等问题。通过过程性考核的改革，增加过程性考核的比重，更加侧重过程，同时兼顾期末，从而达到提高教学质量及学生满意度的目的。丰富后的过程性考核包括临床实践、病例讨论、随堂测试以及非标准答案考试。这种持续的、全过程的、能自由发挥的考核形式受到同学们的喜爱，也取得良好的教学效果。

在如今的教学环境中，由于受到传统教育模式的影响，学校习惯用期末笔试等标准化考核来检测学习效果。虽然这种标准化考核可以给教师提供明确的教学方向，也可以为学生提供绝对正确的答案，但长期的实践表明标准化考核具有许多不足。学生的发展表现在学习过程中知识的积累和创新，如果教学中所有考核都以标准化答案为准，教学会变得越来越僵硬，很难适应教育的发展。所以，客观、全面、非标准化的过程性考核的应用是课程教学的发展趋势。与以往相比，改革后的过程性考核强调"全过程"，总成绩 =30% 期末笔试（闭卷）+70% 平时成绩。平时成绩 = 课堂成绩 + 病案讨论 + 临床见习 + 系统测试 + 非标准答案考试。其中，课堂成绩、病案讨论、系统测试都是考核对理论知识的掌握情况。病案讨论采用真实的临床病例，以问题为导向，学生在教师的指导下进行讨论，以小组为单位的形式呈现出最终的结果。非标准答案考试旨在打破"标准答案、60 分及格"的传统考试模式，培养学生的创新精神和思维创造力。例如，就本学期的某一疾病，完成 1 份患者健康教育资料的制作，形式不限，可为视频、海报、宣传手册（宣传单）、PPT 或手绘稿等。改革后的考核体系更加注重平时学习的积累，更加关注能力的培养，可以培养学生的信息收集能力、决策能力、探索创新能力以及团队协作能力。自本课程实施过程性考核以来，绝大多数同学能够独自或以团队形式完成作业，并且在作业中体现了自己的付出以及创新能力。我们在与同学们的沟通中了解到，同学们认为平时考核不仅减少了期末时候临时突击、死记硬背的负担，也极大地激发了学习兴趣。

过程性考核还处在探索阶段，需要不断调整和优化，这样才能让学生更好地接受。现阶段我们存在一些问题。首先，过程性考核需要教师进行前期备课，涉及考题、课后追踪与反馈，教师投入的时间与精力是以往的几倍甚至更多，而我们的授课教师基本都是临床 / 教学双师型的教师，身兼两职，时间和精力有限，如何平衡两者是今后需要考虑的问题。其次，因为减少了期末成绩的比重，过去靠考前突击"赌一把"的学生就没有了优势。学生必须自发、自主学习，主动查资料，主动独立思考问题，认真完成每次作业或考试，由于平时的学习压力更大，学生对于考核内容可能会有应付的心理，这需要我们去思考如何调整。

过程性考核任重道远。希望在未来，通过不断探索与改革，能更加优化护理教学考核评价体系，促进学生对知识的掌握，提高教学质量。

考试题目

AOSHI TIMU

就"成人护理 -3"的学习内容，自由选择某一疾病，完成 1 份患者健康教育资料的制作，形式可为视频、海报、宣传手册（宣传单）、PPT 等。

试题说明

知识点正确，通俗易懂，覆盖面全。如为小组完成，提交时用附件说明组内成员的分工或贡献。

1. 健康教育知识内容（30 分）。

A. 内容准确，立题明确（25~30 分）；B. 内容正确，切合立题（20~25 分）；C. 内容真实（15~20 分）。确定级别后，内容质量优、立题明确可酌情加分。每点不准确扣 2 分。

2. 健康教育内容的呈现形式通俗易懂，各部分内容分布合理，重点明确，且能吸引患者的注意（30 分）。

A. 内容充实饱满，思路清晰，观点明确、有新意，呈现形式通俗易懂，重点突出，很有吸引力（25~30 分）；B. 内容充实，观念正确，重点明确，有吸引力（20~25 分）；C. 内容真实，有观点但不清晰，重点不明确（15~20 分）。

3. 内容覆盖所选疾病的重要健康知识点（30 分）。

A. 健康知识要点精准，宣传效果佳（25~30 分）；B. 健康知识要点正确，宣传效果良好（20~25 分）；C. 有健康知识要点，宣传效果一般（15~20 分）。

4. 小组成员分工合理，内容或呈现的结果与分工是否相匹配（10 分）。

A. 分工明确，各司其职，体现团队力量，结果与分工匹配好（5~10 分）；B. 分工合作，结果与分工匹配较好（1~5 分）。

考试要求

学生答案

X

UESHENG DA'AN

学生答案一

谭丽姝	华西临床医学院	2015141623046
周钰红	华西临床医学院	2014141503069
肖舒文	华西临床医学院	2015141623062
肖雪妮	华西临床医学院	2015141623064
龙亚楠	华西临床医学院	2015141623036

近视的危害

1. 严重影响学习甚至关于升学及就业

2. 身体发育受阻

3. 心理健康受到影响

4. 遗传后代

5. 高度近视的危害：
（1）白内障、（2）视网膜脱离、（3）视网膜、脉络膜萎缩、（4）青光眼、（5）飞蚊症

这些习惯不可取

错误的握笔姿势

错误的握笔姿势，阻挡住孩子视线，使其看不到笔尖，被迫低头或向左歪头，从而拉近眼睛和书本的距离，增加近视的发病。

吃糖过多

因为吃糖过多，血糖增高，相应地降低体液的渗透压，使眼球内房水渗透到晶状体内，引起晶状体变形，屈光度增高，加重近视。

躺床上或趴床上看书

躺床上或趴床上看书，容易使血液流向眼睛，导致眼部结膜血管轻度充血，容易引发结膜炎；另外，躺床上看书眼睛不知不觉地靠近书，影响视力。

坐车看书或者走路看书

因为车厢在震动，身体在摇晃，眼睛和书本的距离无法固定，更加上光线影响，更会加重眼睛的负担经常如此易引起近视眼。

该如何鉴别真性近视和假性近视？

真性与假性近视均表现为远视力下降近视力好。假性近视为功能性，多发生于青少年，视力可在数周或1～2个月内下降适当休息后又可得到某种程度的恢复。真性近视为器质性改变，不能自然恢复。

1、睫状肌麻痹法：

在于用睫状肌麻痹药放松调节，使睫状肌松弛，使眼处于静态屈光状态，再查视力及验光确定。用1%阿托品滴眼剂，每日1～2次，连续3～4次;或2%后马托品或0.5%托品酰胺每5～15分钟一次共6次。滴眼前、后分别查小孔镜下裸眼视力，若散瞳后视力不变为真性近视，视力增加为假性近视;验光有近视屈光度为真，无近视屈光度为假。这是公认的鉴别诊断最可靠方法。

2、云雾法：

让病人双眼同时戴＋3.0D球面镜，看远物持续3分钟，然后去掉右镜片，立即查得裸眼视力，视力进步者为假性，不进步者为真性。再以同法检查左眼。此方法不十分确切。

3、动态检影法：

不用散瞳，①先直双眼远、近裸眼视力，远视力差，近视力正常又无其他影响视力的眼病为鉴别对象。②暗室内医生和病人面对而坐，③患者戴试镜架，左右眼前均放＋2.25D球镜。④患者双眼同时注视检影镜上视标(反光镜侧方贴5号字或大、孝上、下等笔划少的字)，用检影镜旁裂隙光照明;⑤作33cm距离同位动态检影

结果判定

①患眼各径向均为逆动者为真性近视。②各径向均为顺动或不动，或一径向顺动、另一径向不动为正视或远视。因其表现视力为近视故为假性近视;③一径向为逆动，另一径向为顺动或不动者为混合性散光。

近视治疗方法

1、配戴眼镜

在近视眼的眼前放置一适当凹透镜。

2、手术治疗

（1）角膜手术、（2）晶状体及人工晶状体手术、（3）巩膜后部加固术。

3、药物治疗

阿托品、新斯的明、托品卡胺、纳米眼药水、抗血管内皮生长因子药物、中药外敷。

3、药物治疗

雾视法、双眼合像法及合像增视仪、远眺法、睫状肌锻炼法、针刺疗法、JY-A型近视治疗仪、压耳穴法等。

据专家测验，眼睛每日要消耗人体四分之一的精力，各种不必要的光线干扰，也会破坏神经及视网膜，造成视力减退。所以戴太阳镜不仅是追求形式上的时髦，而且是保护眼睛的一种需要。阳光中的紫外线和红外线刺激眼膜，会造成结膜炎，损害视网膜。因此，为防止紫、红外线的侵害，戴太阳镜是必不可少的。

学生答案二

梁诗琪　华西临床医学院　　2015141623029（节选）

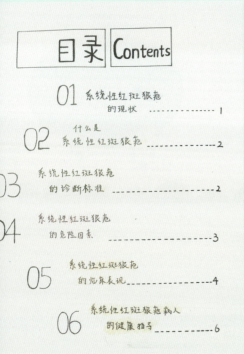

01 系统性红斑狼疮的现状

系统性红斑狼疮的发病
受到年龄、性别等多因素的影响

女性发病率明显
高于男性

育龄妇女占病人
总数的90%~95%

发病高峰年龄
15~25岁
更年期前男女之比为
1：8~9

儿童和老年人群男女比
约为1：2~3

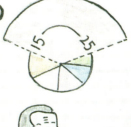

活动指导

急性活动期的患者必须平躺卧床休息，并保持良好的姿势和关节的功能位置，积极配合治疗。保证充足的睡眠。待病情稳定、缓解期患者，可适量安排保健强身活动，在体力允许的范围内适当进行活动，合理安排自己的生活和工作的时间。可选择一些如散步、慢跑、骑车、气功、太极拳等轻松的运动项目，**适度的活动**对患者情绪改善有利，可促进心理健康，增强您的自信心。但要注意避免剧烈运动过度劳累哦～进行适于自己、循序渐进的身体锻炼，避免过度兴奋、激动和悲哀，保持情绪稳定。

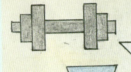

心理指导

家属可以鼓励**病情稳定**的患者适当参加不快活动，部分患者可以恢复正常工作，但应注意**劳逸结合**，要避免过累。患者在日常生活中学会做好**自我保健**，在避免受凉、紧张及洗头水温过多等。

通过健康指导，我们希望让患者及家属更好地掌握和了解疾病的发生发展过程，消除患者及家属恐惧心理，使患者能正确地对待疾病，增强患者信心，提高生活质量。

8

附:

    如果您怀疑自己是系统性红斑狼疮的患者想要确诊或您已是系统性红斑狼疮患者想要复查或获取针对您病情更为详尽和有针对性的指导，以下为您挑选了部分四川大学华西医院风湿免疫科的专家老师们，希望对您有所帮助。

曾 静

四川大学
华西临床医学院 / 华西医院

教师简介
JIAOSHI JIANJIE

曾静，2000 年毕业于华西医科大学，医学博士，副教授，长期从事教学、临床、科研工作。2008 年起担任系统整合临床课程负责人至今。被评为四川大学 2007 年青年骨干教师、华西医院 2009 年度教学先进个人，荣获四川大学 2016 年教学成果一等奖及探究小班教学和考试改革等多项教学奖项。参编专著九本，其中副主编两本，发表 SCI 论文两篇、其他一作中文论文十篇。

课程简介
KECHENG JIANJIE

系统整合临床课程 II

课程号：502601060

"系统整合临床课程"是由原"内科学""外科学"以器官系统为基础整合而成的教改课程。"系统整合临床课程 II"面向临床医学五年制学生，是临床医学专业最重要的核心专业课程。课程以执业医师大纲为基准，涵盖呼吸系统疾病、消化系统疾病、循环系统疾病、泌尿系统疾病、骨骼运动系统疾病、内分泌与代谢系统疾病、血液系统疾病、综合应用（临床技能训练等）8 个模块，涉及疾病的病因、发病机理、病理、临床表现、诊断和鉴别诊断、治疗和预防等内容。"系统整合临床课程 II-1"秋季行课，169 学时，学分 8 分，涵盖循环系统疾病、血液系统疾病、消化系统疾病、骨骼运动系统疾病；"系统整合临床课程 II-2"春季行课，121 学时，学分 6 分。

本课程包括课堂讲授、模拟技能见习、小组讨论、基本临床技能培训、床旁教学、PBL 和 TBL 等，是小班探究式教学优秀课程，强调理论学习与实践的结合。教学重点是为学生提供疾病诊治的重点信息以及解决临床问题的思路。我们要求学生在临床环境中不断拓展学习，提高医学人文素养，掌握有效的交流沟通技能，提高解决实际临床问题的能力。

非标准答案考试中的成绩评价方法

四川大学华西临床医学院／华西医院　曾　静

　　医学教育作为精英化的高等职业教育，着眼于培养卫生服务的专业技术人才[1]。从医之路以测评考核众多著称，目前常规的考试从专业角度出发，侧重于医学专业知识和技能评估，以标准化考试为主。典型的例子包括美国执业医师资格考试（United States Medical Licensing Examination，USMLE）、中国执业医师资格考试、全国医学专业硕士入学考试。

　　但非标准答案考试在医学教育中也有其存在的客观价值。首先，医学教育的培养对象、服务人群都是具有社会属性和个体差异的人。一个病例的治疗实质上是一个错综复杂，极具个体差异性、时间性、场景性的过程。这决定了医疗服务和医学教育本身无法被完全标准化。其次，医学教育中学历教育和资格考试、筛选考试的目标并不一致。学历教育的教学测评应是形成性考核，教师在学生受教育期间通过动态测评发现知识结构和能力问题，修正教学方法以最终达到提升学生能力的目的。而标准化考试作为一个模板限制了学生的主观能动性和创新思维。应试者在考试中揣测合乎命题者想法的答案以符合"标准"，这和他在实际医疗工作中表现出来的能力可能相去甚远。因此无论是国际医学教育组织（Institute for International Medical Education，IIME）强调的批判性思维和职业精神[2]，还是国内外近年来广泛关注的胜任力评价，都对非标准答案考试提出了更高的要求[3][4][5]。

但不论是哪一种考核方式，其本质都在于甄别和测评，根据测评对象在考核中的表现，考核者根据考核目标给出一个结论，这个结论可能是档案性的画像、文字描述、等级评定或者分数。学生在高校教育中通过选拔考试获得学习资格，学习相关学科课程，获得对应的学分。无论采用什么样的课程考核方式，教师最终都需要以学分的形式对学生本课程的学习结果给出一个结论。标准化考试（standardized test 或 standardized assessment）之所以能够在现代考试体系中占据重要位置，正是因为其能严格控制误差，而在命题、实施、评分以及分数解释等环节统一流程性考试，从而最大限度地保障考核的公平公正，客观上减少了被考核对象对结果的争议[6][7]。

在着眼于能力而非知识的考试改革，倡导非标准答案考试的情况下，如何给非标准答案考试提供一个相对合理，从某个角度来说"标准化"的评估方案值得思索。尤其在四川大学严格要求控制期末考试比例在 50% 以下，平时测评成绩对学分影响巨大的前提下，保障学生成绩的公平有效性意义重大。

"系统整合临床课程"作为医学专业的核心专业课程，学时多，学分高，而平时测评成绩占比达 60%。在保障平时成绩的公正性方面，课程组做出了自己的最大努力。

首先，考核方案公开。课程考核方案由教研组集体决议、修订，在开课前采用课程中心网站、QQ 群、开课集体宣讲等多种方式告知，对所有的考核内容、具体的考核方式、计分原则进行明确说明，并尽量减少各种非标准化测评过程的人为干扰因素，具体体现为学生教学和考核过程中的分班、分组以及考试顺序等随机化。

其次，任何教师主观评定的分数必然由多人多次评定，以保障成绩的可重复性和有效性，并建立组间差异标准化流程。例如对于见习教师主观评分，每位同学接受 65 次实践教学，理论上应当有 65 人次的见习教师评分，采用纸质版教学日志、短信、网站链接等多种方式提醒见习教师针对学生进行个体化的见习评分，以增加评价主体的方式保证主观评分的有效性。增加评价的次数，以确认见习教师评分的可重复性。在口试或者临床技能操作考试等单次进行的测评中，除了面试考官为 2 人以上外，还有针对组间成绩差异的标准化流程。教师主观评分经过 SPSS 等统计软件确认是否有显著性组间差异存在。在确实有差异的前提下明确教师有无合理事件记录作为低分依据，如果在没有合理解释的前提下组间差异明显，则去除低分组后统计其他小组平均分作为基线值，并把基线值和低分组的均值比作为系数，调整明显较低得分组均值，与基线值相当。

再次，对小组报告、科普论文等内容不同、返回时间不同步的作业，提前告知文章的评估标准，采取同学、多名教师、助教参与的投票评分评级制度。提前告知PBL、TBL 中教师评级、学生互评部分的标准，做好讨论记录，及时公告结果。

最后，建立平时测评成绩的及时告知和复核申诉流程。教研组通过教务处网站、微信等多种方式及时向学生一对一地告知各种平时成绩，说明该次平时测评中同学的百分位排名和成绩核算原则，并提供成绩复核申诉流程，保障同学的知情权，以利于及时申诉和复核。

整体而言，对非标准答案考核的探索是必要的，但如何在非标准答案考试中保障学生成绩的公平公正，不产生成绩争议更是一个重要的议题。

参考文献

［1］苏博，刘鉴汶 . 高等医学教育学［M］. 北京：人民军医出版社，2004.

［2］Core Committee,Institute for International Medical Education Global minimum essential requirements in medical education［J］. Med Teach，2002，24（2）:130−135.

［3］Epstein R M. Assessment in medical education［J］. N Engl J Med，2007，356（4）:387−396.

［4］Epstein R M,Hundert E M. Defining and assessing professional competence［J］. JAMA，2002，287（2）:226−235.

［5］张莹，张锦英，徐军，等 . 基于胜任力的转化式学习：医学院校本科教学的改革路向［J］. 医学与哲学，2017，38（570）:66−69.

［6］李忠 . 标准化考试的实质及引发的教育问题［J］. 河北师范大学学报（教育科学版），2010，12（12）:5−10.

［7］国家教委学生管理司 . 标准化考试简介［M］. 北京：高等教育出版社，1985.

考试题目

KAOSHI TIMU

同学以临床见习小组为单位（每组 14 人），结合已经学习过的"系统整合临床课程"的各模块教学内容，抽签决定论文模块，以社会公众为对象撰写一篇正式的医学科普文，在指定时间提交并公开汇报。

试题说明

1. 每个见习小组以组为单位在规定时间内讨论协商，提交一篇医学科普文。

2. 科普对象：社会公众。

3. 通过课程中心网站（cc.scu.edu.cn）小组任务（PBL 小组）完成命题任务讨论和提交成果报告。

4. 成果报告可以是 WORD 或者 PDF 格式。内容包括：

（1）科普文专业方向：在"系统整合临床课程 Ⅱ"8 个模块中抽签决定，可以是该专业的疾病，也可以是该专业相关症状鉴别，抽签结果如下：

A 班	抽签结果	B 班	抽签结果
A 班 1 组	外总	B 班 1 组	呼吸
A 班 2 组	呼吸	B 班 2 组	外总
A 班 3 组	消化	B 班 3 组	消化
A 班 4 组	骨骼	B 班 4 组	循环
A 班 5 组	内分泌	B 班 5 组	泌尿
A 班 6 组	循环	B 班 6 组	骨骼
A 班 7 组.	血液	B 班 7 组	血液
A 班 8 组	泌尿	B 班 8 组	内分泌

（2）文风、内容自定。

（3）参考文献格式规范。

（4）汇报本轮科普文撰写中的思路、看法、收获等。

（5）标明小组各个成员的贡献，例如主要执笔人等。

（6）字数要求：科普文正文 2000 字以上（不含参考文献）。

5. 所提交的科普文会在课程中心网站论坛进行作业展示评分。

6. 本题说明：

（1）本非标准答案考试题目本质上是一个小组工作报告，需要同学在集体学习中体现出组内的分工协作。

（2）在科普文的选题、编写和呈递中，小组要体现社会关怀、临床思维、对临床知识的综合应用能力，将医学专业知识准确有效地传递给社会公众，促进对教化公众、提高社会卫生常识任务的认知。

（3）通过报告的撰写和呈现水平来体现小组完成任务的认真程度、小组综合管理水平以及小组的文案处理能力。

（4）通过指导教师批阅修订来保证学术专业水平，并通过专业老师的审核和公众平台的发布、传播和转发阅读、评论互动来提升学生的职业荣誉感，进而强化对医务工作者的角色认同和学习动力。

（5）通过全体非临床专业同学对全学期最有价值案例的投票，从教师和学生两个层面来保证对小组报告的重视。

考试
要求

小组任务的评分标准：

1. 小组在进度表指定的时间对小组任务进行学习汇报和答辩，每组汇报时长 15 分钟。

2. 根据成果报告的完成质量，由负责老师和助教多人进行各自独立评分（满分 10 分），取平均分。

3. 由全体临床五年制同学和非临床专业同学通过问卷星系统对报告进行评分。报告质量的评估标准包括：①是否存在学术硬伤；②是否体现有价值的思考点；③信息检索和管理能力（含参考文献质量）；④文档的格式和书写质量。

具体打分参见下表：

序号	指标	权重	具体表述	分级量表	满分
1	科普度	25%	1. 选题恰当，科普的必要性高，加分点如下： 　• 常见病及多发病、社会关注度高、影响力大； 　• 相关科普极少见。 2. 通俗性好，以社会公众为对象，定位明确。 3. 没有明确的晦涩术语。 4. 你觉得你家多数没学医的亲戚能准确读懂。	10	25
2	科学性和专业性	25%	1. 内容科学。 2. 表述准确形象，没有歧义。 3. 你没有发现学术硬伤。	10	25
3	趣味性	20%	1. 题目亮眼，可提升点击率。 2. 行文轻松有趣，易读。 3. 读后自觉有收获，引人深思。	10	20
4	创新性和亮点	10%	1. 有任何你觉得有趣、眼前一亮的地方，如原创图、配乐、动画、与众不同的切入点等。 2. 独立思考，尊重他人工作，没有抄袭，引用参考文献。 3. 参考文献的表述规范。	10	10
5	小组凝聚力	10%	1. 他的汇报和文章体现了这个小组的实力。 2. 汇报者的表现，包括仪表、表达能力、PPT 的制作能力。	10	10
6	转发指数	10%	这篇科普文有趣有用，考虑转发	10	10
合计					**100**

4. 同学在课程中心网站小组任务中讨论的情况。

5. 学生评价：根据本学期参与"系统整合临床课程Ⅱ"学习的全体非临床专业同学集体评分和投票选出最有趣、最有价值的科普文，作为优秀小组作业（优秀率为 6/16）。

6. 准时提交小组报告，并按照标准进行汇报即可获得起评分 3 分。

学生答案

UESHENG DA'AN

学生答案一

陈 林	华西临床医学院	2014151621008 /	戴 诗	华西临床医学院	2014521629999
邓兴豪	华西临床医学院	2014151621021 /	胡惠方	华西临床医学院	2014151621038
蒋克宇	华西临床医学院	2014151621050 /	李向冀	华西临床医学院	2014151621069
林中云	华西临床医学院	2014901629999 /	龙天锌	华西临床医学院	2014151621087
齐锦心	华西临床医学院	2014151621104 /	王城博	华西临床医学院	2014151621126
王 希	华西临床医学院	2013141463123 /	吴泽栋	华西临床医学院	2014151621144
阎昊铮	华西临床医学院	2014151621157 /	于 洋	华西临床医学院	2014151621171
郑 澈	华西临床医学院	2014151621192			

今天，我们华西专家来摆一哈男人勒个方面的……
勒个问题……

今天，我们华西专家来说一下男人……勒个方面的……勒个问题。

之所以说得这么害羞，那是因为男人来医院说这个的时候比这个还害羞。

问：医生，我看勒个方面的问题该挂哪个科？

答：安，哪方面嘛？

问：哎呀，就是勒方面！

答：说清楚哦，勒方面是哪方面？

问：就是每次和老婆勒个的时候……就有点勒个，或者还没有勒个的时候……多早就勒个了……

答：哦，你说的是勃起功能障碍和早泄嘛，挂泌尿外科。

问：小声点嘛医生……哎呀，大家都听到了……

你看，大家来医院的时候就是这么害羞，遮遮掩掩地来医院还算是好的，还有更多的人根本不去正规医院就诊，而是去网上搜"答案"，或者相信偏了十万八千里的偏方，或者去看电线杆上、三轮车后面的小广告。

结果：帖子看了 100 篇，还是不晓得自己是不是有病；偏方试了 100 个，还是没把生活搞协调；被小广告骗了 100 次，还是没有弄清楚问题的根源！

所以今天把四川大学华西医院泌尿外科魏武然医师和华西临床医学院 2014 级临床医学 A 班八组的同学共同创作的，关于"勒个问题"的良心科普送给大家。来，巴巴掌先拍起来！

【官话简洁版】

1. 勃起功能障碍和早泄是最常见的男性性功能障碍。

2. 靠吃野生玛咖不能治好勃起功能障碍、早泄。

3. 适当的手淫不会导致勃起功能障碍和早泄。

4. 慢性前列腺炎与早泄或者勃起功能障碍有相关性。

5. 牙膏不能治疗早泄。

6. 华西专家不推荐阴茎背神经切断术治疗早泄。

【辟谣小分队啰嗦版】

关于男性性功能障碍

男性性功能障碍有勃起功能障碍和射精障碍。

1. 勃起功能障碍（ED）： 也就是很多人喊的阳痿，表现为阴茎硬不起来或者不够硬，或者是硬的时间不够就软了。

2. 射精障碍： 包括早泄、不射精或逆行射精。其中，早泄是指性交时阴茎能勃起，但对射精失去控制能力，阴茎插入阴道前或刚插入阴道后在较短的时间内就射精。

在这些障碍里，勃起功能障碍和早泄最常见。到底有好常见喃？我们历经千辛万苦终于找到了一些研究结论（不是医生不想研究，主要是全世界的男人都害羞）：

勃起功能障碍

美国马萨诸塞州男性增龄研究（MMAS）是目前最全面、最规范及最可信的调查研究。结果显示，40~70 岁男性勃起功能障碍患病率为 52%。勃起功能障碍是男性常见的疾病。

我们国内也有相似的研究，以上海市 40~70 岁的 1582 名男子作为对象，勃起功能障碍患病率为 **73.1%**。

早泄

韩国有一项研究对 2037 名 20 岁以上的男性做了早泄的相关调查。结果显示，有 **25.5%** 的人可被诊断为早泄。

你到底是不是有那个方面的问题

有些男人对于勒个问题，长期在自我怀疑和自我查证之间纠结徘徊。

没事就在网上搜资料，越搜越觉得，咦，这个情况跟自己有点像，那个症状好像也巴得到边边，经验帖看了无数篇，拉到最后都是各种小广告……绝望！

哎呀，算了嘛，为了你们这些害羞的男人，我们准备了两套问卷，自己悄悄咪咪来算下分：

男性勃起功能问卷

（回忆自己过去 6 个月的性活动相关情况）

	0分	1分	2分	3分	4分	5分
对获得勃起和维持勃起的自信程度如何？	无	很低	低	中等	高	很高
受到性刺激而有阴茎勃起时，有多少次能够插入阴道？	无性活动	无性活动	少数几次（远少于一半时候）	有时（约一半时候）	大多数时候（远多于一半时候）	几乎总是或总是
性交时，有多少次能在进入阴道后维持勃起状态？	没有尝试性交	没有尝试性交	少数几次（远少于一半时候）	有时（约一半时候）	大多数时候（远多于一半时候）	几乎总是或总是
性交时，维持阴茎勃起直至性交完成，有多大困难？	没有尝试性交	没有尝试性交	困难很大	困难	有点困难	不困难
性交时，有多少次获得满足？	没有尝试性交	没有尝试性交	少数几次（远少于一半时候）	有时（约一半时候）	大多数时候（远多于一半时候）	几乎总是或总是

总分25分。重度勃起功能障碍：1～7分；中勃起功能障碍：8～11分；轻到中度勃起功能障碍：12～16分；轻度勃起功能障碍：17～21分；正常：22～25分。

早泄诊断量表（PEDT）

（按照一般情况回答）

Q1: 性交时延迟射精有多大困难？				
0. 一点也不困难	1. 有些困难	2. 中度困难	3. 很困难	4. 极其困难
Q2: 性交时有多少次在你想射精之前就已射精？				
0. 几乎或完全没有（0）	1. 少数时候（25%）	2. 有时候（50%）	3. 大多数时候（75%）	4. 几乎总是或总是（100%）
Q3: 是否受到很小的刺激就会射精？				
0. 几乎或完全没有（0）	1. 少数时候（25%）	2. 有时候（50%）	3. 大多数时候（75%）	4. 几乎总是或总是（100%）
Q4: 是否对自己想射精之前就已射精的状况感到失望？				
0. 一点也不失望	1. 有些失望	2. 中度失望	3. 很失望	4. 极其失望
Q5: 是否担忧射精时间会让性伴侣感到不满足？				
0. 一点也不担忧	1. 有些担忧	2. 中度担忧	3. 很担忧	4. 极其担忧

诊断评分：≥ 11 分，存在早泄问题；9～10 分，可能存在早泄问题；≤ 8 分，不存在早泄问题。

　　第一个问卷如果是中度勃起功能障碍甚至重度勃起功能障碍，第二个问卷得了 11 分以上的，就要去正规医院找专科医生看哦！

　　啥子？你不想去看？靠意念自我调节？反正都是单身狗看也没用？我谢谢你了，你先把下面第三大点看一下再决定好不好？！

为啥会出现性功能障碍

性功能障碍不仅仅影响性生活和谐，还可能警示全身的疾病。

▶▶ 勃起功能障碍

神经性疾病、内分泌疾病、血流紊乱或者部分药物使用不当都会引起勃起功能障碍，另外还有年龄和心理上的原因。

▶▶ 早泄

除精神和心理因素之外，先天畸形、炎症、阴茎包皮过长、内裤太紧或有其他疾病导致身体弱，都可能会导致早泄。

所以如果出现了比较严重的症状，尤其是 40 岁以下的男性，不要在各种网站、朋友圈、小广告上浪费时间了，还是去找专科医生确诊一下！

关于性功能障碍的五大误区

误区 1　　　玛咖可以治疗早泄、勃起功能障碍。

医生　　　从目前研究来看，悬！

玛咖是原产于南美安第斯山脉及我国云南的一种药用植物。为啥这个东西突然就火了起来呢？

就是不可言说的原因导致它突然就火起来了，同理可参照那些年我们流行过的"养生圣品"：绿豆、螺旋藻、灵芝孢子、自制酵素……

嗯，只是最近流行玛咖而已！

那这个东西对治疗早泄、勃起功能障碍到底有没有用呢？

我们只能说——有点悬！

壮阳 ≠ 治疗早泄、勃起功能障碍

壮阳是中医的概念，指通过食疗、药物、理疗等各种手段达到增强肾阳、强身健体、提升性能力及增强性欲的目的，这跟我们西医说的治疗方法是不能画等号的！

文献的确说，国内有部分动物研究证实，玛咖具有一定的治疗雄性性功能障碍的作用，而且国外也有相关报道。但是人家文献中说了，这只是在摘除一侧睾丸的大鼠上有效。

你不是耗子的嘛，还是摘了一侧睾丸的大耗子，证明在大耗子上有效的东西，不一定在你身上有效啊？！

一种药物要面市，必须要经过动物实验（用在动物身上）、临床实验（用在人身上，一般是志愿者），最后确定有效才能大量生产。哪有直接就把动物的数据引用在人身上用的呢？

有文献说，意大利弗利 Morgagni–Pierantoni 医院泌尿外科医生 Teo Zenico 等人针对轻度勃起功能障碍患者进行了相关研究，**证实了玛咖对于轻度勃起功能障碍患者略有治疗作用。**

但是请看清楚了哦，这项研究所使用的是**玛咖的干粉提取物**，不是你们在朋友圈买的野生玛咖，那个干粉提取物光是浓度就比野生玛咖高了许多倍。

还有，人家在研究中让受试者连续 12 周每天吃 2.4g，才起了那么点点的作用，你们平时是咋个吃的？！

所以各位，用你们的脚趾想想，这个野生玛咖要吃好多、咋个吃才能起到治疗作用？不要看朋友圈说三天见效了，估计吃三年也不见得有用。

| 误区 2 | 手淫会导致勃起功能障碍或早泄。 |

| 医生 | 适当的手淫不会导致勃起功能障碍，更不会导致早泄！ |

来，继续看文献。华中科技大学有一项调查研究了我国 332 名男性手淫频率与发生勃起功能障碍的关系。

研究结果证实，一定频率（一周 1~3 次）的手淫**能够降低 30~75 岁男性患勃起功能障碍的风险。**

问　　**咦，不仅没有坏处，还有好处哇？**

医生

不要慌到放飞自我，你们看清楚，括号里说的"一周 1~3 次"！

也就是说，适度、有节制的手淫才对身体有利，如果过度了，那就有害了——就是俗话说的："**小撸怡情，大撸伤身，强撸灰飞烟灭。**"

有部分研究显示，频繁手淫或者使用特殊的方式手淫会造成焦虑、精神空虚、身体状况下降等问题。

问　　**那早泄呢？他们都说男人年龄大了出现的好多问题，都是年轻的时候手淫过多造成的！**

医生

莫得直接的关系。

之前我们提了，早泄的原因里面并没有手淫这一条。现代医学认为，男性的精液如同其他体液（比如水）一样，是需要正常排泄的。男性一生中有上千次乃至上万次的射精机会。

西方医学界对男性自慰行为进行跟踪研究后，发现在 20 多岁时，男性每周自慰 3 次或者遗精 3 次以上者，患前列腺炎和癌症的概率会降低很多。

还是那句话，适度的手淫是正常而且对身体有利的，但是过度了就会出问题。

误区3 前列腺炎会引起性功能障碍。

医生 慢性前列腺炎对性功能障碍有影响。

对于前列腺炎到底会不会导致性功能障碍，目前在临床上还存在争议。

不过，一些临床统计学发现慢性前列腺炎对性功能障碍有显著影响。慢性前列腺炎越严重，患者年龄越大，发生早泄或者勃起功能障碍的概率越大。

不过，这都是没有一锤定音的观点，只是表明：

1. 慢性前列腺炎与早泄有统计学相关性。

2. 相关性并不等于因果性。患了慢性前列腺炎，不一定会发生早泄或者勃起功能障碍。

误区4 牙膏可以治疗早泄。

医生 肯定不得行！

 牙膏？我没有听错嘛？以前只听过吃腰花儿、韭菜、生蚝、虎鞭这些可以壮阳，牙膏是个啥子鬼哦！哈哈哈哈哈……

 先不要笑，相信的人和以身试膏的人还不在少数！

这个偏方认为，用牙膏清洗龟头可麻痹神经、延长射精时间，有治疗早泄的作用！而且比起所谓的麻醉喷雾便宜，所以，便宜又好用就是它！

但是，麻烦你们再想一想嘛，咋可能嘛！

牙膏的主要成分是摩擦剂、洗涤泡沫剂、黏合剂、香料、水分、氟化物等。

近年来研究发现氟化钠会损害雄性生殖系统，包括破坏睾丸结构、使精子丧失受精能力等，还会导致生殖激素分泌紊乱、子代发育异常等。对于女性来说，它可以导致氧化应激，促进卵巢细胞的凋亡。

另外，牙膏上的一些摩擦剂可能会导致生殖器的损伤。

所以，这个偏方也是……很偏了……

误区 5　　　　　　阴茎背神经切断术是治早泄的好方法。

医生　　　　　　华西专家不推荐。

早在 1993 年，巴西的外科医生 Tullii 等报道了阴茎背神经切断术这一治疗早泄的手术方法，2001 年我们国家开始开展这类手术。

实际上，国外文献表示，用该手术方法治疗早泄的有效率非常低，临床上基本没有太多成功的范例。中国性学会性医学专业委员会男科学组发布的《早泄诊断治疗指南（2011 年）》以及国际性学会早泄定义特别委员会及早泄指南委员会发布的《早泄诊断及治疗指南（2014 年）》，都不推荐将阴茎背神经切断术作为治疗早泄的方式。

而且因为这个手术技术本身的问题，除了出现常见的并发症如感染、出血，还可能会出现阴茎麻木、勃起功能障碍更严重等并发症。

所以，我们华西专家的意见是不推荐做这个手术。

性功能障碍的治疗

那如果真是性功能障碍该咋办？有没有靠谱的治疗方法呢？

首要任务还是要去正规的医院找专科医生检查、确诊、治疗，千万不要觉得不好意思。有啥子嘛，坦然面对、接受治疗才是最好的解决问题的办法！

找到病因，然后根据病因制订一个合理可靠的治疗方案是最靠谱的。

谢谢医生今天给我科普那么多勒个方面的知识。最后还有一个问题，你一直在强调找专科医生，我就想问一下，我来你们医院可不可以找本科医生看嘛，当然如果有硕士生、博士生看，更好。

 ……都可以……前提是……你先来正规医院看！

最后，一个害羞的问题想问一问你们——

今天这条微信，你们是准备暗戳戳地收藏起然后悄悄咪咪地学习呢，还是直接大大方方地分享到微信朋友圈呢？

（本文执笔作者为四川大学华西临床医学院2014级临床医学A班八组阎昊铮等同学，由四川大学华西医院泌尿外科魏武然医生审阅。）

参考资料

［1］陈孝平，汪建平，等.外科学［M］.8版.北京：人民卫生出版社，2014.

［2］朱大年，王庭槐，等.生理学［M］.8版.北京：人民卫生出版社，2014.

［3］朱江，张辉，李颖毅.男性泌尿系统疾病患者性功能障碍调查［J］.中国性科学，2016，25（5）：23-25.

［4］侯瑞鹏，李健.慢性前列腺炎与早泄关系分析［J］.中国医师进修杂志，2012，35（8）：30-31.

［5］陶林，王春华.手淫与早泄的因果关系研究［J］.临床精神医学杂志，2000，10（3）：155-156.

［6］李超.获得性早泄的病因学研究进展［J］.国际泌尿系统杂志，2016，36（2）：281-284.

［7］黄远远.早泄分子遗传学研究进展［J］.中国男科学杂志，2015，29（2）：66-68.

［8］张贤生. 重视早泄患者精神心理因素问题研究［J］. 中国男科学杂志，2014, 28（6）：3-5.

［9］薛翠华，巴巴拉·戴安娜，鲍玉珩. 新性学研究：正确对待自慰［J］. 中国性科学，2012, 21（10）：75-79.

［10］王曦晨，姜京徽，肖敏，等. 丽江产玛咖对雄性半去势大鼠性功能影响的实验研究［J］. 华西药学杂志，2016, 31（4）：365-367.

［11］Zenico T, Cicero AFG, Valmorri L, et al. Subjective effects of Lepidium meyenii, （Maca）extract on well-being and sexual performances in patients with mild erectile dysfunction: a randomised, double-blind clinical trial［J］. Andrologia, 2009, 41（2）：95-99.

［12］Shin BC, Lee MS, Yang EJ, et al. Maca（L. meyenii）for improving sexual function: a systematic review［J］. Bmc Complementary & Alternative Medicine, 2010, 10（1）：44.

［13］Qin Z, Tian B, Wang X, et al. Impact of frequency of intercourse on erectile dysfunction: A cross-sectional study in Wuhan, China［J］. Journal of Huazhong University of Science and Technology（Medical Sciences）, 2012, 32（3）：396-399.

［14］Fung MM, Bettencourt R, Barrett-Connor E. Heart disease risk factors predict erectile dysfunction 25 years later: the Rancho Bernardo Study［J］. J Am Coll Cardiol, 2004, 43（8）：1405-1411.

［15］Sullivan ME, Keoghane SR, Miller MA. Vascular risk factors and erectile dysfunction［J］. BJU Int, 2001, 87（9）：838-845.

［16］Chiurlia E, D'Amico R, Ratti C, et al. Subclinical coronary artery atherosclerosis in patients with erectile dysfunction［J］. J Am Coll Cardiol, 2005, 46（8）：1503-1506.

［17］Min JK, Williams KA, Okwuosa TM, et al. Prediction of coronary heart disease by erectile dysfunction in men referred for nuclear stress testing［J］. Arch Intern Med, 2006, 166（2）：201-206.

［18］Thompson IM, Tangen CM, Goodman PJ, et al. Erectile dysfunction and subsequent cardiovascular disease［J］. JAMA, 2005, 294（23）：2996-3002.

学生答案二

陈 静	华西临床医学院	2014151621007	党永颖	华西临床医学院	2014151621020
洪邑雯	华西临床医学院	2014151621037	姜牧辰	华西临床医学院	2014151621049
李年飞	华西临床医学院	2014151621068	刘子涵	华西临床医学院	2014151621085
彭明华	华西临床医学院	2014151621102	唐颂龄	华西临床医学院	2014151621121
田圣雪	华西临床医学院	2014141482185	吴 桐	华西临床医学院	2014151621141
吴雨璐	华西临床医学院	2014151651106	薛 扬	华西临床医学院	2014151621156
游旭婷	华西临床医学院	2014151621170	赵康博	华西临床医学院	2014151621189
周 菁	华西临床医学院	2014151621194			

华西血液科普系列——解密"血癌"

华西临床医学院 2014 级临床 5 年制 A 班 7 组的一群充满朝气、智慧与美貌并存的大学生，怀着对血液学的浓厚兴趣以及悬壶济世的仁爱之心，在繁重的学习之余，查阅大量文献和资料，完成这篇知识性与趣味性并存的关于白血病的科普文章。

他们分别是吴桐、洪邑雯、唐颂龄、李年飞、党永颖、赵康博、彭明华、周菁、陈静、吴雨露、田圣雪、游旭婷、薛杨、刘子涵、姜牧辰。

在此向他们表示感谢。

在很多影视剧中，白血病的出镜率居高不下。不管是《山楂树之恋》中俊朗的男主老三，还是《蓝色生死恋》中美丽的女主尹恩熙，在剧中均是死于白血病。

"白血病会遗传吗？""什么样的人容易得白血病？""得了白血病就一定会死吗？"针对"白血病与骨髓捐献"，我们身边百余位亲朋好友提出了问题。在这篇文章里，我们会一一为大家解答。

什么是白血病呢？

官方解释是这样的：白血病（leukemia）是一类造血干祖细胞的恶性克隆性疾病，白血病细胞因自我更新增强、增殖失控、分化障碍、凋亡受阻，停滞在细胞发育的不同阶段。在骨髓和其他造血组织中，白血病细胞大量增生累积，使正常造血受抑制并浸润其他器官和组织。

通俗的说法就是"血癌"，血液中的一种细胞成分发生了癌变，不受控制地增生，并造成了其他组织和器官的破坏。

有时由于白细胞大量增生，正常应该是红色的血液变成了白色，因此被直观地称为白血病。

有部分白血病患者外周血白细胞数量并没有明显升高，这在以往被称作"非白血性白血病"。现在只要在骨髓中发现足够数量的原始细胞／白血病细胞，则不论外周血白细胞数量是否升高，都可诊断为白血病。

在恶性肿瘤中急性白血病的死亡率：男性为第 6 位，女性为第 7 位，而在儿童以及 35 岁成人中为第 1 位。这也是为什么民众谈"血癌"色变。在我国，急性白血病的发病率为 3/10 万 ~4/10 万，具体来说，**中国一个小镇的平均人口为 3 万多人，按照这个发病率来算，整个小镇上可能出现一名白血病患者**。所以大家也不必过于恐慌，比起肺癌、肝癌等恶性肿瘤来说，它的发病率很低了。

大家往往认为急性白血病在儿童和青年人中发病率较高，但实际上并不是这样的，白血病的发病率随着年龄的增加而快速增加。

为什么会得白血病呢？

白血病发病的具体原因尚不清楚。

大多数急性白血病患者在发病一个月前的检查往往都是正常的。而慢性白血病很多没有明显的症状，通常在体检或偶然检查时被发现。

长期接触某种化学物质、暴露于大剂量射线或某些特殊的病毒感染可能与白血病的发生有一定关系。但我们正常人一般不会有条件或机会接触这些物质。

日本原子弹爆炸后幸存者的白血病发病率明显升高。而在《山楂树之恋》中，老三可能是在不知道的情况下接触到了有放射性的矿石而导致了白血病。

白血病会遗传吗？

不会。

白血病会传染吗？

不会。

那有什么措施可以预防白血病呢？

说实在话，由于导致白血病的确切原因尚不清楚，也就没有有针对性的方法来预防白血病。我们能做的就是适当少吃，多运动，早睡早起，尽量把自己的身体调整到最好的状态。

急性白血病会有什么表现呢？

正常情况下，骨髓产生适当比例的白细胞、红细胞和血小板，白细胞负责清除感染的细菌和病毒，红细胞负责将氧气运送到各个器官和组织，血小板则参与止血。

而患白血病时，由于白血病细胞在骨髓里大量增生繁殖，抑制了正常白细胞、红细胞和血小板的产生，大多数患者会出现**贫血、出血、感染**的表现。

正常白细胞减少后患者的抗感染能力下降，患者会发生**各种感染：**病毒感染、细菌感染，甚至霉菌感染，表现为发烧和各部位（如呼吸道等）的感染症状。

红细胞负责运输氧气。红细胞减少可导致患者贫血，面色苍白，出现**缺氧症状，如头晕、心慌、气短、没精神、疲乏无力**。

血小板参与止血。血小板减少可导致患者各种出血，如皮肤出血点、鼻出血、牙龈出血等。

白血病细胞也会在骨髓以外的全身其他各大系统、器官聚集，医学上称为白血病的**浸润**表现。

浸润到肝脾、淋巴结，会出现**肝脾大、淋巴结肿大**。

浸润到神经系统，则可引起**头痛、颈项强直（脖子和头部僵硬）**甚至**肢体瘫痪**等神经系统表现。

浸润到骨关节系统，则可出现**骨痛、关节痛**。

浸润到呼吸系统、消化系统、泌尿系统，患者可出现**肺部弥散性**或结节性**改变（检查发现）**，同时伴有**胸膜腔积液、消化功能紊乱、蛋白尿、血尿**。

浸润到生殖系统，男性可出现**睾丸肿痛**，女性可出现**闭经或月经量过多**。

浸润到皮肤、眼眶、泪腺及眼底等，患者可出现**皮肤结节、肿块、斑丘疹**以及**眼球突出、视力减退**等症状。

急性白血病的表现复杂多样，可以出现上述的部分症状，但并不代表有上述症状就一定是白血病。比如说，白血病可以导致贫血，但贫血并不都是白血病导致的，其他很多原因都可以导致贫血。

如何才能诊断急性白血病呢？

症状和血常规的异常对白血病的诊断具有提示作用，但诊断白血病必须依靠骨髓穿刺检查，发现原始细胞／白血病细胞比例超过 20% 即可诊断急性白血病。

以往，根据原始细胞的形态和比例，急性白血病分为 M0、M1 直到 M7 八种类型。随着细胞遗传学和分子生物学研究的进展，以往的分类方法并不能提示白血病的预后和对化学药物治疗（化疗，huaxueyaowuzhil）的敏感性，而染色体和基因的异常与白血病细胞生物学特性的关系更加密切。因此，**现在对所有的急性白血病，除了诊断所需要的骨髓涂片、流式细胞分析，还需要进行染色体分析、白血病融合基因和突变基因的检查**，并依据这些染色体和基因的不同，将急性白血病，尤其是急性髓细胞白血病分为低危急性髓细胞白血病、中危急性髓细胞白血病和高危急性髓细胞白血病。对于不同危险度的患者，治疗方案的选择也不完全相同。

2018NCCN 指南关于急性髓细胞白血病危险度分层标准如下：

RISK STATUS	CYTOGENETICS	MOLECULAR ABNORMALITIES
Favorable-risk	Core binding factor: inv(16)[3,4,5] or t(16;16)[3,4,5] or t(8;21)[3,5] or t(15;17)[5]	Normal cytogenetics: NPM1 mutation in the absence of FLT3-ITD or presence of FLT3-ITD[low7] or isolated biallelic (double) CEBPA mutation
Intermediate-risk	Normal cytogenetics t(9;11) Other non-defined	Core binding factor with KIT mutation[2] Mutated NPM1 and FLT3-ITD[high7] Wild-type NPM1 without FLT3-ITD or with FLT3-ITD[low7] (without poor-risk genetic lesions)
Poor-risk	Complex (≥3 clonal chromosomal abnormalities) Monosomal karyotype -5, 5q-, -7, 7q- 11q23 - non t(9;11) inv(3), t(3;3) t(6;9) t(9;22)[6]	Normal cytogenetics: with FLT3-ITD mutation[8] TP53 mutation Mutated RUNX1[9] Mutated ASXL1[9] Wild-...

急性白血病该如何治疗呢？

目前全世界公认的、一线的治疗方法仍然是化疗和／或造血干细胞移植，而且这个方法也是效果最好的。

比如，对于急性髓细胞白血病，早期同胞全相合移植的五年生存率已达到 60%。

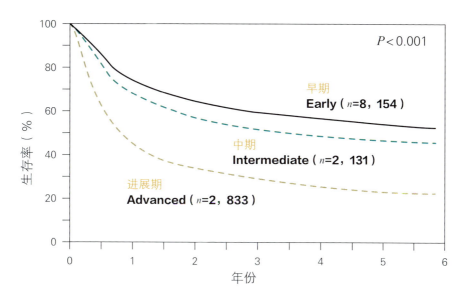

Survival after HLA–Matched Sibling Donor HCT for AML，2004–2014

AML 同胞全相合移植的生存状况

保守治疗对急性白血病有用吗？

年龄过大或一般情况很差，不能耐受化疗或不愿意化疗的部分患者可以选择保守治疗，即不给予有细胞毒作用的化疗，而仅给予输红细胞、输血小板、抗感染等最好的对症支持治疗。

在生活上该注意什么呢？

最最最重要的一点就是**预防感染！**

K 课程简介
KECHENG JIANJIE

系统整合临床课程Ⅲ –1、Ⅲ –2

课程号：502298040 ／ 502299040

　　"系统整合临床课程"是一门由原"内科学""外科学"以器官系统为基础重新整合而成的教改课程，是医学相关专业最为重要的核心专业课程。"系统整合临床课程Ⅲ"针对全体非临床医学生设置，课程为期课，为便于学生选课，分为理论教学（"系统整合临床课程Ⅲ –1"，64 学时，学分 4 分）和实践教学（"系统整合临床课程Ⅲ –2"，96 学时，学分 4 分）两个部分，教学则讲习同步混编授课。课程内容涵盖外科学总论、呼吸系统疾病、消化系统疾病、循环系统疾病、泌尿系统疾病、骨骼运动系统疾病、内分泌与代谢疾病、血液疾病、综合模块（临床技能训练、风湿性疾病、乳房疾病、烧伤整形等）9 个模块，每个模块采用集中学习的方式，让学习者按照系统来学习疾病的病因、发病机理、病理、临床表现、诊断、治疗和预防等。

　　本课程教学方式多样，含课堂讲授、模拟见习、床旁见习、TBL、PBL、基本临床技能培训、自学等。临床医学是实践性很强的学科，理论与实践的结合尤其重要。课堂教学的重点是为学习者提供疾病诊治的重点信息以及解决临床问题的思路。学习者必须重视课堂以外的各种实践教学环节，按照教学大纲的要求，在临床环境中不断拓展和深入学习，努力提高医学人文素养，掌握有效的交流沟通技能，提高解决实际临床问题的能力，为将来的临床实践工作打下良好的基础。

考试题目
AOSHI TIMU

以 10 人为一个小组，配备 PBL 导师 1 名，进行 PBL（以问题为导向的学习）。
本案例为"系统整合临床课程Ⅲ"，见习小组采用的案例：爱美姑娘减肥记。

21 岁青年女性消瘦、月经异常的鉴别诊断。本讨论案例共计 6 个学时，分 2 周行课。整个案例分为第一天（A、B、C）、第二天（A、B），共 5 个节点分段提供信息，引导小组在案例进程中以小组为单位进行头脑风暴，综合应用临床知识来完成对本案例的模拟临床诊疗。

试题说明

本题目为案例第一天 C 阶段的内容。案例中的青年女性患者因饮食异常邀请营养医师会诊。学生作为营养医师为患者提供合理的营养治疗方案，并代表本小组到隔壁教室的另一小组，对扮演患者家属的另一小组组员进行营养方案宣教和沟通。

考试要求

1. 作为营养医师，结合案例信息，以一周时间自行准备一个营养治疗方案。该方案需要在本小组内汇报，并在小组内达成共识。
2. 该同学以营养医师的身份以前述达成共识的营养治疗方案为核心，与另一小组组员扮演的患者家属做医患沟通，说服对方接受这个营养方案。

学生答案
XUESHENG DA'AN

学生答案

李品臻　华西临床医学院　　　2013151662010

饮食方案
——规律饮食，合理膳食

一、消瘦者的合理膳食方案

1. 食物粗细搭配合理且多样化。

●**食物粗细搭配**：稻、麦类作物皮壳中有维生素和矿物质，谷物加工越精细，营养损失越多。

●**多样化**：人体需要几十种营养素，任何一种食物都不能单独满足这种需要。因此，为保证营养素齐全，食物品种需多样化，应以谷类为主，多吃蔬菜、水果和薯类，常吃奶类、豆类或其制品，适量吃鱼、禽、蛋、瘦肉，少吃肥肉、烟熏和腌制肉食品。每天的膳食应包括谷薯类、蔬菜水果类、畜禽鱼蛋奶类、大豆坚果类等，平均每天摄入12种以上食物，每周25种以上。

2. 保证每天有足够的优质蛋白质和热能。

●食物中动物性蛋白质和大豆类蛋白质是**优质蛋白质，应占蛋白质供给量的1/2**。

●**热能的摄入应略高于普通人。**

●因为消瘦者热能不足，胃肠功能差，一次进餐量太多，消化吸收不了，反受其害。而餐次时间隔得太长，加上食量又小，食物营养供不应求，同样也不利于强身健体。**消瘦者可增加餐次或在两餐间增加些甜食，增加体内能量的储存。**

3. 合理分配。

●消瘦者的理想饮食结构百分比为：**总热能中碳水化合物占55%~60%，脂肪占20%~30%，蛋白质占15%~18%。**

●消瘦者适合每天 **4 或 5 餐**。

● 在全天总热能中，**早餐占25%~30%，午餐占30%~35%，晚餐占25%~30%，且加餐占全天总热能的5%~10%。**

4. 改进烹调技术。

●科学的烹调加工能有效地提高营养素的利用率。

●食品以**蒸煮为好**，平时要尽量少吃煎、炸、炒的食物。

●膳食要清淡少盐：成人每天**食盐摄入不超过6克**，每天烹调油摄入 25~30 克。

二、饮食注意事项

1. 一般注意事项。

- 少盐少油，控糖限酒。
- 饮食应有**规律**、有**节制**，严禁暴饮暴食。
- 合理安排作息时间，起居饮食定时，保证充足的睡眠。
- **加强锻炼**，可采取冬季长跑和夏季游泳等运动，增强胃肠消化功能。
- **保持良好的心态**，有利于神经系统和内分泌激素对各器官的调节，能增进食欲，增强胃肠的消化吸收功能。

2. 贫血者日常的饮食注意事项。

- **多食含铁丰富的食物**，如蛋黄、牛肉以及动物肝、肾等。
- 吃富含维生素 C 的绿色蔬菜，有利于食物中铁的吸收。
- 不饮茶，茶叶中的鞣酸会阻碍铁的吸收。
- 适当补充酸性食物有利于铁的吸收。
- 忌食辛辣、生冷、不易消化的食物。

3. 慢性浅表性胃炎的饮食注意事项。

- 饮食上的调养总原则：**饮食无刺激性，纤维素含量低**，易于消化，具有足够的营养；少食多餐；进餐时要放松，保持心情愉快。
- 避免吃各种刺激性食物，如烈性酒、浓缩咖啡、生蒜和芥末等损伤胃黏膜的食物；同时避免吃过硬、过酸、过辣、过冷、过热和过分粗糙的食物。可选用易于消化的食物并注意少用油炸、油煎等烹调方法。食物宜清淡软烂。

4. 甲状腺结节患者的饮食注意事项。

- 增加蛋白质的摄入量，如肉类、蛋、牛奶等。
- B 族维生素等需求增加，要注意补充。
- 少食动物性脂肪，控制脂肪摄入。
- **确保碘的摄入。**碘的一般需求量：成年女性为 100~115 微克。海产品为碘的主要来源，另外，绿叶蔬菜、肉类、蛋类、乳类、五谷类、添加碘的食盐也含有一些碘。

职业卫生

张 勤

四川大学
华西公共卫生学院 / 华西第四医院

教师简介
JIAOSHI JIANJIE

　　张勤，2009 年毕业于中国科学院生态环境研究中心环境化学与生态毒理学国家重点实验室，获环境科学博士学位，2015 年在美国哥伦比亚大学医学院访学一年。四川省卫健委第 12 批学术技术带头人后备人选。获得四川大学青年骨干教师称号两次。主持完成国家自然科学（青年）基金项目 1 项。共发表学术论文三十五篇，其中 SCI 收录十篇，参编学术专著中、英文各 1 部，发明国家专利 1 项。主讲课程"职业与健康""环境污染与公众健康""Biosafety Training and Environmental Health Safety"等。

课程简介
KECHENG JIANJIE

职业与健康实验

课程号：504234015

　　"职业与健康实验"是预防医学专业必修课"职业与健康"的实验教学配套课程。本课程采用实习和讨论的方式，要求学生了解各种职业性有害因素（包括生产性毒物、物理因素、粉尘等）的测量原理，掌握其测量方法以及做出合理的卫生学评价，并进行相关的案例分析讨论。通过实习，学生学会将所学的理论知识应用于实践，提升了综合应用知识的能力、动手能力和独立解决实际问题的能力。

对医科类非标准答案考试
题目设计的初步思考

四川大学华西公共卫生学院／华西第四医院　张　勤

　　为了提高课堂教学质量，培养学生的独立思考能力和批判性思维，增加教学互动性，我校自 2011 年以来开展了非标准答案考试改革。2016 年在全校征集并评选出优秀非标准答案考试题结集成册，已公开出版[1][2]，来自文、理、医、工各类专业的不同类型课程的非标准答案考试优秀试题被选入编辑成册，供大家学习参考；同时，学校要求期末闭卷考试题目中至少有一道非标准答案考试试题供学生选择。

　　如何设计非标准答案考试试题？什么样的非标准答案考试试题能真正促使学生学习思考？如何避免没有标准答案的试题脱离教学目标或者流于形式？为了更好地认识这些问题，本文对已公开出版的试题集中的优秀题目及答案进行了梳理、总结和分析。鉴于不同学科在学习方法和学习思路上各具特色，按学科对试题进行分析更具有实际推广价值，故而本次分析针对医科类，希望为今后设计非标准答案考试试题及答案提供思路。

一、题目的一般情况

按照课程类别、题目类型、题目来源、答案类型和答案呈现形式，我们对两套非标准答案考试试题中的 18 门医科类课程进行了简单的梳理（详见表1）。医科类题目共计 19 道，1 门实验课、6 门公选课、12 门专业基础课或专业课。题目的类型：论述性质的题目占了近63%，其他为问答或者思考题。题目来源：教师给出题目大方向，由学生自选角度答题的占了一半。答案类型：47% 为案例分析型，32% 为论述性小论文或综述，3 个答案为观察或调研性报告，1 个答案为评述。答案的呈现形式：78.9% 为 WORD（包括在线提交或纸质答案），其余为 PPT 或者手绘海报加口头报告陈述的形式。

表1　医科类非标准答案考试优秀试题题目分析表

类型	例数	百分比（%）	类型	例数	百分比（%）
课程类型			答案类型		
专业类课	12	63	案例分析	9	47
公选课	6	32	论述或综述	6	32
实验课	1	5	观察或调研报告	3	16
题目类型			评述	1	5
论述性	12	63	答案呈现形式		
问答思考题	7	37	WORD	15	79
题目来源			PPT+ 海报 + 口头报告	4	21
学生自选	10	53			
教师命题	9	47			

二、题目的共同特点

该类非标准答案考试试题不仅具有开放性，还有如下共同特点：

（一）综合性

从答案的类型可以看出，非标准答案考试试题的答案不管是案例分析，还是论述、调研报告，均具有综合性的特点。一方面，对知识点的考查不是针对单个或几个知识点，而是要学生掌握整本教材或者学习完全部章节并对该门课程有了总体认识后方能答题。答案很难从教科书里面直接获取，需要融会贯通课程所有章节知识，比如案例分析中的病案分析，需要从诊断、治疗、发病机制等多方面考虑。例如："药理学"

的非标准答案考试题目，从一临床案例入手，在描述了患者的临床症状和体征后，要求学生作出临床诊断、描述生理病理变化及指出首选抢救药物的药理学依据等。另一方面，对学生综合能力进行考查，需要学生具备文献检索、统计分析、图表绘制、论文撰写、PPT 制作及演讲等能力。例如："居室与健康"的非标准答案考试题目，要求学生到商场实地调研，撰写食品、化妆品或瓶装饮用水标签标识调研报告。"雾霾污染与人体健康"的非标准答案考试题目，要求学生制作健康宣传海报并陈述设计理念。

（二）个性化

与标准化考试相比，非标准答案考试体现出个性化的特征。50% 以上的题目教师只是给出大方向，需要学生自选或者自拟题目，即使是教师命题，亦需要学生从自己的角度回答，因而极大地降低了学生相互抄袭的可能性，这亦是推动非标准答案考试的初衷[3]。另外，"一百个人眼中有一百个哈姆雷特"，从不同角度看同一问题，通过相互交流可培养学生全面看待问题的习惯，同时可使学生从自身的兴趣点出发去探究问题，促发学习的内驱力。个性化的答案还有利于教师对学生进行综合评价。给出优秀答案的学生均具备较好的理论知识基础、较广泛的兴趣、较高的专业素养和文字表达能力。例如："医学免疫学 I"（双语）非标准答案考试要求学生自拟免疫学相关主题，制作海报并课堂陈述，优秀答案从流行病学、免疫学和病毒学多角度介绍了狂犬病病毒和狂犬病的发病机制。

（三）应用性

非标准答案考试不仅需要学生掌握牢固的基础理论知识，而且需要学生具有较高的知识应用能力，可以激发学生思考"为什么要学？""学了怎么用？""如何好好用？"由于医学类课程自身的特点，入选的优秀答案都体现了应用性，很"接地气"。不论是案例（或病案）分析，还是调研观察报告，均取材于生活和工作。教师从解决实际问题出发设计题目，鼓励学生灵活地运用理论知识，提高了学生对自己专业的认同感。例如："临床医学导论 –3"非标准答案考试要求学生自主选择公开媒体上发表的存在科学性问题的科普文章从学术上进行辟谣。

三、现存的问题和建议

非标准答案考试对学生和教师都是一种挑战。由于开展非标准答案考试改革的时间尚短，故而在题目设计和评价等方面均存在一定的问题亟待解决。

第一，偏离教学目标。非标准答案考试通常为开放性题目，在设计时不仅需要考虑综合性、个性化及应用性，还需要考虑考查的内容是否紧扣教学大纲，尤其是专业课。

考查的要点是学生对知识点的综合应用能力，而不是一味追求开放性和趣味性而偏离最初的教学目标。而对于文化素质公选课一类具有科普性质的课程，我们鼓励题目的设计及展示兼具科学性和趣味性，以解决生产生活中的实际问题为目标。

第二，对非标准答案考试的片面理解。对非标准答案考试的认识，有的教师存在误区，比如认为小论文和综述就等同于非标准答案，或者学生做口头汇报就是非标准答案。个人认为小论文和综述的确是非标准答案的一种表现形式，但需要认真选题，避免学生直接照搬综述类文献。

第三，非标准答案考试的呈现形式相对单一。相较于其他学科，医科类非标准答案考试的呈现形式相对较单一，以论文、报告和口头汇报为主。而其他学科的优秀非标准答案考试呈现形式多样的特点，有故事、角色扮演等。例如"中国古代经济史专题"要求穿越回古代描述经商的心得体会。医科类非标准答案考试在设计时亦可参考，比如解剖学课程以一颗豌豆为视角描述在体内的过程等。

第四，非标准答案考试的评分标准难把握。作为开放性考试的一种，非标准答案考试的评分标准较难把握。如何体现公平公正原则，是摆在各位出题教师面前的问题。从目前的答案来看，大多以分数段等级制进行评判，分数受评阅人主观影响较大。为了避免这种情况，可采用双人批改或者交叉批改的方式，例如"系统整合临床课程II"采用了双人批改的方式，由任课教师与助教分别批改后取平均分。

综上，非标准答案考试的设计需要出题者考虑题目的综合性、个性化和应用性的特点，在紧扣教学目标的前提下，兼具科学性和趣味性，以学生为中心，充分调动学生的学习主动性，同时提供统一的评分标准，从而助力考试改革。

参考文献

［1］张红伟.挖掘创新潜能 重构思维空间——2016年四川大学优秀非标准答案考试集（上、下册）［M］.成都：四川大学出版社，2018.

［2］张红伟.四川大学非标准答案考试试题集第5册［M］.成都：四川大学出版社，2016.

［3］谢和平.扎实推进课堂教学改革［J］.中国大学教学，2016（1）：4-7.

K 考试题目
AOSHI TIMU

"互联网+""大数据"在职业中毒领域中的应用与实践。

试题说明

在完成职业中毒章节全部的理论知识学习之后，通过小组讨论的方式，以"互联网+""大数据""大健康""人工智能"等在职业中毒领域中的应用与实践为题，主要考查学生对理论知识的综合应用能力。学生需要具备如下知识：我国职业中毒概况及存在的核心问题，"大数据""人工智能""大健康"的内涵和外延，课题设计的要素，科研项目申请答辩要点。通过4个学时的选题→小组讨论→教师提出参考意见→确定题目→撰写方案→制作海报→展示方案，使学生既巩固了职业中毒的理论知识，又在科研思维方面得到了积极的训练，同时亦为大学生创新创业训练计划及"互联网+"等大学生创新创业竞赛提供了选题和思路。

考试要求

1. 关键词提示："职业中毒""互联网+""大数据""人工智能、""大健康"。

2. 讨论要求：按5或6人分小组讨论。

3. 报告要求：简要阐述研究目的/目标、创新性、技术方案、可行性。

4. 海报要求：以图示方式展示研究主题，每组由1名同学根据海报简单陈述方案。

评分标准

1. 80~85分：方案具有一定创新性和可行性，逻辑基本合理，图示清晰，陈述得当。

2. 86~90分：方案具有较高的创新性和可行性，逻辑合理，图示清晰生动，陈述条理分明。

学生答案

UESHENG DA'AN

学生答案一

安媛媛　华西公共卫生学院　2014151651002 ／ 邓芷芮　华西公共卫生学院　2014151651015
刘晨旭　华西公共卫生学院　2014151651060 ／ 刘子怡　华西公共卫生学院　2014151651067
毛　萌　华西公共卫生学院　2014151651075 ／ 祁尚慧　华西公共卫生学院　2014151651080

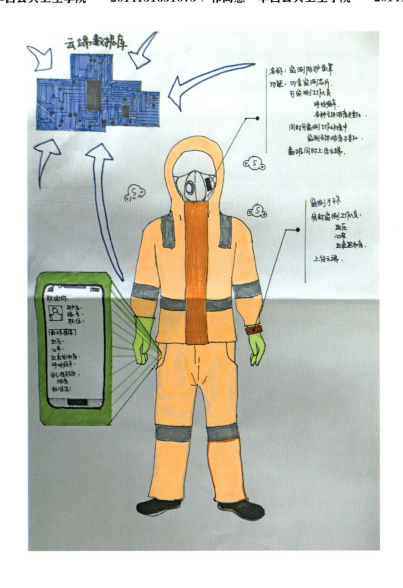

四 川 大 学 试 卷

题目序号	1	2	3	4	5	6	7	8	9	10	总计	评卷教师
各题分数												

考生承诺

我已认真阅读并知晓《四川大学考场规则》和《四川大学本科学生考试违规处罚规定（修订）》，郑重承诺：
1、已按要求将考试禁止携带的文具用品或与考试有关的物品放置在指定位置；
2、不带手机进入考场；
3、考试期间遵守以上两项规定，若有违规行为，同意按照有关条款处理。

（装订线内答题）

职业卫生——实习讨论课报告

一、研究目的
1、通过可穿戴设备实现监测高危工作环境中刺激性气体的浓度变化及高危接触者的生物效应指标变化。
2、连接云端，实时收集上述数据，并统筹监测。

二、创新性
1、利用了"AI"与"互联网+"相结合的技术。
2、据用者的健康档案不再局限于就诊医院，而是形成一个大数据网。
3、利用云端高危接触者可以随时掌握自身健康动向，促进其观测能动性，更加关注自身健康。
4、不需定期组织大规模体检，可实时监测工人健康状况。
5、为急危接触者患重病、病程诊断提供依据，避免从源头上将问题放大，规避风险。
6、用户在不再需要定期费力大范围组织体检，可较好让工作完成。简时、省力、省财。
7、实施地区可监视环境中的高危情况，发生情况更好。

三、技术方案
1、连接云端，收集数据。
2、建立配套客户端软件，便捷获取实时查询数据。
3、研发可穿戴设备，例如手环，实时监测血压、心跳，结合危险系数报警。

用时将穿戴设备进行特定的编码，以增强工作监督性、职责。
4、保障数据私密性。

Ⅲ、可行性
1、监测方便、快捷、灵敏。
2、手机遍布于大众，使用手机关于端令使跟工查询更为便，更方便。
3、可穿戴设备的手环佩置不仅不会妨碍日工作，还能保护工人健康。
4、现在市场上已有运动手环等相关产品，可重新在原有技术基础上开发，减少开发的难度。

展示与借鉴
设监测器布
由于本组设计的实时监测设备对于普通的在业工人的意义并不很大，并且所涉及到的设备的成本较高。因此根据建议，我们将把人群定位在高危险接触人员的职业防护。
例如CO在推障救灾，例如火灾、爆炸等，消防人员的易感较大、物体的浓度较高，对于消防人员的防护较大。因此可通过对CO的监测，有害物质的监测，可以保护消防人员的健康。及避免救灾过程中，身体的明显的变化及是否已到极限。
②由于灾害发生频率较小，因此对于设备购置的成本可以一起的增加，因此所以对设备的要求可以实现。

95

学生答案二

邵　俊	华西公共卫生学院	2014151651085
陆冬云	华西公共卫生学院	2014151651071
唐明华	华西公共卫生学院	2014151651093
傅天颖	华西公共卫生学院	2012141652072
胥梅玫	华西公共卫生学院	2014151651116

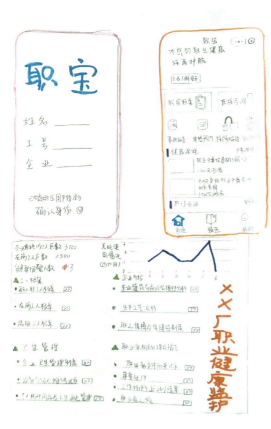

四川大学试卷

题目序号	1	2	3	4	5	6	7	8	9	10	总计	评卷教师
各题分数												

课程号	课序号	课程名称	任课教师

考生承诺

我已认真阅读并知晓《四川大学考场规则》和《四川大学本科学生考试违纪处分规定（修订）》，郑重承诺：
1、已按要求将考试禁止携带的文具用品及与考试有关的物品放置在指定处。
2、不带手机进入考场。
3、考试期间遵守以上两项规定，若有违规行为，同意按照有关条款处理。

一、研究目的/目标
1.为职工提供一站式健康安全保障服务，在其入职、在职、离职不同阶段提供相互服务，做到全程护航。
2.为企业提供员工健康状况实时监护，在国家体检基础上增加多项实时更新检报打造健康企业。
3.利用互联网+大数据技术生成职业安全AI医生，打破时空限制为职工带来高效便利方案。

二、创新性
1.便捷跟踪访问，将信息上报方作为载体，用户可以在任何时间内查看自己信息。
2.智能推送，针对用户职业不同阶段，推送其主人员填写的职业科普及防护技能教程。
3.特色服务，用户健康状况不同提供差异化服务，如健康咨询、保险服务等。

三、技术方案
职工端：1.利用姓名、工号、住址信息建立研究个人健康档案。
2.录入个人健康档案（职业史、职业病危害因素接触史、既往史、家族疾病史、人口流动资料等）。
实时更新体检数据、身体状况。

3.针对性提供相关服务：入岗、职业素养、职业防护知识。
在岗：危害因素识别技能、防护技能、预防措施、应急演练
离岗：离岗处理、职业病筛查防护、保险赔付等

4.创建智能医生，在线提供咨询服务：
个人健康——提供就诊咨询建议、防护措施
职业病确诊——提供疾病保险理赔指导、保险健康处理
职业病防治——职业科普小助手

企业端：1.录入企业信息（职业人数，具体职位，生产工序，原辅材料，工作地点，工作岗位存在职业危害岗位信息，不同岗位防护措施，危害处理情况等）。
2.连接个体职工数据，统计岗位、岗位人数，实时更新健康状况，及时调整岗位。
3.定期上传基础数据至系统，进行收集全方面大数据分析。
一键上报急救中毒事件，医院、企业、系统三级联动。

监督单位：1.处理所有全联网企业数据，给予技术支持。
（疾控、医院）2.提供职业病防治卫生知识，定期开展科普。

四、局限性
1.市场需求巨大，青年职业中毒大量发生，但是部分人得不到有效管理，本项目以职业为单位，服务多职工，目前职工职业中毒知识匮乏，技能不足，健康权益难以保障。
2.技术及数据库开发，项目以便捷用户为出发点，为便用户使用，界面简明易用，服务知识丰富，但高校自身技术不够也可能制约运用团队。

第2页

学生答案三

肖冠坤	华西公共卫生学院	2014151651111
侯雪钰	华西公共卫生学院	2014141491043
雷蕾	华西公共卫生学院	2014151651046
李方园	华西公共卫生学院	2014151651048
胡曼	华西公共卫生学院	2014151651034

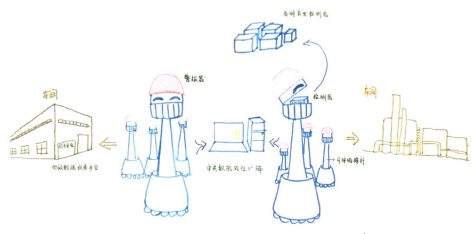

职业场所有害气体监测及个体化分析机器人

李晓红

四川大学
华西药学院

教师简介
JIAOSHI JIANJIE

李晓红，2002 年毕业于四川大学华西药学院，获硕士学位并留校任教；2007 年和 2008 年，获四川大学青年骨干教师称号；2011 年，获四川大学生物治疗国家重点实验室药理学博士学位；2014 年和 2016 年，先后赴美国亚利桑那州立大学和英国牛津大学参加培训。长期从事药学分子生物学和药用生物化学的本科教学工作，多次获得四川大学华西药学院优秀教学奖；同时从事分子药理学的科学研究，研究领域涉及药物治疗眼部疾病的作用机理和药效，探索药物效应多样性与患者基因序列多态性之间的关系。

课程简介
KECHENG JIANJIE

药用生物化学

课程号：505051030

生物化学是研究生物大分子的结构与功能、代谢与调节的基础前沿生命科学。作为重要的药学专业基础课，"药用生物化学"课程是帮助药学学生理解生命现象和药物作用机制的重要基石，是培养创新型药学人才的重要环节。

如何解锁以创新能力考核为核心的
非标准答案考试

四川大学华西药学院　李晓红

前言

　　考试是教学活动的有机组成，是教学理念和教学效果的重要映射，承担着区别人才和评价人才的重任。高校教育创新与创新人才的培养需要与之配套的创新能力考核评价机制，需要将考试提升为对学生创新能力与创新意识的培养和检测。传统的"标准答案"考试只是课堂知识的简单再现和平面折射，检测的是学生对教师和书本知识的简单模仿，无法反映学生主动应用知识的创新思维和能力。久而久之，学生就沦为了接受知识的容器。对于改善学生被动学习、简单传承知识的现状，培养并考核学生的创新能力与创新思维，非标准答案考试无疑是行之有效的手段和媒介。

解锁非标准答案考试

　　"没有思想自由，就不可能有学术创新。"非标准答案考试的精髓在于抛弃标准答案式的定向思维模式，通过开放科学命题放飞学生思想，引导和激发学生的创造性思维。教师可通过聚焦科学问题、营造创新体验场和设计开放式"对话"等手段，激发学生探索未知的主动性，使学生逐渐养成多维度发现问题、创新性解决问题的思维模式，让创新成为学生的一种习惯。

践行非标准答案考试

通过聚焦科学问题来营造创新体验场是推行非标准答案考试的可行途径。教师可将知识和创新能力的检测融于科学问题试验场，最终通过论文、PPT 或"茶馆式"小组讨论等多种形式呈现，多维度考查和培养学生的综合创新能力。

四川大学原校长谢和平院士曾指出，新时代真"学霸"、好学生至少应该通晓知识，思维方式科学，同时具备独立思考、创新创业及协作和社会担当"三种能力"[1]。非标准答案考试除了要考核学生必须掌握的专业知识，更重要的是要考核学生独立思考问题、主动应用知识进行创新实践的能力。教师要着重考查学生对科学问题的推理过程，考查学生以科学事实为基础的科学分析能力和探知精神，看学生想了多少，是否已做到"敢想会想"。

如何通过聚焦科学问题来营造创新体验场？设计开放命题，引导学习小组进行论文创作或许是最简单可行且有效的方式。小组形式的论文创作既可以考核学生对知识的掌握和运用，又可以考核学生以科学事实为依据的科学思维方式、独立思考能力、创新能力及协作和社会担当能力。

1. 论文创作考核学生是否通晓专业知识。论文创作是整合知识的创新性学习过程。探究式的创新学习可以避免学生"读死书、死读书"，而系统的理论知识则可以避免学生"华而不实"、漫无目的、毫无方向地"创新"。没有扎实的理论知识做支撑，整合和创新都将沦为空谈。教师可以在命题时有意识地兼顾知识的系统性和全面性，引导学生整合知识系统，让知识"活起来"，内化为学生自己的专业知识素养。例如，命题"如果没了线粒体，细胞的命运会怎样？"要求学生至少需要整合线粒体功能及能量代谢相关的背景知识；而命题"生命起源说，蛋白质和核酸谁先占据了生命的起点？"则需要学生整合蛋白质、核酸以及遗传信息复制和传递等多方面的理论知识。

2. 论文创作考核学生是否具有以事实为基础的科学思维方式，是否具有独立思考能力和创新能力。科学论文写作属于科学创新创作，要求学生不仅要有书面表达能力，还要有以科学事实为依据的批判思维和逻辑思维，将知识进行整合分析，独立思考，发现和分析问题。教师在命题时可以通过预设开放性问题，激发学生的科学构想，展现不同的个性化知识创作过程，使学生逐渐形成多维度发现问题、创新性解决问题的科学思维模式和创新能力。例如，命题"如果没了线粒体，细胞的命运会怎样？"至少可以有"细胞死亡"和"细胞逆境生存"两种构想，而每种构想都需要以不同的科学事实为基础进行科学思考；命题"生命起源说，蛋白质和核酸谁先占据了生命的起点？"至少有四种不同构想；而命题"反竞争性抑制作用的机制，你来说。"则是没有范围界定，学生可根据竞争性抑制和非竞争性抑制的作用机制，结合自己对酶作用机制的理解，进行完全开放的以科学事实为基础的科学思考和创新。

3. 小组形式的论文创作考核学生是否具有协作和社会担当能力。小组任务的完成需要小组成员的沟通协作和思想碰撞，最后形成统一构想。因此，成员的团队协作精神和集体荣誉感是小组形式的论文创作的重要保障，这也是社会担当能力的体现。而教师设置的独立完成论文、拒绝抄袭等要求则可直观考核学生实事求是的诚信科学态度和社会担当能力，这是对德才兼备的创新人才的基本要求。

结语

"创新驱动"发展背景下，高校作为高层次人才培养的主体，正在迎接培养创新人才的时代挑战。做学生创新思维的引路人是高校教师的时代担当，高校教师要呵护、引导和激发学生的创新思维，让学校成为创新领地，让学生成为创新人才。在以创新能力考核为核心的课程考试改革中，高校教师要自觉践行创新，不断更新知识储备，优化考试命题和考试设计，切实做好学生创新思维的引路人。

参考文献

［1］谢和平.扎实推进课堂教学改革［J］.中国大学教学，2016（1）:4-7.

K 考试题目
KAOSHI TIMU

在"酶和生物氧化"的知识海洋里，一场"头脑风暴"等你来战：

1. 如果没了线粒体，细胞的命运会怎样？
2. 除了蛋白质和 RNA，谁还可能成为天然的生物催化剂？
3. 生命起源说，蛋白质和核酸谁先占据了生命的起点？
4. 反竞争性抑制作用的机制，你来说。
5. 酶的"无敌"应用。

试题说明

近年来，生命科学领域的研究成果在飞速增多，知识更新迭代十分迅速，新观点和新方法不断涌现。在这种知识浪潮的冲击下，教师无法触及所有新知识和新进展，课堂教学的局限性被放大。为此，我们的课程设计了一组科学探究任务，让学生自主学习，培养学生以科学事实为基础的科学问题分析能力，对学生进行潜移默化的引导，培养学生"想学会学""敢想会想"，主动拥抱未知的创新意识、创新思维和创新能力。

考试要求

"作战小组"，任选任务；搜索文献，大胆猜想；仔细分析，拒绝抄袭；图文并茂，视角新颖；有理有据，语言风趣。

学生答案

UESHENG DA'AN

学生答案一

燕伦丹　华西药学院　　　2016141661121 ／周雯欣　华西药学院　　2016141661129
刘　璐　华西药学院　　　2016141661105 ／王　欢　华西药学院　　2016141661113
张永顺　华西药学院　　　2016141661070 ／王礼博　华西药学院　　2016141661043

线粒体离家出走

　　故事背景: 本篇文章采用小说形式来阐述"如果没有线粒体,细胞的命运会怎样?"这一问题。我们将线粒体拟人化,取名"小粒",细胞里其余成分也拟人化,分别称为"小核"(细胞核)、"小糖"(核糖体)、"小高"(高尔基体)、"小网"(内质网)。他们组成一个完整的细胞,取名"真老大"。

第一话　小粒的到来

　　故事是这样开始的。

　　在十几亿年前,小粒是一个朝气蓬勃、自由自在、充满能量的细菌。有一天,一个霸道的原始真核细胞——真老大,遇见了她,羡慕她朝气蓬勃、活泼开朗,如此具有生命的活力,二话不说,一口将她吞进了体内。

　　小粒进入了一个陌生的环境,感到非常惶恐不安,尝试了许多方法也无法离开这里。久而久之,小粒想: "既来之,则安之。既然我没有办法摆脱束缚,那我就尝试在这里生活吧,或许也不错呢。"小粒的脸上又露出灿烂的笑容。

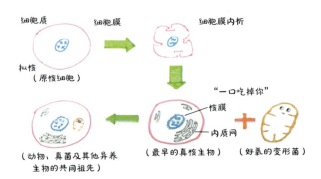

图 1　内共生学说

第二话　小粒的新生活

在新的家庭里，有一些可爱的家庭成员。他们很喜欢小粒，给予了她许多帮助，让她在新的环境里仍然保持着灿烂的笑容。在这个新家庭里，一方面小粒得到稳定的营养，另一方面因她的存在，真老大变得更加强大。小粒每天忙忙碌碌，过着充实的生活。

她向新的小伙伴炫耀说："从 115.61 米高的北美红杉、33.6 米长的蓝鲸到长度只有 5 微米的酵母，他们能动用的能源都和我息息相关呢。我可是生产 ATP 的小能手。"

宇宙星辰周转不息，同样，细胞内的一切都在不断运动之中。真老大亦是如此。真老大所有运动所需要的能量都来自呼吸作用，重头戏便是小粒的工作。小粒不再是一个普普通通的细菌，她负责整个新家庭的正常运作，大家称赞小粒是 "power house"。得益于小粒从前"细菌"的身份，小粒拥有自身的环状 DNA 分子，可以编码部分呼吸作用所必需的蛋白质。这些蛋白质的存在让能量的释放变得理所当然。"power house"，小粒当之无愧!

第三话　小粒离家出走

他们这样生活了一年又一年。不料，科学界掀起了研究线粒体的热潮。

一天，阴风陡起，雷鸣电闪。真老大被带去一个陌生的实验室。小粒睁眼醒来，发现一片漆黑。实验室营造出的恶劣环境让小粒不堪重负，越发苦恼，开始怀念从前的生活："明明从前我能够自己一个人好好地生活，自由自在，无忧无虑，现在却要承受这无端的折磨。再说，真老大现在自身难保，我还是早点脱离为好。我要自己出去闯一闯，看看外面的世界。"

第四话　真老大将何去何从

面对小粒的不辞而别，真老大勃然大怒，多年以来对小粒的不满也在这一刻爆发了。

虽说小粒是整个家庭的能量源，大家都喜欢她，但是不得不说小粒大大咧咧的性格给大家带来了不少麻烦。小粒工作时，马虎的她常常不能控制好力度。她在利用氧燃烧食物时，自由基的火花就会逃逸出来，损害邻近的结构，包括小粒本身的基因和远处的细胞核基因。而小粒对此却不以为然，玩笑般道个歉便一溜烟走了，真老大和其他成员对此也只能默默忍耐。每天细胞里的基因都要忍受 1 万至 10 万次自由基的攻击，虽然大部分的这类损伤很快就会得到修复，不会造成大的麻烦，但偶尔有些攻击会导致无法逆转的变异——基因序列发生持久性改变，这些变异会积累起来。

　　这些调皮的自由基若只是这样，忍忍也就过去了，但是事情没有这么简单。小粒还给真老大带来了一个非常令人恐慌的东西——衰老。小粒在不经意间给真老大带来长期的伤害，这些伤害一点一点地在真老大身上留下了不可磨灭的痕迹，真老大的眼角开始爬上了一丝丝的皱纹。事实上，衰老和许多与衰老有关的疾病是由在正常细胞呼吸中所泄漏出来的活跃分子——自由基导致的。而让这些自由基溜出来的正是小粒。自由基给细胞带来的稳定性损耗是衰老和退行性疾病的基础。不仅如此，真老大的后代还出现了许多令人痛苦的遗传疾病。这些遗传疾病也与自由基攻击线粒体的基因而产生的变异有关。这些疾病通常有着奇异的遗传模式，其严重性在各世代中有所不同，但总的来说他们都会随着衰老而趋于恶化。

　　回想起小粒之前给大家带来的种种麻烦，真老大就气不打一处来。可虽说生气，但毕竟小粒已经和他相处了那么久，也共度了许多美好的时光，真老大早就把小粒当成自己的家人了。想到这儿，又想到小粒的不辞而别，真老大生气地说："你走就走吧，走得越远越好！我离了你难道还会活不下去吗？没了你我就能永葆青春了，再也不用忍受你的自由基骚扰了。离开了我，看谁还能给你提供这么优越的生活环境和丰富的营养物质！"

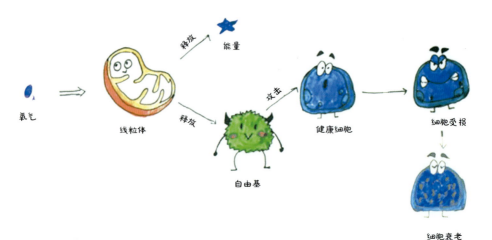

图2　线粒体与自由基的产生

第五话　真老大陷入困境

"什么细胞发电站，这个家庭是我一手组建起来的，小粒这家伙本来就是后来的，没了她难道就不成了？难道这个家就维持不下去了？"真老大看着因小粒离开而手忙脚乱的大家，更加坚定地说道："大家不要惊慌，能量一定会有的，我向大家保证，每个人的能量都不会少。"

小粒当初自创的有氧呼吸机制的确还不错，但是无氧呼吸照样也能提供能量。真老大下令全体成员："从今天开始，无氧呼吸全面取代过去的有氧呼吸，大家听我的口令，并然有序地行动起来吧！"

你帮我，我帮你，家庭里的酶纷纷前来帮忙，虽然环节繁多而且产生的能量也很稀少，但是没有人抱怨。大家没日没夜地工作着，一次产生的能量少就同时酵解多个糖。虽然比以前累了许多，但能量总归勉强够用了。

真老大终于舒了一口气，本以为生活可以一直这么累但充实地过下去，没想到，挑战一个接一个来到了，压得大家喘不过气。越来越多的家庭成员向真老大反映那些糖酵解产生的乳酸就像无赖一般怎么赶都赶不完，往往赶出去一个，一转眼多了十个。就这样乳酸堆积得越来越多，家庭成员生活的空间越来越小，大家感觉越来越压抑，不仅不能顺利吸收氧气与营养，而且无法发挥正常功能了。

面对这些嬉皮赖脸的乳酸，真老大也是一个头两个大。真老大派乳酸脱氢酶与碳酸氢钠前来帮忙，可是慢慢地也招架不住这如洪水般涌入的乳酸大军。

疲惫的家庭成员越来越多，真老大又开始发愁了。

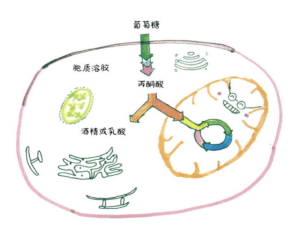

图3　无氧呼吸与有氧呼吸的机制

第六话　再次出发

细胞膜看到真老大如此犯愁，就对他说："老大，你还记得几亿年前我们是怎么生活的吗？那时的我们……""对！你可真聪明，我真是糊涂了，怎么就忘了以前没有小粒的时候生活是什么样的呢？"真老大拍拍自己的脑袋，恍然大悟道。他立即对小核说："你把有氧呼吸酶的制作方法告诉小糖，让小糖多造一些有氧呼吸酶，让那些酶去细胞膜那里，细胞膜会和他们一起将糖酵解产生的丙酮酸彻底氧化，产生更多的能量。"小核有些犯难，说实话，之前那些有氧呼吸酶是他和小粒一人一部分控制产生的，经过这么久的合作他已经很难独自生产完整的有氧呼吸酶了。只是现在的情形使他不得不扛起这样的大任。经过小核的不懈努力，小粒合成另一部分有氧呼吸酶的方式被他想出来了。当大量有氧呼吸酶被合成出来并运往细胞膜时，家庭里的成员顿时松了口气："终于有帮手了！"在有氧呼吸酶和细胞膜的共同努力之下，能量产生得更多了，那些乳酸也一点一点地被驱逐出去。

细胞膜每日辛勤地为这个大家庭提供着 ATP，ATP 的供应却仍然没有小粒在时那么充足，大家都明白细胞膜已经尽力了，自觉地减少自己的活动来降低对 ATP 的消耗。生活仍在继续，但是一切仿佛变得不一样了。大家不能自由自在地做事，相互之间的配合变得迟钝，真老大也变得有些懒洋洋的，不复之前那样有活力。

第七话　不能失去的家庭成员

小粒走后，一个个问题接踵而至。一波未平，一波又起。这不，其他细胞开始纷纷暴动。不少自私的细胞想要寻求个体的自由，摆脱整体的桎梏。真老大一刻都不敢停歇地监管着这些细胞，一不留神，他们就会有小动作。越来越多的细胞蠢蠢欲动，真老大鞭长莫及、心力交瘁。小粒走后，已经没有细胞愿意实行程序性凋亡，真老大害怕再这样下去会逃不过"癌症"的命运。

真老大开始思念小粒。

"小粒很有主见又很有决断力，她不同于其他细胞器，因为她有自己独立的遗传物质。"

"小粒对管理和协调细胞间的工作有独到的见解和方法，她具有神奇的调控基因，能把各个细胞管理得井井有条。那些想要调皮捣蛋的细胞在小粒的约束下也只能安守本分。"

"小粒就像一个威严的指挥官，教导细胞要以整体利益为重，必要时要为了整体利益而勇敢地牺牲自己——进行程序性凋亡。"

"在小粒的严格管理下，各个细胞才能互帮互助、团结有爱。"

真老大终于意识到了自己有多么依赖小粒，他不能离开她，他下定决心要找回小粒。有了小粒，这个大家庭才是完整的。真老大就这样踏上了寻找小粒的征程……

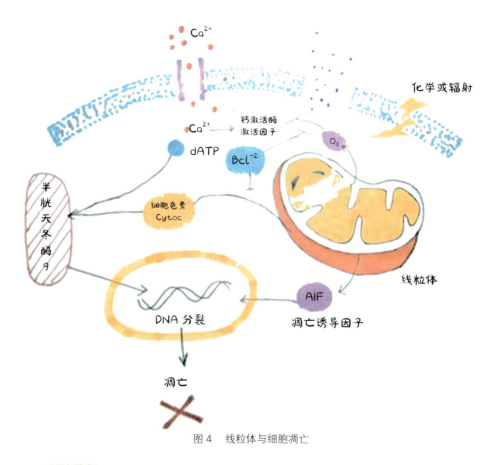

图 4　线粒体与细胞凋亡

理论依据：

1. 内共生学说。

2. 线粒体的功能及作用机制。

3. 衰老的线粒体理论。

4. 无氧呼吸机制。

5. 有氧呼吸酶的作用机制。

6. 细胞凋亡受线粒体控制。

学生答案二

刘一鸣 华西药学院　　2016141661009 ／吴贝贝 华西药学院　　2016141661017
渠 沛 华西药学院　　2016141661025 ／吴 甲 华西药学院　　2016141661040
滕王田子 华西药学院　　2016141661049 ／刘婧怡 华西药学院　　2016141661034

生命起源——真相从核酸自白开始

大家好，我叫核酸，集双螺旋的美貌与生命基本物质的才华于一身。

　　我出现在每个人的生命中，但是真正懂我的人很少，就连我和蛋白质谁是生命的起源这样一个简单的问题，也被封为世界未解之谜，真是可气可悲又可恨啊。

　　普通民众不了解便罢了，就连苏联的生物化学家奥巴林也不知道。还记得在 20世纪 50 年代，英国科学家贝尔纳就向他请教过这个问题，他竟脸红地回答"无可奉告"。

　　在此之后的几十年中，科学家对此问题依然众说纷纭，莫衷一是。我很是心痛，得到承认就那么难吗！得不到承认也就罢了，竟然还有人直接否定我是生命起源的事实，比如早期的蛋白质起源说以及福克斯的类蛋白微球体生命模型。当然，由于至今尚未在自然界发现像类病毒（核酸体）那样有生命特性的类蛋白体，也未发现遗传信息可以从蛋白质流向核酸的证据，那些对我莫须有的质疑可以乖乖消失了。

　　虽然我不是争名夺利之人，但我实在不希望世人到如今还被蒙在鼓里。所以，今天我就和人家说一说为什么我才是生命起源。

我们是什么　　生命起源——核酸

蛋白质跟我们抢怎么办　　怼他

怎么怼　　用科学依据

　　首先隆重介绍一下我自己。我有两种身份：脱氧核糖核酸和核糖核酸，洋气的英文名是 DNA 和 RNA。别看我一人分饰两角，但是区别可大得很呢！当我是 DNA 时，是由许多脱氧核糖核苷酸在 3′，5′−磷酸二酯键的作用下组成的反向平行的双螺旋结构，每一分子核苷酸都是由一分子脱氧核糖、一分子磷酸和一分子碱基构成的。经过优美的双螺旋结构多次缠绕扭曲，我就变成了细胞中神秘的染色质（让我们忽略掉蛋白质）。我的特别之处不仅仅在于我的结构特殊、构成复杂，更重要的是，我的势力范围十分广泛，生命过程的各个阶段都会有我的身影出现。

　　再来说一说我的另一种类型吧！当构成我的每一分子核酸中的戊糖 2′ 端未脱氧时，我就成为 RNA。虽然我在组成上好像和 DNA 差异不大，但是在结构上，我却没有了规律的螺旋结构。虽然失去了两条优美的大长腿（双螺旋结构），不过由于在核糖环上多出来的游离羟基使得我能产生更多的修饰组分，我就同时具有更加多样的生物功能。我可以帮助DNA编码蛋白质的结构（mRNA），也可以在蛋白质的合成过程中携带氨基酸（tRNA），我最最重要的用途还是当我作为核糖体的"组件"时，起到了重要的催化作用（rRNA）。简单地说，蛋白质那小子能有今天，一定少不了我！真是搞不懂，蛋白质那小子不就是能催化反应、调节人体机能，顶多再发挥免疫功能、构建生物结构、接收点信息嘛，为什么会有人认为它是生命起源？这些功能跟我比起来，简直不值一提！

说到一切的开始，原始地球就像一个巨大的"孵化池"，生命在此萌发。科学界认识到，在所有原始大分子中，具有催化作用并可以携带遗传信息的大分子才可以作为生命起源。然而令他们困惑的是，时至今日，催化与遗传这两大任务却分别由蛋白质和我来承担。但在生命起源时，催化与遗传都是由我RNA的类型来完成的！早在1982年，生物学家托马斯·切赫在研究四膜虫时，就发现刚转录下来的RNA在一定条件下可进行自身催化剪切反应。换言之，我也可起到酶的催化作用，并且RNA酶和蛋白质酶的催化反应并无实质性的差别。这一研究为我作为生命起源提供了有力的证据，因为这些早期的RNA不仅能够携带遗传信息，而且能催化自身增殖。

然而有些人却以"即使RNA具有遗传与催化两大作用，但仍无法进行自我复制"为由而质疑我作为生命起源的身份。对于这些家伙，我只能说他们实在是孤陋寡闻。

科学界已经在自然界中发现类病毒——一种无衣壳蛋白的RNA病毒，这种病毒只由RNA分子组成，但与正常病毒一样可以侵入宿主细胞并完成繁殖。不仅如此，我还可以在非细胞环境下进行复制。2001年，生物学家戴维·巴特尔在这一方面取得重要进展。他合成了一种名叫R18的RNA酶，R18可按照已有模板，向RNA链中加入新的核苷酸。也就是说，这种酶并不是随机地添加核苷酸，而是完成了正确的序列复制。R18是一条由189个核苷酸构成的长链，可向另一条RNA链中添加11个核苷酸，占自身长度的6%。理想情况下，只要它多复制几次，就能生成一条和它一样包含189个核苷酸的长链。2011年，剑桥分子生物实验室的菲利普·霍利格做了一次出色的尝试。他的研究团队对R18进行修改，合成了tC19Z。tC19Z一次可复制95个核苷酸，占自身长度的48%。不是我嘲笑这些质疑我的人，但他们真的应该先多看看文献再来说话。

至于蛋白质和我共起源的观点，我认为更是无稽之谈。曾有好事之徒拿出折叠错误的蛋白质序列——朊病毒作为盾牌，妄想让蛋白质和我共同成为生命起源。但朊病毒这种仅仅只能一而再再而三催生错误的家伙，又怎么可能在生命混沌之初就与我的祖先机缘巧合地遇见并一同正确地构建精妙绝伦的生命大厦呢？

相信看到这里，明眼人心里也都应该有数了。我核酸不仅带有遗传信息，也有催化作用，还可以自我复制。总之，没有我，蛋白质不行，而没有蛋白质，我依然行。

所以，我，核酸，生命起源，OK？

声明：书中所涉及图片仅限于学生试题答案，不作其他用途。